엄마를 위한
멘탈 수업

엄마를 위한

머탈
수업

초판 1쇄 발행 2024. 9. 10.

지은이 안은희
펴낸이 김병호
펴낸곳 주식회사 바른북스

편집진행 황금주
디자인 양헌경

등록 2019년 4월 3일 제2019-000040호
주소 서울시 성동구 연무장5길 9-16, 301호 (성수동2가, 블루스톤타워)
대표전화 070-7857-9719 | **경영지원** 02-3409-9719 | **팩스** 070-7610-9820

•바른북스는 여러분의 다양한 아이디어와 원고 투고를 설레는 마음으로 기다리고 있습니다.

이메일 barunbooks21@naver.com | **원고투고** barunbooks21@naver.com
홈페이지 www.barunbooks.com | **공식 블로그** blog.naver.com/barunbooks7
공식 포스트 post.naver.com/barunbooks7 | **페이스북** facebook.com/barunbooks7

ⓒ 안은희, 2024
ISBN 979-11-7263-131-4 03190

23년간의 유치원 경험을 담아
저자가 제안하는 필수 양육 안내서

엄마를 위한

멘탈 수업

안은희 지음

누구나 하는 엄마, 왜 나만 어려울까?

"행복하지만 불안한,
그렇게 난 엄마가 되었다."

아이와 함께 성장하는 모든 순간을 더욱 특별하게 만드는 마법 같은 안내서

바른북스

지난 23년 동안 유치원에서 많은 아이들과 엄마들을 만났다. 이 시간은 마치 새싹 같은 아이들과 그들을 돌보는 초보 엄마들의 이야기로 가득했다. 초임 교사 시절에는 아이들 위주로만 생각하며 '왜 엄마들은 이렇게 하지 못할까?'라는 안타까움으로 가득했다. 그래서 엄마들을 변화시키기 위한 연수와 워크숍을 열심히 준비했다.

그러나 아이를 낳아 키우면서, 교사로서 지식이나 경험이 자녀 양육과는 크게 다르다는 것을 깨달았다. 그때 내가 엄마들에게 했던 조언이 얼마나 서투른 것이었는지 돌아보면 얼굴이 붉어진다.

엄마로서 완벽하게 준비되지 않은 채 아이를 키운다는 것은 결코 쉬운 일이 아니다. "아이들은 크면서 열두 번 변한다."라는 말은 사실이었다. 아이들은 어느 날엔 한없는 웃음을 주었고, 또 어떤 날에는 가슴 깊은 아픔을 느끼게 했다. 엄마가 되는 순간부터 시작해서 아이가 자라는 과정에서 많은 심리적 변화를 겪으며 긴 시간을 보낸 후에야 비로소 엄마가 된다는 것을 알게 되었다.

올해 스승의 날, 초임 교사 시절 가르쳤던 한 아이가 서른두 살이 되어 연락해 왔다. 25년 만이었다. 제자는 초등학교 저학년 때 미국으로 이민을 갔다. 최근 남편과 함께 한국을 방문한 제자는 옛 유치원이 그리워 들렀다가 지인의 도움을 받아 내게 연락했다. 유치원 시절을 기억하는 아이들이 많지 않을 것이라 생각했는데, 전화를 받고 놀랐다. 제자는 반 이름도 정확하게 기억하고 있었고, 유리창 너머 교무실에서 일하던 나를 찾았던 기억이 선명하다고 했다. 나름 열심히 가르쳤는데, 아이가 기억하는 모습이 하필 내가 일하고 있는 모습이라니. 어쩌면 아이들은 우리가 그들을 위해 했던 많은 일들 중에서 단편적인 이미지만을 기억할지도 모르겠다는 생각이 들었다. 그리고 그 기억조차도 결국 우리가 맺은 관계를 바탕으로 한 순간의 장면일 것이다.

한 선배는 어릴 적 엄마와 놀러 간 날의 일화를 들려주었다. 너무 기분이 좋아서 "엄마, 이렇게 행복한 걸 잊지 않게 해주세요."라고 말했던 것을 기억한다고 말했다. 무엇 때문에 행복했었는지는 이미 잊었지만, 그때 무척 행복했으며, 그 행복을 간직하고 싶었다는 마음만은 오롯이 기억하고 있다고 했다. 시간이 흐른 뒤에 우리가 지나간 시절에 대해 기억하는 것은 전체적인 스토리가 아니라 한순간의 이미지일 것이다. 안타까운 것은 어떤 순간이 기억에 남겨질지 예측할 수 없다는 점이다.

엄마도 아이가 어느 순간을 기억할지, 그 순간의 무엇을 기억할지 예측할 수가 없다. 아이에게 어느 순간이 의미 있고 중요한 순간이었는지는 세월이 지나고 나서야 깨닫게 된다. 그래서 아이에게 소중하고 아름다운 기억을 남겨주고 싶다는 마음과 달리 당장 눈앞에 놓인 문제를 해결하는 데만 집착하게 된다. 육아의 과정을 너무 멀리서 보면 끝이 없어 보이는 긴 여정에 막막해지고, 너무 가까이에서 보면 눈앞의 문제 때문에 전체적인 양육의 방향성을 놓치게 된다. 나 또한 많은 양육서를 길잡이 삼아 노력했지만, 돌이켜 보면 그저 내 아이를 귀하고 예쁘다고만 생각했을 뿐 양육의 전체적인 그림을 보면서 작은 부분을 챙기는 법을 몰랐다.

유치원 교사로서 아이들을 교육하는 동안, 겉으로는 내가 가르치는 것처럼 보였지만, 같은 마음으로 가정에서 아이를 돌보던 엄마들의 노고가 가장 컸다. 때로는 아이가 주는 기쁨을, 때로는 누구에게 설명하기도 어려운 답답함을, 그리고 무엇보다 아이에 대한 기대를 자주 풀어놓던 그분들은 한 분 한 분 정말 멋진 엄마들이었다. 한 엄마는 반 아이들을 자신의 논에 초대하여 모내기 과정을 보여주었고, 이양기에 아이들이 타볼 수 있도록 해줬다. 자신의 아이를 사랑하기 때문에 다른 아이들을 위한 경험에도 인색하지 않았던 그때의 엄마들에게 진심으로 감사드린다.

돌이켜 보면 당시 혼합 연령 학급에 딸과 아들을 함께 보내면서 순한 딸에 비해 까칠한 아들 때문에 고민했던 엄마도 있었다. 또 시어머니와 함께 살면서 이른 새벽, 출근하느라 아이가 예민하게 굴 때마다 애써 속상한 마음을 감추며, 담담한 모습으로 그러나 사랑을 담아 아이를 부탁하던 엄마도 있었다. 나는 그런 엄마들을 보며 어렴풋이나마 아이를 키운다는 것이 무엇인지 하나하나 느끼며 배워나갈 수 있었다. 그런 간접 경험들이 늘어나면서 내 아이를 키우는 일도 잘해낼 수 있을 것이라는 자신감도 생겼다. 하지만 실제로 내 아이를 키워보니 그것은 완전히 다른 세상이었다.

이 책에는 23년간 근무한 유치원 교사이자 두 아이의 엄마로서의 경험이 녹아 있다. 지난 1년이 넘는 시간 동안 퇴근 후와 새벽에 컴퓨터 앞에 앉아 타이핑을 하면서 매번 자문했다. 많은 전문가들의 책 출간 소식을 들을 때마다 자고 일어나면 쏟아지는 육아 서적들의 홍수에 내가 또 하나의 책을 보태야 하는 이유를 묻고 또 물었다. 인생의 중반기에 도착한 엄마로서, 20년이 넘는 육아 기간을 돌아보니 고치고 싶은 후회스러운 일들, 놓쳐버린 중요한 일들과 함께 세상이 변했어도 지켜야 하는 원칙이 있었다. 내가 꼬꼬마 엄마로 육아를 시작한 순간부터 지금까지를 천천히 되짚어 보며 막 이 길에 첫발을 내디딘 초보 엄마들에게 따뜻한 말을 건네며 격려해주고 싶었다. 그리고 엄마로서 꽤나 많은 길을 걸어온 지금 내가 무엇을 놓쳤는지, 지금이라도 다시 정리해야 할 것이 무엇인지 생각해 보고 싶었다.

엄마가 되는 길은 길고도 굽이치는 길이다. 아이를 키우는 일은 종종 계획한 대로 되지 않는다. 내가 알고 있던 아이도 성장하면서 새롭고 낯선 모습으로 변해간다. 이 모든 것들이 처음 이 길을 걷는 엄마들을 당황스럽고 힘들게 한다. 그런 엄마들에게 실질적인 도움이 될 말들을 건네고 싶었다. 우리 모두는 이 길에 들어섰을 때 좋은 부모가 되고 싶었다. 그런데 부모가 되어 걸어가는 이 길은 싫다고, 어렵다고, 힘들다고 중간에 포기할 수 없다. 그러니 내가 한 인생을 책임진다는 거창한 생각은 하지 말자. 어깨 위의 짐을 덜어내고, 그저 잠시 내게 온 아이가 개성을 펼치며 이 세상에서 조화롭게 살도록 이끌어 주는 것이라 생각하자.

아이를 키우다 보면 엄마로서 원칙이 흔들리는 어려운 선택의 시간을 마주하게 될 것이다. 그때 이 책이 차분한 마음으로 자신의 기준을 되돌아보는 데 도움이 되었으면 좋겠다. 자신이 선택한 것에 대해 불안해할 때, 누군가가 "맞아, 그렇게 해봐. 그렇지!"라고 말해주면 힘이 난다. 초보 엄마들이 아이를 양육할 때 이 책이 그런 격려의 말이 되었으면 좋겠다. 무엇보다 아이를 키우면서 엄마들이 혼자라고 느끼지 않길 바란다. 나를 키우는 것도 힘든데, 내 안에서 나와서 남처럼 자라는 아이를 키운다는 것은 더 어려운 일이다.

한편으로 아이를 키우는 시간 동안 엄마도 함께 성장한다. 육아라는 새로운 경험을 통해 우리가 얼마나 더 넓고 깊어질 수 있는지 이야기하고 싶었다. 오늘도 가슴 깊이 아이를 품고 이 세상에서 자신의 자리를 찾아가는 모든 엄마들에게 감사와 존경의 마음을 담아 응원을 보낸다.

끝으로 이 책이 조금이나마 독자들이 엄마가 된다는 막연한 두려움을 떨치고 엄마로서 성장해 나가는 데 도움이 되길 바란다. 그리고 시간이 지난 후 우리가 모두 엄마로서 꽤 괜찮은 삶을 살았다고 추억할 수 있었으면 좋겠다.

2024년 여름
저자 안은희

· 프롤로그 ·

I

변화:
예측 불가능

II 균형:
나를 다듬는 과정

III 관계:
같이 키우는 아이

IV 성장:
엄마도 미룰 수 없다

V 남은 이야기: 양육의 이면

• 참고문헌 •

I

변화

: 예측 불가능

처음부터
엄마였던 건 아니지

임신 사실을 처음 알게 된 순간, 많은 것들이 한꺼번에 마음을 뒤흔든다. 임신테스트기에 나타난 분명한 두 줄은 예상치 못한 새로운 시작을 알리는 신호탄이다. 일상은 완전히 달라졌고, 새로운 삶의 장이 펼쳐진다. 기쁨과 두려움이 동시에 다가온다. 엄마가 된다는 것은 과연 무엇을 의미하는 것일까? 작은 생명에 대한 생각에 모든 것이 새롭고 낯설기만 하다. '아, 나는 아무것도 준비한 게 없구나.'하고 이제야 깨닫는다. 모든 엄마가 처음에는 서툴고, 모든 시작이 완벽하지 않다는 것을.

엄마를 위한 멘탈 수업

임신이라는 말은 폭풍우 뒤에 맑게 갠 하늘처럼, 갑작스럽고 큰 기쁨을 가져다준다. 하지만 이 기쁨은 어느새 초조함으로 바뀐다. 볼록해진 배 때문에 양말을 신기 어려워지는 순간, 삶이 얼마나 달라졌는지 절감하게 된다. 아기는 점차 내 존재를 밀어내며 내 삶의 주인공, 아니 전부가 된다. 엄마가 되는 것은 예상치 못한 변화의 연속이다. 이 모든 변화를 받아들이는 데에는 시간이 필요하다.

아기를 낳는 과정은 세탁기 사용 설명서처럼 간단하지 않다. 밖에서 보기에는 씨앗이 싹트고 시간이 흐르면 저절로 꽃이 피듯 자연스러울지 모르지만, 처음으로 경험하는 몸의 변화는 혼란스럽고, 때로는 두려움이 엄습한다. 배가 점차 커지고, 숨을 쉬기만 해도 살이 붙는 것 같으며, 움직임은 느려진다. 아름답고 고혹적인 그리스 여신들처럼 우아하게 소파에 기대어 배를 감싸며 편안히 쉬고 싶지만, 정작 거울 앞에서는 빌렌도르프의 비너스처럼 변해버린 자신의 몸매를 바라보며 현실을 직시한다. 볼록한 배 때문에 물건을 줍는 것조차 힘들어지면, 이 모든 변화가 현실임을 깊이 실감하게 된다.

이제부터 엄마의 세계에서 중심은 단연 '아기'가 된다. 일상의 많은 즐거움이 제한되며, 소소한 기쁨도 멀어진다. 오랫동안 즐겼던 작은 즐거움들을 하나씩 포기하는 것은 괴롭다. 움직임은 조심스러워지고, 커피나 탄산음료, 가벼운 맥주와 같은 일상의 작은 기쁨과도 이별을 고한다. 신발의 굽은 낮아지고, 감기약도 피하며, 아기에게 영향을 줄 수 있는 파마와 염색도 미룬다. 그리고 좋아했던 장거리 여행도 피하며, 아기를 위해 세상의 위험 요소들을 신중히 가려내는 여정을 시작한다.

엄마는 필요한 준비를 차근차근 진행한다. 특히, 첫 아이를 기다리는 엄마라면 걱정과 긴장이 더욱 커진다. 필요한 물품 목록을 작성하고, 아기용품점에서 각종 물건들을 주문하며, 육아 정보를 얻기 위해 맘카페에 가입한다. 어느 날은 지인들에게 임신 소식을 알리며 안부를 묻고, 다른 날은 볼록한 배를 가진 다른 엄마들과 함께 산부인과 대기실에서 내 이름이 호명되길 기다린다. 아기용품들이 점차 쌓여가고, 스케줄러에는 검사 일정이 늘어나지만, 엄마가 된다는 것은 여전히 막연하고 두려운 일이다.

서툴고 두려운 감정

8주 차. 침대에 누워 차가운 젤이 배 위로 퍼지며 미끌거리는 감촉을 느낀다. 초음파 기계의 부드러운 웅웅거림이 조용한 방을 채운다. 처음 아기를 만난 그 순간, 손끝은 감전된 듯 떨리며, 기대와 두려움으로 가슴이 콩닥거린다. 작은 심장이 규칙적으로 뛰는 소리에 귀를 기울이며, 한편으로 안도의 한숨을 내쉰다. 그 작은 생명의 힘찬 박동 소리는 세상에서 가장 단단하고 소중한 '엄마와 아기'라는 연결고리를 형성하며, 동시에 막연한 불안의 시작을 알린다.

임신 초기의 기쁨과 떨림은 가족 모두의 것이었다. 하지만 임신 중에 느끼는 감정의 변화는 오로지 엄마에게만 남겨지고, 가족들은 이내 일상으로 돌아간다. 이때부터 출근 전철에서 가방을 메고 오래 서 있는 것조차 힘들어지며, 어디서부터 통증이 시작되는지도 알 수 없는 뻐근한 감각에 불편함을 느낀다. 게다가 임산부 핑크 배지를 달고 서 있어도 눈을 감거나 이어폰을 끼며 외면하는 시선들에 마음은 한층 답답해진다.

하루는 답답한 마음에 선배 언니에게 "정말 이렇게 열 달을 견뎌야 해?"라고 묻자, 선배 언니는 웃으면서 "지금은 아직 괜찮은 편이야. 막달이 되면 정말 몸이 무겁고, 직장 다니면서 견디기가 훨씬 더 힘들어. 아이가 내 다리를 마치 큰 나무처럼 잡고 매달리는 것같이 느껴져."라고 말한다.

그녀는 참고 참다가 마치 눈앞이 노래지고 별이 보일 때쯤이 되어서야 아기를 만날 수 있다고 덧붙였다. 그리고 어느 날에는 직장에 가던 도중 양수가 터져서, 차분히 전철을 타고 병원까지 갔다고 한다. 병원에 도착하자마자 바로 출산을 했다는 그녀의 이야기를 듣고, 나는 더욱 불안해진다.

임신 중 불안과 두려움은 날이 갈수록 커져만 갔다. 아기를 품은 몸은 매일 조금씩 변화한다. 임신으로 인해 체중이 10kg 가까이 늘었는데, 아기를 낳고 나니 겨우 3kg만 빠지고 나머지는 몸에 남는다는 말에 걱정부터 앞섰다. 튼 살과 모유 수유로 몸매가 회복되지 않는다는 이야기도 들었다.

그리고 아침에 일어날 때마다 몸을 옆으로 천천히 돌려 일어나게 되고, 자연스럽게 입에서 '끄응' 소리가 터져 나온다. 한밤중에 자다가 다리에 쥐가 나서 잠에서 깨어 끙끙거리게 되기도 한다. 임신이 주는 기쁨은 어느새 먼 이야기기처럼 느껴진다. 천장을 보고 누워도 불편하고, 옆으로 몸을 뉘어도 배가 뭉치는 느낌이다.

대부분의 엄마들은 자신의 아름다움이 사라지는 것을 느낀다.

밤새 푸석해진 얼굴을 거울에 비추며 확인하고, 부어오른 손가락 마디를 조심스럽게 구부려 본다. 거울 속에서 마주하는 모습은 낯설기만 하다. 기미는 점점 짙어지고, 가슴은 커져만 가는데, 표정은 피로에 지쳐 있다. 이제는 펑퍼짐한 옷이 편안하게 느껴진다. 무거운 배를 안고 앉아 있으면, 문득 '엄마가 되는 것이 이토록 불편하고 힘든 일이구나.'라는 생각을 하게 된다. 그럴 때면 아기가 내 생각을 읽을까 봐, 한 몸이 된 아기가 자신이 환영받지 못한다고 느낄까 봐 두려워지기도 한다. 때로는 기쁨과는 거리가 먼, 울적한 감정의 무게를 혼자 짊어지고 있다는 생각이 엄습해 온다.

임신 기간 동안 찾아오는 불안과 두려움이 엄마의 마음을 힘들게 할 수 있지만, 이것이 엄마가 될 준비가 되지 않았다는 의미는 아니다. 실제로 엄마의 몸은 매우 체계적으로 아기를 맞을 준비를 한다. 자궁은 아기를 위해 필요한 공간을 마련하고, 호르몬은 자연스럽게 조절된다. 에스트로겐 수치가 올라가 태아가 필요한 산소와 영양분을 받아들이고 장기 및 조직의 발달에 필수적인 역할을 한다. 또한 프로게스테론은 자궁의 근육을 이완시켜 아기가 자랄 공간을 제공한다. 아울러 인슐린은 임신 중 증가한 혈당 수치를 조절하여 엄마와 아기의 건강을 돕는다.

정신과 전문의 알렉산드라 색스Alexandra Sacks 박사는 〈TED〉 강연에서 임신 중 겪는 감정적 동요는 흔한 일이며, 이는 우울증과 구별되어야 한다고 강조한다. 이 구분은 우리 몸이 겪는 자연스러운 준비 과정을 이해하는 데 중요하다. 엄마는 옥시토신이 분비되면서 엄마로서 아기를 보호하고자 하는 본능을 느끼지만, 한편으로

엄마를 위한 멘탈 수업

지난 수년간 자신이 가지고 있는 개인적 욕구와 모순되는 갈등 상황을 겪는다. 알렉산드라 색스 박사는 감정적 변화는 새로운 정체성을 받아들이는 과정에서 생기는 것이라고 설명한다.

아이가 태어나기 이전은 전생

'모성 본능'이라는 말은 사회적으로 큰 기대를 불러일으킨다. 새로운 생명을 품은 엄마는 때로는 기쁘고, 때로는 슬프고, 때로는 무어라 이름하기 어려운 감정에 휩싸인다. 갑자기 모든 것을 완벽하게 해야 한다는 부담감을 느끼기도 한다. 아기가 생기면서 많은 엄마들이 '엄마'라는 새로운 정체성만이 남은듯한 느낌을 받는다. "이제 진짜 어른이 되었다."는 주변의 말들이 때로는 무겁게 다가온다.

하지만 엄마는 태어나는 것이 아니고, 만들어지는 것이다. EBS에서 방영한 〈마더 쇼크〉라는 다큐멘터리에서 말하듯, 엄마가 된다는 것은 뇌 구조나 호르몬의 변화만이 아니고, 살아가면서 축적된 경험을 통해 배우고 성장해 가는 과정이다. 실제로 아이를 키우면서 삶에 대한 이해와 지혜가 늘어간다. 엄마가 되는 것은 단순히 주변의 기대에 부응하는 것이 아니라, 자신을 다독이며 점점 엄마로 '되어가는being' 과정이다. 그러니 처음의 불안함은 매우 자연스러운 일이다.

얼마 전 아이를 낳은 후배는 이렇게 말했다. "모든 것이 꿈 같아요. 돌아갈 수 없는 예전의 시절이 그리울 때도 있지만, 그렇다고 아이 없는 삶을 상상할 수 없어요."

그녀는 아기가 생긴 후, 입덧과 피로감으로 힘들었다고 했다. 직장에서의 일도 막 손에 익기 시작했는데, 이제 아기가 태어나면 어떻게 양육할지, 직장 생활은 어떻게 계속할지 일과 육아 사이에서 큰 고민에 빠졌다. 사람들은 단순히 '엄마'니까 모든 결정을 아기 중심으로 내릴 것으로 기대했다고 했다. 그리고 자신은 주위 사람들의 이런 기대에 서운함을 느꼈다고 했다.

"아이가 태어나기 전의 삶은 말 그대로 전생前生이에요. 엄마라는 새로운 모습이 아직 어색하고 미숙하지만, 지금이 더 좋아요." 그녀는 피로함 속에서도 충만해 보였다. 세상의 모든 엄마들은 자신만의 길을 걷는다. 처음에는 불안하고 두려울 수 있지만, 엄마로서의 역할에 점점 익숙해진다. 아기와 함께 성장하며, 점차 성숙해지고 더 넓은 안목을 가지게 된다.

엄마가 되는 것은 정말이지 인생의 새로운 '도전'이다. 가브리엘 루아Gabrielle Roy의 소설 〈알타몬트를 지나는 길〉에서는, 70세의 어머니와 성장한 딸이 추억이 서린 장소로 여행을 떠난다. 여행 중, 어머니는 젊은 시절 자신의 꿈과 그 꿈을 이루기 위한 자기 시간이 부족했음을 회상한다. 딸은 "엄마가 되는 것은 자신을 잊는 과정인 것 같아요."라고 말하지만, 그 말에 어머니는 딸에게 "그 시간들이 오히려 삶에서 가장 빛나는 부분이야."라고 답한다. 이어서 어머니는 "넌 부모가 자식들 속에서 진정으로 다시 살아간다는 의미를 아직 모르겠니?"라고 반문한다.

아이를 키우는 것은 과거와 미래 세대를 이어주는 중요한 역할이며, 비록 예상치 못한 길을 걷는 것이라 할지라도 그것은 자신이라는 유일한 존재를 넘어서는 길이기도 하다.

　엄마가 되는 것은 처음부터 정해진 것이 아니라, 시간을 거치며 자연스럽게 변화하는 과정이다. 이 과정에서 두려움과 불안은 점차 자신감과 성숙으로 바뀐다. 아이를 사랑하면서 엄마는 마법처럼 변화하고, 이 변화는 엄마를 더 나은 사람으로 만들며, 세상을 더 따뜻한 눈으로 바라보게 한다. 이러한 변화와 도전을 통해 엄마는 자신과 아이와의 깊은 연결을 경험하며 자신의 삶을 확장해 간다. 이렇게 엄마가 되는 과정은 특별한 현생現生이며, 그 자체로 멋진 여정이다.

엄마의 시간여행

10년 전의 모습, 지금의 모습, 10년 후의 모습을 상상해 보세요. 현재를 통해 과거, 현재, 미래를 자연스럽게 떠올려 보세요. 결국, 엄마가 생각한 대로 시간은 흘러갈 테니까요. 엄마의 소중한 시간여행을 기록해 보세요.

시간	10년 전	지금	10년 후
내 사진 또는 그림			
나에게 보내는 메시지			

엄마가 되면
잃어버리는 것들

아기의 탄생은 엄마의 세계를 새롭게 정의한다. 과거 커피 한 잔을 마시며 친구들과 수다를 떨던 시간, 취미생활을 즐기던 순간들은 서서히 사라진다. 직장에서 자신을 발전시키고 있던 그 순간, 아기의 탄생은 모든 것을 새롭게 정의한다. 엄마와 아빠를 닮은 이 작고 사랑스러운 존재는 주변 환경을 자신에 맞게 변화시키는 놀라운 능력을 갖고 있다.

엄마는 임신 기간 동안 신체적으로 많은 변화를 겪는다. 소화는 잘 안되고, 허리는 휘고, 치골과 꼬리뼈가 아프다. 골반은 틀어지고, 어깨와 등은 마치 돌덩이를 얹은 듯 무겁다. 이 모든 신체 변화를 받아들이기도 결코 쉽지 않지만, 출산에 대한 두려움은 이 모든 것을 압도한다. 환자복을 입고 병원 침대에서 출산을 기다리고, 수술 전 관장을 하고 화장실을 왔다 갔다 하는 동안, 다가올 상황에 대한 두려움이 아이를 만나게 된다는 기쁨을 덮어버린다.

난생처음 겪는 통증, 아기도 겪는다

통증이 규칙적으로 빨라지고 강해지면 병원을 찾아야 한다. 여기에 불안을 더하는 것은 다른 산모들의 고통스러운 표정이다. 산도가 열리기를 기다리는 동안, 우아하게 출산하리라는 헛된 꿈은 사라지고 동물적인 생존본능이 무의식적으로 올라온다. 점점 심해지는 진통에 저절로 비명 소리가 나올 때마다, 무심한 간호사는 조용히 하라면서 "아직 멀었어요. 더 아프면 알려주세요. 그리고 아기 놀라니까 소리 지르면 안 돼요."라고 당부한다.

진통은 처음에는 대략 5분 간격으로 30~40초 지속된다. 시간이 지날수록 진통의 간격은 짧아지고, 통증의 지속 시간은 길어진다. 본격적인 산통이 시작되면, 온몸의 뼈가 마법의 나뭇가지처럼 길을 열어주듯 우두둑 소리를 내며 벌어지는 듯하다. 통증은 절정에 달하고 숨 쉬는 것조차 버거울 정도로 견디기 힘든 아픔 속에서 아기를 맞이한다.

엄마를 위한 멘탈 수업

출산의 순간은 엄마에게도, 아기에게도 큰 도전이다. 안간힘을 쓰며 아기를 밀어내려 할 때, 간호사는 "아기가 처음 엄마를 만나는데 비명 소리를 들으면서 만날 순 없잖아요. 엄마가 아파도 조금 참아야 해요."라고 말한다.

출산 과정에서 아기도 충분히 고통을 경험할 수 있다. 그런데 아기가 세상에 나오면서 들려주는 울음소리는 모든 고통을 잊게 해주고 일순간에 평화로움을 가져다준다. 이어 아기를 품에 안으면, 자꾸만 눈물이 난다. 나도 모르게 아기에게 "환영해. 오느라 고생했어. 우리 행복하게 살자."라고 속삭인다.

아기는 임신 말기부터 엄마의 심장 박동, 호흡 소리, 주변의 소음, 음악, 엄마의 목소리를 듣기 시작한다. 엄마의 목소리는 특히, 아기에게 안정감을 주고, 통증 반응을 줄이는 데 도움을 준다. 제네바 대학의 페트라 휘피Petra S. Hüppi 교수와 마누엘라 필리파Manuela Filippa 교수의 연구에 따르면, 특히 미숙아의 경우, 엄마의 목소리를 들으면 스트레스 반응이 줄고, 통증 감각이 감소하는 효과가 있었다고 한다. 미숙아 치료 과정에서 발뒤꿈치 찌르기와 같이 통증이 수반되는 시술에서도 엄마의 목소리가 통증 완화에 효과적이었다는 것이 입증됐다.

출산 과정은 엄마와 아기 모두에게 큰 도전이다. 아기는 좁은 통로를 통과하면서 머리와 어깨를 앞으로 밀어내야 하고, 이 과정에서 물리적 압박과 스트레스를 경험한다. 간호사는 "비명은 아이에게 좋지 않아요."라고 조언하며, 아기가 스트레스를 덜 받도록 엄마가 차분하게 대응해야 한다는 것을 상기시켜 준다.

아기는 우렁차게 울음을 터뜨리며 엄마의 탯줄이 아닌 자신의 폐로 처음 숨을 쉰다. 자연분만이든 제왕절개이든, 아기는 엄마의 세상을 새롭게 열며 태어난다. 아기가 태어나면 엄마의 신체적 통증도 서서히 가라앉기 시작한다. 엄마는 아기의 작은 주먹을 쥔 손가락을 조심스럽게 만지면서, 이 소중한 존재를 어떻게 잘 키울 수 있을지 생각한다. 출산 직후 가정이 곧바로 일상으로 돌아가는 것은 어렵지만, 이 새로운 시작은 세상 그 무엇보다 값지다.

엄마 되기가 이렇게 힘든가

아기가 엄마의 몸을 떠나 태어나지만, 아직 독립적이지 않다. 세상에서 아기를 지탱해 주는 가장 중요한 존재는 바로 엄마이다. 많은 육아 선배들이 말하는 것처럼 '차라리 배 속에 있을 때가 더 나았다.'는 느낌이 들 때가 올 것이다. 아기는 배고프거나 졸리거나 기저귀가 불편할 때, 울음으로 그 신호를 보낸다. 엄마는 이러한 신호를 알아차리고 즉시 대응하는 방법을 배워야 한다. 이는 처음 엄마가 된 사람들에게 상당히 어려운 일이 될 수 있다.

빌긴Bilgin과 볼케Wolke의 연구에 따르면, 아기의 생후 첫 3개월 동안 부모의 빠른 반응은 아기에게 큰 안정감을 제공하며, 강한 애착 관계 형성에 기여한다. 그러나 아기가 성장함에 따라, 부모의 반응 방식도 점차 변화한다. 이는 부모가 아기의 발달 단계를 이해하고, 각 상황에 적절하게 반응을 조절해 나가게 된다는 것을 의미한다. 이 과정에서 부모는 더욱 민감하게 인지하게 된다.

엄마를 위한 멘탈 수업

이들의 연구 결과는 아기의 울음에 반응하는 방식에서 중요한 것은 단순히 '빠르기만의 문제가 아니라는 것'을 여실히 보여준다. 중요한 것은 아기의 성장과 발달을 고려하여 그에 맞는 적절한 방식으로 반응하는 것이다.

부모는 아기가 울 때, '그냥 내버려둔다.', 또는 '즉시 달랜다.'라는 양극단 사이 하나를 선택하는 것이 아니라, 아기의 행동을 세심하게 관찰하고 이해하여 그에 기반한 결정을 내려야 한다. 이와 같은 접근은 엄마와 아이가 건강한 관계를 형성하는 데 크게 기여한다.

엄마가 되면 일상이 완전히 달라진다. 밤낮이 바뀌고, 잠은 늘 부족하다. 특히, 새벽녘에 주기적으로 깨어나는 아기의 울음소리에 눈을 뜨는 것은 신생아를 키우는 많은 초보 엄마들의 공통된 경험이다. 어떤 엄마는 "시간 개념 자체가 사라졌어요."라고 표현하기도 한다. 나의 경우, 보채는 아기를 안고 자장가를 부르며 방을 계속 걸어 다녔다. "자장자장 우리 아기 언제 자나? 어서 자야 엄마도 자고 내일 놀지."라고 부탁인 듯, 한편으로는 주문인 듯 부드럽게 노래했다. 아기를 안은 팔은 무겁지만, 희미한 스탠드 불빛 아래 잠든 아기의 모습을 보며 잠시나마 평온을 느낀다. 하지만 그 순간, 외로움과 두려움도 함께 밀려온다. 마치 세상에 둘만 남은 것 같은 기분을 경험하게 된다.

출산 휴가가 있지만, 이 시간은 휴식보다는 끊임없는 육아의 연속이다. 몸은 젖몸살로 아프고, 출산 후의 통증은 계속되는 다른 고통과 겹쳐진다. 산후 회복 과정 중에도 엄마는 아기와 지속적으로 소통해야 한다. 요즘에는 대다수의 엄마들이 산후조리원에서 회복의 시간을 갖지만, 곧 집으로 돌아와 아기를 직접 돌봐야 하는 시간이 온다. 아기는 자주 울고, 엄마는 아기를 돌보느라 제대로 된 식사 한 끼 하기도 어렵다. 화장실 가는 것조차 조심스러워지고, 아기가 잠든 틈에 잠깐 눈을 붙이려 해도 아기는 자꾸만 깨어나곤 한다.

그렇다 보니 이 시기의 엄마는 가장 기본적인 생리적 욕구조차 채우기 쉽지 않다. 모유를 먹이는 시간은 아기와 교감하는 중요한 시간이다. 이 과정에서 엄마는 아기의 작은 신호를 읽고 적절하게 반응하는 법을 배우게 된다. 아기가 모유를 빨 때, 그 작은 입술과 눈빛은 마치 엄마의 이야기에 귀 기울이는 듯하다. 엄마는 아기의 부드러운 머리칼을 살며시 쓰다듬고, 작은 손가락을 조심스럽게 만지며, 사랑의 대화를 나눈다. 모유 수유는 단순히 아기에게 영양을 공급하는 것을 넘어 애정을 표현하고 깊은 정서적 교감을 나누는 시간이 된다. 모유를 수유하는 동안의 피부 접촉은 아기에게 말로 표현하기 힘든 무한한 안정감을 주며, 이는 육아 파트너인 아빠가 직접적으로 경험하기 어려운 특별한 순간이다.

이러한 과정은 엄마가 아기와 하루 종일 함께하면서 아기의 다양한 생리적 반응을 관찰하고 이해하는 데 큰 도움을 준다. 이 경험을 통해 엄마는 아기를 더 깊이 이해하고, 육아에 대한 자신감을 가지게 된다. 이처럼 모유 수유와 일상적인 육아 활동은 엄마가 아기와 깊은 유대를 형성하는 데 중요한 역할을 한다.

때때로 엄마는 우울하다

아기의 첫 웃음, 첫 말, 첫걸음을 보며 모든 힘든 시간을 보상받는 듯하다. 하지만 이 순간들 사이에는 엄마로서 느끼는 수많은 불안과 우려가 존재한다. 아이가 얼굴이 빨개지도록 울 때마다, '내가 무언가 잘못하고 있는 건가?'라는 걱정이 든다. 또 아기의 피부에 발진이 생기거나, 변 상태가 좋지 않을 때의 걱정은 상상하기 힘들 정도로 크다. 이러한 문제들로 인해 소아과에 찾아가 진단받는 과정은 엄마에게 큰 긴장과 불안을 안겨준다.

엄마는 육아로 인해 시간에 쫓기며 살아간다. 출산 휴가 후 직장에 복귀하는 것은, 육아시간과 근무 형태 조정에 대한 고민을 수반한다. 아침에 아기를 돌보느라 늦게 출근하고, 부담이 되는 업무를 피해야 하는 상황은 엄마로 하여금 직장에서 자신감을 잃게 만든다. 직장과 가정 사이의 균형을 맞추려는 시도는 엄마에게 막대한 스트레스를 주며, 남편과의 대화조차 힘들게 만든다.

출산 후 몸과 마음이 지친 엄마는 하루 종일 아기와 매달려 생활한다. 기저귀를 갈고, 수유를 하며 반복되는 일상에 스트레스는 극에 달한다. 남편이 변함없이 출근하는 모습을 보며 남편에게 느끼는 묘한 질투는 엄마의 마음 한편에 자리 잡는다. 그렇게 신체적, 정신적 피로가 누적되면서 우울함도 깊어진다.

지난 2021년, 《서울신문》의 설문조사에 따르면, 출산 경험이 있는 여성 382명 중 75.1%의 여성이 우울함을 느낀다고 한다. 이는 출산 후 변화하는 신체, 예컨대 머리카락이 빠지고, 시력도 나빠지고, 또 요실금이 생기거나 임신으로 늘었던 체중이 빠지지 않는 등의 변화로 인한 불안감 때문이다.

엄마의 욕구와 삶의 가치가 존중받고, 엄마를 둘러싼 사회적 관계가 건강할 때, 아기는 건강하게 자랄 수 있는 최적의 환경을 갖추게 된다. 디즈니 애니메이션의 매번 같은 결말처럼 "두 사람은 오래오래 행복하게 잘 살았습니다."라는 식의 이야기는 현실의 육아와는 거리가 멀다.

그럼에도 불구하고 아기와 함께하는 가정의 진정한 행복은 서로의 특성을 존중하며 조화를 이루어 '새로운 하나'를 창조하는 데 있다. 이는 양육을 통해 얻어지는 깊은 이해와 애정에서 비롯된다.

육아, 이럴 땐 이런 꿀팁

 다음은 일상 속 육아를 좀 더 수월하게 만들어 주는 유용한 팁입니다. 이 팁들을 참고하여 육아에 대한 부담을 조금이나마 덜어보세요.

1) 신생아 옷 갈아입히기

   신생아의 옷은 자주 더러워질 수 있어요. 아기에게 여러 겹의 얇은 옷을 입혀요. 오염 시에 겉옷만 갈아입히면 돼요. 탈부착이 쉬운 디자인의 옷을 선택하면 시간을 절약하고 아기의 불편함도 줄일 수 있어요.

2) 신생아 재우기

   백색 소음이나 자연 소리를 활용해 보세요. 이러한 소리는 아기를 진정시키고 편안한 수면 환경을 만들어요. 일정한 시간에 목욕과 마사지로 수면 루틴을 만들어 주세요. 규칙적인 수면 시간을 정해두면 좋아요.

3) 신생아와 함께 쇼핑하기

   쇼핑 전에 필요한 물품의 체크리스트를 작성하여 쇼핑 시간을 줄여요. 아기의 낮잠 시간에 맞춰 조용하고 신속하게 쇼핑해요. 수유를 통해 아기가 쇼핑 전에 충분히 포만감을 느끼도록 하고, 안전하고 편안한 유모차를 사용하여 쇼핑해요.

4) 신생아 식후 트림 유도하기

   수유 후 아기를 세로로 안고 등을 가볍게 두드려 주세요. 엄마의 어깨에 수건을 올려두면 만일의 상황에 대비할 수 있어요. 필요하다면 트림 전용 보조용품을 사용해 보세요.

5) 신생아 목욕시키기

   물 온도를 약 37도로 유지하고, 아기 전용 목욕용품을 사용해요. 목욕 전에 필요한 모든 용품을 가까이에 배치하고, 목욕은 가급적 짧게 해요. 부드러운 스펀지로 아기를 씻기고, 목욕 후에는 아기를 감쌀 수 있는 크기의 보드라운 수건으로 잘 말리고, 보습제를 발라줘요.

몸과 마음이 변해야
만날 수 있어

아기가 태어날 때까지의 검사와 기다림은 특별하고 소중한 순간들로 가득하다. 이 기다림은 단순히 검사 결과를 기다리는 시간이 아니다. 그 시간 속에는 아기와의 첫 만남을 준비하며 마음속에서 일어나는 다양한 감정들이 담겨 있다. 이 과정을 거치면서 엄마는 생명에 대한 감사와 함께 더 깊은 통찰을 얻게 된다. 진정한 엄마가 되기까지 다양한 감정을 내면에서 경험하고, 자신의 감정 변화와 그 깊이를 더 자세히 알아가게 된다. 엄마는 순간순간 변화하고 새로운 모습으로 거듭나며 더 강해지고 성장한다.

임신 10개월은 아기를 기다리고 준비하는 시간이다. 이 기간 동안, 엄마들은 아기의 건강을 위해 카페인이 들어간 음식이나 알코올은 피한다. 때때로, 닭고기를 먹으면 아기 피부가 닭살처럼 되거나 낙지를 먹으면 뼈 발달에 문제가 생긴다는 것과 같은 근거 없는 민간 속설에 혼란스러워하기도 한다. 맵고 짠 음식도 가능한 한 피하면서, 엄마들은 아기의 건강을 최우선으로 여긴다.

임신 기간은 일상의 모든 것들이 태교가 되는 시간이기도 하다. 엄마들은 아기에게 전달될 경험 모두가 중요하게 느껴지고, 자신이 보고 듣고, 말하는 모든 것이 아기에게 영향을 줄 수 있다고 믿는다. 그래서 말초적이고 자극적인 영화를 피하는 등 긍정적인 환경을 조성하기 위해 노력한다.

이러한 마음가짐으로 엄마는 아기와 더욱 깊이 연결되며, 아기의 안정과 편안함을 위해 최선을 다한다. 한편, 임신 중기에는 태교 여행을 떠나 정서적 안정과 휴식을 취하기도 한다. 이 여행이 태아에게 직접적으로 어떤 영향을 주는지 확실하지 않지만, 스트레스를 줄이고 부부가 서로 교감을 나누면, 결국 태아에게도 긍정적일 것으로 기대된다.

태교의 과학적 효과에 대한 연구는 아직 명확하지 않지만, 1801년 한글학자 유희가 한글로 음을 달아놓은 최초의 임산부 태교법 교습서인 《태교신기》에서는 "스승의 십 년 가르침이 어머니가 임신하여 열 달 기르는 것만 같지 못하다."며 임신부의 마음가짐이 중요하다고 강조한다. 반면, 최근 서울대학교 산부인과 전종관 교수는 방송에서 태교에 대한 과도한 기대가 오히려 임산부의 불안을 키울 수 있다고 지적했다. 그는 태교할 시간이 없어도 죄책감을 느낄 필요가 없다고 조언하며, "엄마가 자기 일을 잘하면 그걸로 충분하다."라고 강조했다. 아직은 태교의 효과나 바람직한 방법에 대한 명확한 학설은 없으며, 모든 엄마가 자기만의 방식대로 최선을 다하는 것이 가장 중요하다.

먹는 걸로 마음 상하는 일

임신 6~7주 차가 되면, 많은 엄마들이 음식 냄새에 메스꺼움을 느끼기 시작하며, 입덧이 심해진다. 속이 울렁거리고 체한 느낌이 들어 식사가 힘들어지며, 요리하는 것조차 어려워진다. 전문가들은 이러한 입덧이 임신 중 HCG 호르몬 변화, 식습관, 수분 섭취와 관련이 있다고 설명한다. 대부분의 음식을 잘 먹지 못하면서도 갑자기 특정한 음식이 간절히 먹고 싶어질 수 있다. 임신 중에 먹고 싶은 음식을 먹지 못하면 아기가 짝눈으로 태어난다는 우스갯소리도 있지만, 이는 실제로는 영양과 아무런 연관이 없다.

특정 음식에 거부감이 들면 엄마들 중에는 아기가 싫어하는 것이라고 생각할 수 있지만, 전문가들은 실제 아기의 기호와는 무관하다고 설명한다. 입덧은 아침에 가장 심한 경향이 있으며, 적은 양이라도 먹고 나면 울렁거림이 가라앉을 수 있다. 이러한 이해 없이 과식을 계속하면 체중이 과도하게 늘어 건강에 문제가 생길 수 있다. 약간 울렁거림이 있을 때, 먹을 수 있는 소량의 간식을 정해두는 것이 좋다.

엄마를 위한 멘탈 수업

임신 기간 동안 대부분의 엄마들은 먹는 것에 민감해진다. 나의 경우, 임신 초기에는 밥 냄새나 냉장고 냄새에 예민해지고 자주 헛구역질이 났다. 괜찮을 것 같아 찾아간 식당에서 속이 울렁거려 돌아선 적도 있다. 그럴 때마다 남편에게 미안한 마음이 컸다. 특정 음식에 대한 강한 욕구는 입덧의 한 형태인 '먹덧' 때문일 수 있다. 예를 들어, 비싼 키위를 상자째 구입했을 때 남편은 경제적 부담을 은근히 지적하며 "아기가 아니라 당신이 먹고 싶어서 그런 거 아니야?"라고 말했다. 또 한 친구는 남편에게 퇴근길에 순대를 사 오라고 부탁했지만, 남편이 너무 늦게 들어오는 바람에 사 오지 못했고, 그때의 실망감이 지금도 남아 있다고 했다.

이러한 신체적 변화와 미묘한 감정의 변화는 임신을 경험하는 모든 엄마가 겪는 공통적인 현상이다. 때로는 건강하고 귀여운 아기가 태어날 것 같은 행복한 기대감에 기분이 들떠 인터넷에서 예쁜 아기 사진을 검색하며 즐거워한다. 하지만 때때로 몸의 변화로 인한 불안감과 아기의 건강, 출산에 대한 걱정도 밀려온다. 초음파 사진을 통해 아기의 미세한 움직임을 느낄 수 있지만, 아기가 무엇을 느끼고 무엇을 생각하는지 알 수는 없다. 엄마는 아기와 깊이 연결되어 있지만, 아기의 신비한 내면까지는 알 수 없는 관계다. 그렇게 미지의 존재인 아기의 모습을 상상하면서 엄마는 설렘과 동시에 긴장을 느낀다.

연이은 검사, 그것만으로도 벅찬

아기를 만나는 과정은 조용히 문을 하나씩 열어가는 것과 같다. 아기는 점점 자라나면서 자신의 모습을 드러낸다. 각 단계의 검사 결과는 아기를 더 잘 이해할 수 있는 열쇠가 된다. 이 과정을 통해 엄마는 작고 소중한 생명이 엄마 안에서 자라나고 있음을 깨닫는다. 하지만 출산까지의 길은 항상 평탄하지만은 않다. 검사 결과를 기다리는 동안 불안과 두려움으로 가득하여 '아기가 정상일까?', '아기는 건강할까?'와 같은 의문이 가슴을 두근거리게 한다. 어떤 결과가 나오든, 엄마는 아기를 지키기 위해 최선을 다한다.

임신 기간 동안, 엄마와 아기의 건강을 확인하기 위해 소변검사, 초음파 검사, 태아 심장 초음파, 임신성 당뇨 검사, 기형아 검사, 양수검사, 입체 초음파 등을 포함한 다양한 검사를 받는다. 검사 결과를 기다리는 동안 불안과 기대가 공존하며, 이를 함께 견디고 이겨내면서 가족 간의 유대가 강해지기도 한다. 또한, 비슷한 경험을 가진 동료나 엄마들과 걱정을 나누며 위로를 받기도 한다.

임신 검사는 크게 확진 검사와 선별 검사로 나뉜다. 확진 검사는 양수검사와 융모막 검사를 포함하며, 직접 세포를 추출하는 방식이라 위험을 수반한다. 선별 검사는 피검사인데, 태아의 DNA를 분석하는 NIPT 검사가 여기에 속한다. 다운증후군을 포함한 유전적 이상을 예측할 수 있다. 이 외에 12주, 16주에 2번의 채혈로 이루어지는 통합 기형아 검사도 있다. 특히, 35세 이후 고령 산모에게는 양수검사가 주로 추천되었지만, 선별 검사의 정확도 향상으로 임산부

엄마를 위한 멘탈 수업

의 판단하에 검사를 선택할 수 있다.

나의 경우, 첫아이를 임신했을 때, 다운증후군 고위험군이라는 검사 결과를 받고, 많이 놀랐다. 화장실에서 혼자 울면서 어떻게 나에게 이런 일이 생겼는지, 슬프고 절망적인 마음을 견디기 어려웠다. 다행히 이후 양수검사에서 정상이라는 결과를 받았고, 그때의 안도감과 기쁨은 아직도 잊을 수 없다.

태아의 성장에 맞춰 임신 기간 동안 필요한 영양 섭취에도 주의를 기울여야 한다. 임신 초기부터 14주까지는 뇌 발달에 중요한 엽산이 중요하고, 후기에는 철분 섭취가 필수적이다. 하루에 우유 한 잔 정도에서 얻어질 수 있는 칼슘도 필요하며, 충분한 햇볕을 쬐어 비타민D를 얻을 수도 있다. 비타민A의 과량 섭취는 피해야 하며, 전문가들은 임신기에 적합한 용량의 임산부용 영양제 섭취를 권한다. 나아가 건강한 임신을 위해서는 적절한 운동도 중요하다. 의사의 상담을 받아 개인의 건강 상태에 맞춰 가벼운 산책, 요가, 필라테스, 명상 등을 포함할 수 있으며, 상황에 따라 수영이나 가벼운 근력 운동을 할 수 있다. 적절한 운동량을 유지하는 것이 엄마와 아기 모두에게 이롭다.

10개월 동안, 아기를 조심스럽게 기른 부모는 아이에게 최선을 다하고 싶어 한다. 한국 드라마 〈산후조리원〉에서는 유모차를 고르는 초보 아빠의 모습을 재미있게 그려내고 있다. 아빠는 처음엔 가성비 좋은 실용적인 유모차에 만족하지만, 안정성과 추가 기능을 갖춘 고가의 모델을 추천받으며 마음이 흔들린다. 결국, "우리 아기 첫 차잖아요."라는 판매원의 말에 가장 비싼 유모차를 선택한다. 이처럼 부모는 유모차뿐만 아니라 옷이나 가구 등에서도 아기에게 최고를 선택해 주고 싶어 한다. 하지만, 아기에 대한 사랑을 가격표로 매길 수는 없다. 고가의 유아 제품을 구입하는 것이 부모의 사랑을 증명하지는 않으니, 이에 흔들리지 않도록 주의해야 한다.

　엄마의 사랑은 아기와 함께하는 시간이 흐를수록 더욱 구체화되고 깊어진다. 아기를 기다리는 열 달 동안의 여정이 쉽지만은 않지만, 엄마는 아기의 건강을 최우선으로 생각하며 노력한다. 처음에는 아기의 존재를 느끼기 어려울 수도 있지만, 점차 성장과 발달을 분명하게 느끼면서 엄마와 아기 사이의 유대감은 더욱 강해진다. 이는 마치 새로운 인연을 맺는 것과 같은 경험으로, 새 생명을 맞이하여 보살피고 함께하는 모든 시간을 소중히 여기게 된다.

임신 검사 체크리스트

이 체크리스트는 임신 기간 동안 필요한 검사들을 단계별로 정리한 것이에요. 개인의 건강 상태와 의사의 판단에 따라 검사 항목과 일정은 조정될 수 있어요. 항상 담당 의사와 상담하여 적절한 검사 계획을 세우세요.

1) 초기 검사(임신 확인 후 첫 방문)
   - ☐ 전반적인 건강 검진
   - ☐ 혈액 검사(혈액형, 빈혈 검사, 간 기능 검사, B형 간염 및 C형 간염 검사, 매독 검사, HIV 검사)
   - ☐ 소변검사(요로감염 및 당뇨 검사)
   - ☐ 자궁경부암 검사(필요 시)
   - ☐ 초음파 검사(임신 주 수, 다태 임신 여부, 초기 태아 발달 상태 체크)

2) 11~13주
   - ☐ 초음파 검사(난임 및 이상 유무)
   - ☐ NIPT 비침습적 선별 검사(다운증후군 및 기타 염색체 이상 검사)

3) 16~18주
   - ☐ 알파태아단백 검사(기형아 선별 검사)

4) 20~22주
   - ☐ 구조적 초음파 검사(아기의 신체적 이상 유무 확인)

5) 24~28주
   - ☐ 임신성 당뇨병 검사(포도당 내성 검사)
   - ☐ 빈혈 재검사

6) 30~34주
   - ☐ 제3기 초음파 검사(아기의 성장 상태 및 위치 확인)

7) 36주 이후
   - ☐ 정기적인 검진(아기의 위치, 심박 수, 엄마의 혈압 및 건강 상태 점검)
   - ☐ B형 연쇄구균 검사(출산 전 감염 예방)

아이를 키워봐야
진짜 어른이 되는 걸까?

엄마가 되면 무한한 사랑을 주기만 해야 하는 것처럼 생각되지만, 엄마가 되는 과정에서 얻는 보상도 크다. 내 안에서 또 하나의 생명을 키워나가는 동안, 보이지 않는 작은 생명을 향한 사랑의 범위가 넓어진다. 출산 후 아기를 돌보는 동안, 사랑은 더욱 깊어지고 강해진다. 아이는 종종 사랑의 상징으로 생각되며, 부부는 함께 아이를 키우면서 더욱 단단하게 결합 된다. 사랑의 형태가 고정적이지 않고 계속 변화하며 더욱 풍성해질 수 있다는 것을 양육 기간 동안 배우고 깨닫게 된다.

엄마를 위한 멘탈 수업

아기의 첫 웃음소리를 들었을 때, 그 순간 모든 피로와 걱정이 사라졌다. 마음 가득 차오르는 행복함으로 모든 것이 완벽해 보였다. 곤히 잠든 아기를 바라보는 것만으로도 마치 천국에 있는 듯한 평화를 느낀다. 조그마한 입술로 젖병을 밀어내며 분유를 거부하는 모습에서, 이 작은 존재가 이미 자신의 취향을 표현하고 있음을 깨닫고는 더욱 사랑스럽게 느껴진다. 아기가 전하는 절대적인 사랑과 순수한 기쁨 앞에서, 나는 처음으로 '엄마'라는 이름의 무게와 그 의미를 이해하게 되었다. 이제, 이 작은 손을 잡고 함께 나아갈 준비가 되었다는 확신이 들었다.

자유롭게 살아오던 생활에서 엄마로서 책임을 처음 느낄 때, 많은 부담을 느낄 수 있다. 이런 변화는 다른 환경으로 옮겨 심은 식물이 처음에는 몸살을 앓지만, 점차 새로운 자리에 뿌리를 내리며 성장하는 것과 비슷하다. 딸에서 엄마로, 새로운 역할을 받아들이는 과정에서 어려움이 있을 수 있지만, 그 과정을 통해 더 큰 기쁨과 만족을 느끼게 된다.

전통적으로 많은 사람들은 엄마가 처음부터 모성母性을 가지고 태어난다고 생각한다. 다수의 연구자들은 출산 후 옥시토신과 같은 호르몬이 분비되어 엄마와 아기 사이의 유대감을 형성하고, 이는 모성 행동을 촉진한다고 설명한다. 그러나 이러한 생물학적 요소만으로는 엄마의 모든 역할을 설명할 수는 없다.

진화론자들은 모성이 본능이 아니라, 사회적·문화적 영향을 받으며 형성되었다고 주장한다. 엄마의 역할은 양육 과정에서의 경험과 사회적 기대에 의해 강화된다는 것이다. 여성들이 얌전하게 자라서 시집 잘 가는 것이 중요했던 시대도 있었지만, 오늘날에는 가족 모델이 다양해지고, 아이를 가질지 말지도 개인의 선택으로 받아들여지고 있다. 과거에는 엄마가 육아와 집안일을 맡아 헌신과 이타심을 가지고 가정에 헌신하는 것이 이상적이라고 여겨졌다. 그러나 현대 사회에서는 여성의 직업적 성취 또한 중요해지면서 이러한 전통적 관점이 변화하고 있다.

그럼에도 불구하고 많은 엄마들은 여전히 자신이 자란 방식이나 소망했던 방식으로 아이를 키우려고 한다. 이들은 자신만의 이상적인 엄마 이미지를 바탕으로 첫 엄마 역할을 시작하고, 그 과정에서 갈등하고 좌절하기도 하면서, 자신만의 정체성을 형성해 가고 그 과정에서 기쁨과 만족을 느낀다. 사회적으로 기대되는 엄마 역할이든 아니든, 이 세상에서 아이의 첫 시작은 엄마를 통해 이루어진다. 엄마는 아이로부터 '절대적인 사랑'을 받는다. 아이가 넘어졌을 때, 무서운 것을 만났을 때, 속상한 일이 있을 때 제일 먼저 찾는 사람은 엄마이다. 전적으로 자신이 돌봐야 할 존재가 생긴다는 것은 생명 본연의 '사랑'을 되짚어 보게 한다.

조그마한 아이로부터 온전한
사랑을 배우기

아기가 조금 크게 되면 엄마는 아기에게 주고받는 관계를 가르친다. 엄마의 사랑 가득한 눈빛과 기뻐하는 모습을 보며 자란 아이는 자기가 좋아하는 과자를 나눠주기도 하고, 선물이라며 정성껏

엄마를 위한 멘탈 수업

접은 색종이를 건네거나, 삐뚤빼뚤한 글씨로 '엄마 사랑해.'라고 적은 쪽지를 주기도 한다. 아이가 그 조그마한 입술로 뺨에 뽀뽀해 주면 엄마는 육아의 피로도 괴로움도 모두 눈 녹듯 사라지고 다시 힘을 얻게 된다. 이런 사랑 없이 그동안 어떻게 지낼 수 있었는지, 내 안에 사랑의 구멍이 이렇게 컸었는지 새롭게 느껴진다.

아이는 끊임없이 변화하면서 작은 성취와 발달로 엄마를 흐뭇하게 한다. 태어나고 나서부터 하루가 다르게 움직이며, 옹알이하고, 천장을 보고 손과 발을 바둥거리며 모빌과 실랑이를 하는 아이를 보며 엄마는 한시도 아이에게서 시선을 거둘 수 없다. 먹고, 자고, 싸는 것이 전부였던 시절부터 엄마의 도움으로 한 걸음씩 걸음마를 배우는 시기까지, 엄마는 오랫동안 한 사람을 관찰하고 지지하는 방법을 깨닫게 된다. 이는 누구로부터 배워서 하는 것이 아니라, 어머니라는 존재의 본능이 그렇게 만드는 듯하다. 아이에게 자연스럽게 시선이 가고, 아이의 모든 행동을 사랑과 보호의 마음으로 지켜보게 된다. 마치 연애할 때와 같이 상대방에게 마음이 쏠린다.

아이가 걷기 시작하면, 엄마는 아이의 발을 자신의 발 위에 올려놓고 손을 잡고 방 안을 함께 누비게 된다. 부모를 통해 아이의 세상이 계속해서 넓어지는 과정은 항상 이어진다. 엄마는 아이가 계단을 오르고, 달리기를 하고, 자전거를 타는 그 모든 도전과 첫 경험들을 함께한다.

엄마가 어서 가자고 재촉해도 아이는 길가에 쪼그리고 앉아 공벌레에 빠져든다. 아이의 눈에는 버려진 껌 종이는 반짝이는 보석이 되고, 작은 클로버 하나도 소중한 선물이 될 수 있다. 이렇게 아이가 이끄는 대로 엄마는 아이의 눈을 통해 세상을 다시 보게 된다. 아이는 세상에 존재하는 많은 것들이 이미 아름답게 빛나고 있었다는 것을 알려준다. 엄마는 아이와 함께 한 발 한 발 걸어가면서 미처 알아차리지 못했던 것들을 발견하고, 다양한 생명들이 함께 어울려 살고 있음을 깨닫게 된다.

어린 시절 엄마와
어린 시절 나를 만나다

엄마는 세대를 넘어 부모의 마음을 읽고 공감하는 법을 배운다. 결혼과 출산의 시기가 늦어졌지만, 예전에는 더 어린 나이에 엄마가 되었다. 2022년, 통계청의 인구동향조사에 따르면, 첫째 아이를 낳는 엄마들의 평균 나이는 32.6세이지만 1993년에는 26.2세로 낮았다. 그럼에도 예전 엄마들은 "밭일을 하다가 갑자기 아이를 낳고, 다음 날에는 다시 일하러 나갔다."라는 나름의 무용담을 자랑스럽게 이야기하기도 한다.

과거에는 육아는 당연히 엄마의 몫이었다. 고단한 집안일과 함께 아이를 위한 이유식을 준비하는 것도, 우는 아이를 달래는 것도 온통 엄마가 해야 하는 것들이었다. 그 시절 엄마들의 마음에는 육아에 대한 두려움과 자부심이 공존했다. 이렇게 힘든 육아에도 불구하고 내 아이는 그 누구보다 소중하고 사랑스러웠다. "눈에 넣어도 안 아픈 내 새끼"라는 표현은 서양에서는 "The apple of my eye"로 사용된다. 원래 눈동자를 의미하지만, 이렇듯 아기의 소중함은 문화를 넘어선다. 지난 시절 나의 엄마도 나를 키우며 이런 기분을 느꼈으리라. 예쁜 아이를 낳고 키우며 놀라움에 휩싸인 순간을 상상한다.

아기를 처음 목욕시키던 날, 나는 아기 귀에 물이 들어가지 않을까 긴장했다. 아기는 어설픈 내 손에 기대어 아기 욕조에 떠 있었고, 나는 어쩔 줄을 몰라 겁을 먹었다. 그러나 친정엄마는 겁먹은 나와 달리 능숙하게 아기를 씻겨주셨다. 이렇듯 경험을 쌓아가며 초보 엄마는 육아의 베테랑이 되어간다. 나의 엄마는 처음 서툴렀던 돌봄이 익숙해지기까지 얼마의 시간이 걸렸을까? 그 모든 경험의 시간을 견뎌낸 나의 엄마에게 감사의 마음을 표한다.

엄마는 아이를 돌보며 어린 시절의 자신을 다시 마주하게 된다. 이 소통은 제대로 마주하지 못하고 외면했던 내 안의 감정과 욕구를 이해하고 받아들이는 과정이다. 엄마는 어린 시절 묵혀두었던 상처를 치유하는 시간을 보낸다. 세계적인 그림책 작가 모리스 샌닥Maurice Sendak은 어린 시절의 아이가 어른이 된 뒤에도 영향을 미친다고 생각했다. 그래서 그는 그 아이와 소통하며 이야기를 쓰려고 노력했다. 그 결과, 《괴물들이 사는 나라》, 《깊은 밤 부엌에서》와 같은 작품을 썼다. 샌닥은 어른이 된 후에도 어린 시절의 자신이 내면 어딘가에 존재한다고 느꼈던 것이다.

또 한편으로 엄마는 자신의 어린 시절을 다시 해석하는 시간을 보낼 수 있다. 어린 시절 어두운 기억을 가진 사람들은 때로는 무거운 현재의 삶이 어린 시절의 부모 때문이라고 생각한다. 〈피터 팬〉을 쓴 제임스 배리James Matthew Barrie의 일화는 어린 시절의 고독이 삶에 미치는 영향을 잘 보여준다.

그의 어머니는 갑작스러운 사고로 죽은 형을 그리워하며 제임스를 볼 때마다 형이라고 착각하여 형의 이름을 불렀다. 어린 제임스는 엄마의 사랑을 얻고 싶어서 형인 척하며 자라났고 키는 150cm로 성장했다. 훗날 그는 공원에서 만난 아이들에게 이야기를 들려주며 〈자라지 않는 소년, 피터 팬〉이라는 역작을 만든다. 이처럼 어린 시절의 어두운 기억은 끊임없는 고민이라는 숙성의 터널을 지나 빛나는 시간으로 다가올 수 있다.

엄마는 아이를 성장시키고, 어른이 된다

'보호자' 또는 '엄마'라고 불리며, 아이에 대한 책임을 가지고 모든 것을 결정하지만, 아이가 자라면서 점점 아이에게 더 많은 선택권을 내어준다. 병원과 유치원 선택부터 음식, 책, 나들이, 심지어 외출 시간까지 신경을 쓰며 아이의 불편과 피로를 줄이려고 노력한다. 이렇게 육아 초기에는 아이의 안전과 보호를 우선으로 여기지만, 아이가 점점 성장하면서 엄마는 아이의 독립을 지원하는 데 초점을 두게 된다. 아이를 대신해 모든 것을 선택할 때에는 아이가 영원히 엄마에게 소속될 것처럼 느낄 수 있다. 그러나 아이에게 아이에게 가르치는 '쥠쥠'의 지혜가 그렇듯이 꼭 쥐었던 손은 언젠가는 펼쳐야 하고, 엄마는 언젠가는 아이를 놓아주어야 한다.

엄마는 아이의 감정을 민감하게 읽고 소통하는 능력이 향상된

엄마를 위한 멘탈 수업

다. 육아의 시간이 늘어가면서 경험으로 얻은 지식으로 육아에 대한 자신감이 생기게 된다. 엄마는 아이의 선호와 불안, 기분 변화를 섬세하게 파악하여 감정을 조절하는 방법을 알게 된다. 마트에서 자주 떼를 쓴다면 집에서 사전에 약속을 정하고 와서 조절하도록 하거나 아이의 물건부터 먼저 사서 아이가 가지고 놀게 하고 여유 있게 장을 보는 요령도 생긴다. 한 번 더 아이의 입장에 서면, 엄마는 아이의 감정을 객관적으로 바라볼 수 있게 되고, 자신의 감정도 다시 돌아보게 된다. 이렇게 얻은 통찰력은 아이뿐만 아니라 다른 사람과의 관계에서도 성숙한 결정을 내릴 수 있게 해주며, 동료와 오해가 생겼을 때에도 상대의 감정을 객관적으로 바라보고 이해하며 관계를 개선하는 데 도움이 된다.

　　엄마는 아이의 성장을 따뜻한 마음으로 감싸주며 마치 직조하는 것처럼 돌보고 지원한다. '니트맘Knit-Mom'은 아이가 안전하고 편안한 환경에서 성장하며, 더 탄력적으로 발전하도록 도와주는 엄마를 의미한다. 엄마는 아이와 대화하고 함께 시간을 보내면서 아이가 스스로 자라나도록 돕는다. 아이는 다양한 경험과 배움을 통해 성장하며, 엄마의 도움을 받으며 사회적으로 자란다. 엄마가 선택하는 방식과 도움의 정도에 따라 아이의 성장 양상이 달라진다. 엄마는 자신의 경험과 직관을 통해 아이를 돌보는 기술을 키워나간다. 아이가 마주하는 다양한 상황에 대처하면서 부모로서의 한계도 경험하게 되고 이를 통해 스스로도 성장하게 된다.

　　이와 같이 엄마의 여정은 자녀로부터 절대적인 사랑을 받으며 자아를 찾아가는 소중한 시간이다. 엄마는 아이를 관찰하고 지지하는 능력을 키우며 작은 기쁨을 찾아낸다. 스스로 부모가 되어 아이를 키우면서 부모의 마음을 이해하게 되고, 자신의 어린 시절의 기억을 불러내어 다시 해석하는 시간을 갖게 된다. 아이에게 책임을 지면서도 선택의 폭을 넓히고, 아이가 맞이하는 다양한 상황에 대처하며 스스로도 더 성장한다. 이러한 여정은 아이와 함께 앞으로 나아가며 한 단계 한 단계 성장하고 발전하는 소중한 경험으로 이어진다.

행복 보물찾기 게임 가이드

가족이 함께할 수 있는 '행복 보물찾기' 게임을 소개해요. 이 작은 놀이는 가족 구성원 모두가 일상에서 찾은 작은 행복을 공유하며 서로에게 미소를 전달할 수 있는 방법이에요.

준비물

작은 쪽지와 펜, 봉투나 작은 상자(선택), 행복 보물찾기 지도(가족 구성원들이 쪽지를 숨길 수 있는 집안의 여러 장소를 표시)

★ 행복을 적어요

하루 중 행복했던 순간이나 감사한 일을 쪽지에 적어보세요. 예를 들어, 아침에 마신 따뜻한 커피, 아이의 웃음소리일 수도 있어요.

★★ 행복을 숨겨요

가족들이 각자 쪽지를 집안의 여러 장소에 숨겨요. 예를 들어, 책장 사이, 서랍 속, 화분 옆과 같이 가족들이 자주 가지 않는 장소에 숨겨주세요. 하지만 너무 어렵지 않게, 가끔은 발견될 수 있는 곳에 숨기는 것이 좋아요.

★★★ 행복을 찾아요

평소처럼 하루를 보내다가 숨겨진 쪽지를 찾아 읽을 때, 그 순간은 마치 보물을 찾은 것처럼 기쁘죠. 누군가의 작은 행복을 발견했을 때의 느낌을 서로 나눠보세요.

★★★★ 행복을 나눠요

발견한 쪽지를 가족 모두에게 읽어주고, 그 순간을 함께 기뻐하며 소중한 추억을 만들어보세요. 찾은 쪽지는 봉투나 작은 상자에 모아요.

✚ 행복 더하기

· '행복 보물찾기' 게임을 자주 해보고, 가족 모두가 서로의 행복을 더 많이 발견하고 관심을 기울이는 시간을 가질 수 있도록 해보세요.
· 생일이나 기념일과 같은 특별한 날이나 이벤트, 휴가 기간에 이 게임을 해보면 더욱 뜻깊은 추억을 만들 수 있어요.

엄마는
무엇이 되어야 하나

육아가 어려운 근본적인 이유는 아이가 끊임없이 '변화'한다는 것
이다. 처음에는 낯선 일이지만 시간이 지나면 부모도 육아에 익숙
해지고 아이도 스스로 자신의 일을 할 수 있는 능력이 생긴다. 회사
에서 그때그때 변하는 환경에 따라 역할과 업무 방식을 계속 바꾸
어 가듯이, 부모의 역할도 아이의 성장과 함께 변화하며, 아이가 각
시기에 필요한 지식과 기술을 습득할 수 있도록 상호 작용하며 지
원해야 한다.

엄마를 위한 멘탈 수업

아이가 성장함에 따라 엄마의 역할도 변화해야 한다. 아기 때에는 생존과 안전을 보장하며, 따뜻하고 건강한 환경을 제공하는 것이 엄마의 주요한 역할이다. 이 시기에는 아기의 미소만으로도 엄마의 하루는 행복으로 가득 차곤 한다.

유아기에 접어들면, 아이는 세상에 대한 호기심이 넘쳐난다. 엄마는 아이의 발달을 촉진시키면서 다양한 분야에서의 성장을 도모하게 된다. 아이와 함께 놀이를 하면서 새로운 것을 배우고 경험하는 순간들은 너무도 소중하다. 이런 순간들이 모여 아이의 성장과 엄마의 행복을 만들어 간다.

이후 아이들이 기관에 다니기 시작하고, 친구들을 사귀면서 사회적 경험을 쌓는 시기가 오면, 부모는 자연스럽게 사회규범을 가르치게 된다. "낯선 사람과 이야기하지 말고, 선생님 말씀 잘 듣고, 친구들과 사이좋게 지내야 해."라는 말을 반복해서 이야기하며, 아이에게 세상을 살아가는 데 필요한 규범을 가르치기 시작한다.

학교생활을 시작하고 아이의 세계가 점점 넓어지면서, 부모는 아이가 더 강해지고 독립적으로 자라도록 격려하고 지원해야 한다. 이제는 직접적인 개입을 줄이고, 아이가 실패를 통해 배우고, 스스로 문제를 해결할 수 있는 기회를 주어야 한다.

부모들은 아이가 그 기회를 통해 작은 성공과 실패를 경험하는 것을 지켜보며, 때로는 마음이 아프기도 하고, 때로는 뿌듯함을 느끼기도 할 것이다. 그리고 아이가 마침내 부모의 도움 없이 스스로 문제를 해결해 나가는 모습을 보면서, 아이의 자립심에 분명 감탄하게 될 것이다.

뉴칼레도니아의 까마귀

엄마는 아이에게 많은 것을 주지만, 엄마와 아이의 관계는 시간이 지남에 따라 발전하며, 그에 맞추어 엄마의 역할도 자연스럽게 달라진다. 아이의 성장은 엄마의 성장과도 맞물려 있기에 엄마와 아이는 서로를 더 잘 이해하고 지지해 주는 관계로 발전해 가야 한다. 이 과정에서 '관계 설정'과 '조정'이 핵심이다.

엄마가 오로지 양육에만 집중하다 보면 아이의 성장에 필요한 다양한 기회를 제공하지 못할 수 있다. 때로는 자신의 삶이 쳇바퀴를 구르는 것처럼 느껴질 수도 있다. 만일 '아이는 너무 사랑스럽지만, 나는 언제까지 아이만 바라보고 살아야 할까? 나도 내 삶을 살고 싶고, 보다 자유로워지고 싶어.'라는 생각이 든다면, 즉시 양육의 가치와 의미를 재정립할 필요가 있다.

뉴칼레도니아의 까마귀는 다른 동물에 비해 양육 기간이 길다. 평균적으로 2년에서 최대 4년까지 어미 새로부터 먹이를 받아먹으며 살아간다. 이 기간 동안 어린 까마귀는 사냥법과 도구 사용법까지 배운다. 우리 인간의 청년기에 해당하는 기간 동안, 까마귀는 나뭇가지로 나무 구멍을 찔러 애벌레를 잡아먹거나, 나뭇가지를 휘어서 구부리는 등의 기술과 지식을 습득한다.

인지과학자 앨리슨 고프닉Alison Gopnik에 따르면, 긴 양육 기간은 뇌의 크기와 기능 발달과 관련이 있으며, 어린 시기에 충분한 보호를 받아야 성인이 되었을 때 그 지식과 학습으로 다져진 기능을 활용할 수 있다.

뉴칼레도니아 까마귀의 사례는 부모의 역할이 단순히 아이를 돌보는 것에 그치지 않고, 아이가 자립할 수 있도록 다양한 기술과 지식을 가르쳐야 한다는 것을 분명하게 보여준다. 다양한 도구를 사용하여 문제를 해결하듯, 아이의 발달 단계와 상황에 따라 적절한 육아 방법을 선택하고 적용해야 한다. 그리고 육아 과정에서 부모 자신도 새로운 것을 배우고, 성장해야 한다. 부모와 아이는 서로의 성장을 돕는 동반자가 되어야 한다.

부모는 아이의 외적인 성장뿐만 아니라 내면적인 성장을 돕기 위해 노력해야 한다. 부모는 종종 아이와 너무 가까이 있어 아이의 내적인 변화를 놓치기도 한다. 대여섯 살 아이에게 예쁜 옷을 입혀 나들이를 갈 때 우리는 아이의 귀여운 모습에 행복을 느끼지만, 그렇게 표면적인 것에 주목하는 사이 아이는 빠르게 초등학생이 된다. 이에 학자들은 생애 주기별로 성취해야 할 발달과제를 제시했는데, 이들의 제언은 아이들을 키우는 길잡이가 되어줄 것이다.

인간의 사회성 발달 이론으로 유명한 심리학자 에릭 에릭슨Erik Homburge Erikson에 따르면, 아이는 단계마다 중요한 심리 · 사회적 과제를 해결해야 한다. 이 과제들을 잘 해결하면, 아이는 건강한 성격을 형성할 수 있다. 출생 후 1세까지 아이는 부모의 지속적인 보살핌을 통해 세상을 신뢰하는 법을 배운다. 이 시기의 아기에게는 엄마의 따뜻한 품과 꾸준한 사랑이 필요하다. 2세가 되면, 아이는 혼자 하려는 노력을 많이 하게 된다. 부모는 아이가 스스로 할 수 있도록 격려하고 자율성을 키워주는 것이 중요하다. 이후 유치원, 초등학교 시기에는 아이가 어려운 과제를 해결하며 자신감을 얻는다. 이때, 부모는 아이가 작은 성공을 경험하며 스스로에 대한 믿음을 키울 수 있도록 도와줘야 한다.

한편, 낸시 아이젠버그Nancy Eisenberg는 아이들의 도덕적 발달에 대해 중요한 이론을 제시했다. 그녀는 아이들이 단순한 규칙을 지키는 것에서 시작해 점점 더 복잡한 가치에 따라 행동한다고 설명한다. 발달의 첫 단계에서 아이들은 즉각적인 보상을 기대한다. 예를 들어, 친구를 도와주면 엄마는 스티커나 간식을 주어 긍정적인 경험을 하게 해주어야 한다. 다음으로 다른 사람의 필요를 인식하는 단계로 발전한다. 이때는 "친구가 슬퍼하는데 어떻게 도와줄까?"라고 물어보며 타인의 필요를 생각하도록 해야 한다.

그다음은 타인의 인정을 받기 위해 행동하는 단계로 넘어간다. 부모가 "정말 잘했어. 아주 착한 행동이야."라고 아이를 칭찬하면 긍정적인 사회적 피드백을 통해 더 좋은 행동을 하게 된다. 아이가 더 자라면 타인의 감정을 이해하고 공감하는 단계에 도달한다. 이때 부모는 아이에게 "네가 그 친구라면 어떤 기분이 들었을 것 같아?"라고 물어보며 타인의 입장에서 생각해 보도록 한다. 마지막 단계에서 아이는 보편적인 도덕적 원칙을 내면화한다. 이 단계에서는 "다른 사람을 돕는 것이 왜 중요할까?"와 같은 질문을 통해 스스로 생각하고 도덕적 원칙을 내면화하도록 도와줘야 한다.

아이가 초등학교 고학년이 되면 부모들은 자신의 기대를 조절하기 어려워한다. 졸업한 유치원생의 부모들을 몇 년 후에 다시 만나면 "아이가 변해서 낯설고 당황스러워요."라거나 "예쁘게 키우려고 했는데 슬프고 배신감이 들어요."라는 말을 자주 한다. 12세부터는 청

엄마를 위한 멘탈 수업

소년기에 접어들면서 신체적으로 급격한 성장과 성적 성숙이 이루어진다. 이 시기에 아이는 자신의 정체성에 대해 계속 질문하며 자기 색깔을 찾아가기 시작한다. 아이 입장에서는 진로 문제나 인간관계 문제로 고민이 늘어나며, 그 혼란 속에서 인생관과 가치관을 형성하기 때문에 정서적으로 혼돈과 어려움을 겪는 시기라 할 수 있다.

아이가 청소년기로 들어가면 엄마는 자신의 역할에 대한 생각이 더 깊어진다. 주변 세계가 변하고 감정적인 갈등이 생기는 시기이다. 엄마는 여전히 아이를 어린아이로 보지만, 독립성이 강해진 아이는 스스로 문제를 해결하려고 한다. 엄마는 이런 아이에게 자신의 경험을 바탕으로 조언하거나 직접 개입하려고 한다. 아이의 사춘기와 엄마의 갱년기가 겹치면 갈등의 수위가 한층 높아지고 증폭되기도 한다. 이러한 모습에 엄마는 때로는 자신의 사랑과 노력이 아이에게 거부당했다고 느껴 마음에 상처를 받기도 한다.

엄마는 무엇이 되어야 하나

한 남자가 결혼식 날, 교통사고로 허벅지 뼈를 크게 다쳐 응급실에 실려 갔다. 그 남자의 수술 방법을 두고 부모와 예비 신부가 갈등을 겪는다. 부모는 다리를 절단해 생명을 구하고자 하고, 예비 신부는 수술 케이스가 없고 실패 확률도 있지만 인공 뼈를 넣는 수술을 해야 한다고 주장한다.

결국, 법률 담당자는 "부모는 마이크를 아이로 보고, 여자는 남자로 보고 있어요. 대퇴골 수술을 받게 해야 합니다."라고 예비 신부의 의견을 받아들여 수술을 결정하고, 수술은 성공적으로 끝난다. 이 이야기는 드라마 〈굿 닥터〉의 한 장면이다.

이처럼 엄마는 아이를 낳고 키웠기에 모든 것을 알고 있다고 생각할 수 있지만, 아이는 그 이상으로 성장한다. 가정에서 시작해 사회 속 다양한 사람들과 관계를 맺으며 살아가게 된다. 그래서 엄마는 아이를 '만드는' 것이 아니라 '이끄는' 것이다. 엄마는 아이가 성인이 되기까지 건강과 영양 등 생존을 책임지며, 한편으로 아이가 건강한 사회구성원이 되도록 돕는 역할을 한다. 그리고 그 시기가 지나면 부모의 역할도 달라져야 한다.

한국교육개발원KEDI의 2022년 교육 여론 조사 결과에 따르면, 4,000명의 전국 성인 남녀 중 52.1%가 자녀의 대학 졸업까지 경제적 지원이 필요하다고 응답했다. 응답자 4명 중 한 명은 취업 및 결혼 후에도 자녀에게 지원이 필요하다고 인식하며, 부모와 자녀 모두가 지속적인 지원의 필요성을 강조했다. 이 조사 결과는 청년 시기에 자립하지 못하는 문제에 대한 부모들의 우려를 보여준다. 만약 부모가 자녀의 독립성과 자신감을 키워 더 나은 미래를 준비하도록 돕지 않는다면, 부모는 노후에 큰 희생을 감수해야 할 수도 있다. 따라서 아이를 키우는 것에 끌려다니는 삶을 살지 않기 위해 역할과 시기에 대한 원칙을 정해야 한다.

부모는 아이와 함께 생각을 나누며, 인생이라는 긴 산책길을 함께하는 동무이다. 산책은 천천히 걸으면서 주변을 돌아보는 여유로운 시간이다. 부모는 아이의 의견을 존중하고, 아이가 스스로 생각하고 결정하도록 도와야 한다. 아이의 세계와 부모의 세계는 다를 수 있으므로, 부모는 아이의 관심사를 파악하고 격려하며 자신감을 키워주어야 한다. 인생 후배라고 생각해도 좋을 것이다. 엄마는 아이를 내려다보지만, 엄마를 올려다보는 아이가 어떤 생각을 하는지 짐작조차 할 수 없다. 만약 그 아이의 마음을 알 수 있다면 실수를 하지 않고, 불필요한 에너지로 마음을 어지럽히지 않아도 되겠지만 그럴 수 없다.

드라마 〈우리들의 블루스〉로 유명한 배우 박지환은 촬영 내내 돌아가신 엄마를 회상하며, 엄마 덕분에 행복했다고 말한다. 자신이 어떤 사람인지 고민할 때, 엄마는 다짜고짜 좋다거나 아니라고 평가하지 않고, 지금의 변한 모습은 알 수 없다고 말해주셨다고 한다.

청춘이 끝나고 나이 듦에 대해 아들이 불안해할 때는 "마음을 다하면 그것들이 다가오고 만져지고 빚어지는 그런 시간이 온다고, 가진 게 없으니까 뭐든 열심히 하면 되고, 진실되면 무엇이든 될 수 있다."라고 가르쳤다. 어쩌면 이것이 엄마가 아이에게 가르칠 수 있는 전부일지도 모른다. 오히려 아이에 대해 다 알고 있다고 생각하는 부모는 위험하다. 이는 아이를 있는 그대로 '관찰'하려 들지 않고, 부모 자신의 주관대로 '판단'하려 들기 때문이다.

부모는 학력이나 직업과 관련 없이 아이가 삶의 가치와 목표를 찾도록 조언자가 될 수 있다. 작가이자 연설가인 릭 릭스비Rick Rigsby의 아버지는 뛰어난 조언자였다. 초등학교 3학년 중퇴의 학력으로 대학 구내식당 직원으로 일했으나 언제나 성실하게 최선을 다했으며 봉사 정신을 실천했다.

그는 늘 "인생의 모든 날, 빗자루를 들어라."라며 자만과 어리석음을 경계했고, 아들이 아내를 잃어 절망에 빠졌을 때조차 "바다가 거칠어도 계속 서 있으라."라고 조언했다. 릭 릭스비는 이런 아버지의 가르침을 주제로 감동적인 대학 졸업식 축사를 남겼으며, 그의 축사 영상은 전 세계에 걸쳐 무려 2억 회 이상 시청됐다.

시간이 흐르면 아이도 언젠가 반드시 어른이 된다. 이미 어른이 된 부모가 아이에게 전할 수 있는 분명한 사실 하나는 어른이 되어도 인생에서 계속해서 어려움과 실패가 찾아올 수 있다는 것이다. 부모는 자신이 긍정적인 태도로 실패를 다루고 더 나은 방향을 고민하여 극복한 경험을 아이들과 나눌 수 있다. 중요한 것은 부모는 어려움을 극복하는 방법을 아이에게 직접 알려주는 것이 아니라, 더 나은 방향을 고민하며 나아가는 모습을 보여주는 것이다. 부모는 정원사처럼 아이의 도덕적 발달을 적절하게 지원하고, 아이에게 모범을 보여줌으로써 신뢰할 수 있는 세상을 알려줘야 한다.

엄마 인생 로드맵

각 인생 단계에서 경험한 주요 사건과 의미를 적어보세요. 이력, 학력, 경력, 전환점, 가족 관계 등 다양한 사건을 포함할 수 있어요. 시기마다 일어났던 기억에 남는 일을 적어보세요. 긍정적인 일부터 부정적인 일까지 골고루 적어보고, 미래를 계획하는 데 도움이 되길 바라요.

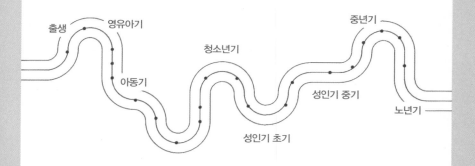

시기	나의 주요 사건	나의 기대
출생		
영유아기 (0~5세)		
아동기 (6~11세)		

엄마 인생 로드맵

시기	나의 주요 사건	나의 기대
청소년기 (12~17세)		
성인기 초기 (18~29세)		
성인기 중기 (30~49세)		
중년기 (50~64세)		
노년기 (65세 이상)		

아이 덕분에
시간이 느리게 흐르는걸

아이와 함께 보내는 시간은 언제나 소중하고 특별하다. 일상은 어딘가에 멈춰 있는 듯한 느낌을 준다. 아이의 아장아장 걸음마를 따라가다 보면 삶이 천천히 흘러가는 것 같다. 까꿍 놀이를 하며 자지러지듯 웃는 아이의 웃음소리, 날아가는 나비를 바라보는 경이로운 눈빛, 하늘의 비행운을 가리키는 손짓, 이 모든 것들이 엄마의 마음을 따뜻하게 만든다. 아이가 자라나 엄마의 시선을 떠나는 시간이 늘어나면 삶은 점점 빠르게 흘러간다.

젊을 때는 천천히 흘러가던 시간이 나이가 들면서 점점 **빠르게** 지나간다. 20대는 시속 20km로, 40대는 시속 40km로 세월이 간다는 말이 있다. 이런 현상을 학문적 용어로 '시간 수축'이라고 부르는데, 이는 나이가 들수록 도파민 호르몬의 분비가 줄어들어 일상이 단조로워지고 흥미를 잃기 쉽기 때문에 발생한다. 도파민은 새로운 경험과 자극에 대한 반응을 촉진하는데, 이 호르몬이 줄어들면서 시간 감각이 빨라진다고 느끼게 된다. 하지만 엄마는 아이와 함께 보내는 순간마다 시간이 느리게 흐르는 신비한 경험을 하게 된다. 아이와의 소중한 순간들이 엄마의 시간을 천천히 흐르게 하며 새로운 관점을 발견하게 한다.

엄마는 아이를 키우는 어느 시점에 멈춰 서서 아이의 시선을 따라 천천히 세상을 발견하고 느끼면서 시간 수축을 경험한다. 예를 들어, 허리까지 오는 계단을 오르기 위해 두 살짜리 아이는 낑낑거리며 노력한다. 한쪽 다리를 높이 들어보지만, 누군가의 도움 없이 몸 전체를 들어 올리기엔 아직 역부족이다. 안간힘을 쓰다가 결국 신발마저 벗겨지고, 얼굴은 눈물과 콧물로 엉망이 된다. 엄마는 "에구, 힘들지? 아주 잘했어."라고 말하면서 계단을 기어오르는 아이의 머리를 쓰다듬는다. 불과 5분 남짓했던 이 시간이 육아 기간 내내 내 머릿속을 떠나지 않았다. 그때의 냄새, 아이의 옷, 날씨, 아이가 어느 쪽으로 고개를 돌렸는지, 망설였던 눈빛까지 생생하게 기억한다.

엄마는 아이의 성장을 지켜보며 아이가 도전하고 성취하는 순간들을 함께 경험한다. 그저 건강하게 자라기만을 바라던 엄마는 점차 아이가 놀라운 성과를 이루기를 기대하게 된다. 마치 테트리스 게임에서 벽돌을 한 줄 한 줄 지워가듯, 한 단계 한 단계 올라가다 보면 멋진 결과가 있을 것이라 생각한다. 하지만 이런 엄마의 기대 뒤에서 아이는 엄마의 기대에 부응해야 한다는 긴장과 실패의 부담을 느낄 수 있다. 같은 시간 안에 있지만 엄마와 아이는 다른 것을 기억하고 느끼는 것이다.

친구 아들 중에 유치원 때부터 피아노를 잘 치는 아이가 있었다. 어렸을 때부터 보아왔기 때문에 다방면에 재주 있는 아들을 둔 친구를 참 부러워했다. 그러나 어느 날, 그 친구는 고등학생이 된 아들의 책상에서 어린 시절에 대해 쓴 글을 보고서 큰 충격을 받았다. 어렸을 때부터 온갖 귀여움을 받고 자란 아이가 학교 과제로 낸 자기 성찰 글쓰기에서 가족의 자랑이 되기 위해 부모가 원하는 대로 맞추려고 노력하면서 힘들었던 마음을 털어놓았기 때문이다. 특히, 어른들 앞에서 피아노를 쳐보라고 말할 때마다 정말 괴롭고 부끄러웠고, 연주를 하고 나면 방에 들어와 울었다는 내용이었다.

친구는 나에게 이런 말을 했다. "내가 이렇게 아이 마음을 몰랐어. 언젠가 마음이 괴로울 때 피아노를 치면서 위로받았으면 좋겠다고 생각했는데, 손님들 앞에서 연주하는 것이 당연하다고 생각한 내가 어리석었어." 아이는 "싫어요."라고 말할 수 없는 상황에서 매번 선택을 강요당했던 것이다. 그 시간에 대해 친구는 미안해했다.

엄마는 아이와 함께하는 시간을 통해 많은 것을 배우고, 느끼고, 기억한다. 하지만 아이의 감정과 생각을 항상 알아차리고 이해하는 것은 아니다. 엄마는 아이의 도전과 성장을 격려하면서도 때때로 자신의 기대와 욕심에 빠져 아이의 진짜 감정을 놓칠 때가 있다. 같은 경험에 대해 엄마와 아이가 다르게 받아들일 수 있다는 것을 생각하며, 이 차이를 이해하고 존중하는 것이 필요하다. 자신의 어린 시절에 대해 부모님과 이야기를 나누다 보면 같은 일을 서로 다르게 기억하고 있음을 발견하게 될 것이다.

이런 점에서 아이를 양육하는 동안 아이의 한 걸음 한 걸음을 지켜보며 응원하는 것이 아니라, 내가 원하는 길로 아이를 끌고 가고 있는 것은 아닌지 항상 경계하고 돌아보아야 한다.

특별함은 사라지지 않아, 희미해질 뿐

엄마는 오랜 시간 아이를 돌보며 격려하고 응원해 왔다. 많은 엄마는 어린 시절의 기억을 소중히 쌓아두지만, 아이들은 7세 이전의 기억을 많이 잊어버린다. 특히, 사춘기에는 친구를 사귀고 새로운 관심사를 키우며 스스로 선택하려 하지만, 이러한 선택은 부모의 기대와 충돌해 갈등을 겪게 된다. 부모는 아이에게 많은 것을 줬다고 생각하지만, 아이는 부모의 관심 부족이나 자신의 의사를 무시한 경험을 더 강렬하게 기억한다. 그렇다 보니 종종 "내가 널 어떻게 키웠는데."와 "나한테 해준 게 뭔데요."라는 대립이 발생한다.

아이에 대한 사랑과는 별개로 초등학교, 중학교, 고등학교를 거치면서 다른 아이들과 성과를 비교하는 순간이 찾아온다. 딸이 공부 대신 잠을 더 잤으면 좋겠다는 자랑 섞인 옆집 엄마의 불평에도,

엄마를 위한 멘탈 수업

게임에만 빠져 있던 친구 아들이 특목고에 입학했다는 소식에도 부러움을 느낀다. 또 어렸을 때부터 배에 대한 흥미를 가지고 있던 아이가 배에 대한 그림을 그리고 자료를 모으며 연구하다가 결국 하버드대학교에 합격했다는 전설 같은 이야기를 들으며, '그렇지, 될 성싶은 나무는 떡잎부터 안다지.'라고 생각하며 내 아이가 평범하게 느껴질 수도 있다.

깨끗한 흰 종이를 위아래로 접으면 계단이 만들어진다. 처음에는 같은 높이였던 종이가 접히면서 층이 생겨난다. 우리도 각자가 자신의 수준에서 도전하는 것이 아니라 타인과 경쟁을 하게 된다. 나에게 특별한 아이가 다른 아이와의 경쟁에서 평범하게 보일 때, 그것을 인정하기 어려울 수 있다. 그러나 이것은 아이의 특별함이 사라진 것이 아니라 비교의 시선 속에서는 아이의 개성이 희미해지기 때문이다. 동일한 기준으로 평가하면 내 아이의 고유성을 놓칠 수 있다.

어린 시절 엄마는 아이의 독특한 특성을 잘 살펴보려고 애썼지만, 학년이 올라가면서 점점 실망과 불안감이 들 수 있다. 대한민국에서는 대부분의 아이들이 대학교에 진학하기 때문에 아이들은 꿈을 향한 도전이 아닌 치열한 생존 경쟁에 휘말린다. 엄마는 이러한 경쟁 또한 삶의 일부이며, 아이가 원하는 일을 향한 중요한 단계임을 알려주되, 아이를 과도한 압박을 느끼지 않도록 해야 한다. 좋은 성과를 위해 노력하되 결과를 겸허하게 받아들일 수 있어야 한다. 엄마는 도전을 격려하고 다음 단계로 나아갈 마음을 잃지 않도록 도와야 한다. 인생의 피니쉬 라인은 모두에게 다르게 주어지며, 한

번으로 끝나지 않는다.

　엄마 자신도 늘 순탄하게 살아온 것이 아니라, 인생에서 주춤한 시기도 있었고, 다시 다독이며 자신의 무대에 선 사람이다. 그러므로 눈앞의 결과로 아이를 판단하는 과오를 범해서는 안 된다. 따라서 마치 "라떼는 말이야~."처럼 "엄마는 말이야~." 식의 시선이 아닌, '엄마도'라는 관점으로 아이의 상황을 받아들이는 것이 필요하다. 이것이 처음 엄마가 되는 사람의 바른 자세이다.

　특별함은 사라지지 않고 희미해질 뿐이다. 엄마는 내 아이를 이해하고, 그 특별함을 찾아 믿어주는 사람이다.

안전하게 돌아오면 돼

　복효근 시인은 그의 시 〈버팀목에 대하여〉에서 "큰바람 불어와도 나무는 눕지 않습니다 / 이제는 사라진 것이 나무를 버티고 있기 때문입니다"라고 노래한다. 태풍에도 쓰러지지 않도록 지지해 놓은 버팀목이 나무의 미래를 지키고 있는 것처럼 엄마는 아이의 버팀목이 되어야 한다.

　아이를 키우다 보면 예기치 않은 경험을 겪게 된다. 많은 엄마들은 고열이 나는 아이와 함께 야간 응급실을 찾는 일을 경험하게 된다. 나도 그랬다. 아이가 두 살 때 갑작스러운 열과 검붉은 반점이 생겼다. 그날 밤, 절박하고 두려운 마음에 울었다. 아이가 어떻게 될까 봐, 다시 예전처럼 되돌아오지 못할까 봐 두려웠다. 대학병원에서 소아 환자들을 보며 많은 아이들이 어린 나이에 너무 큰 상대와 싸워야 한다는 것을 알게 되었다.

입원 후, 원인을 찾지 못해 약을 바꿔가며 치료를 받았다. 고열로 온몸에 화상을 입은 것처럼 붉은 반점이 올라온 아이에게 시원한 바람을 쐬게 하려고 밖에 나가면, 어른들이 "에구, 어린애가 어쩌다가 저렇게 됐누."라며 걱정스러운 눈빛으로 쳐다봤다. 내내 마음이 불편했다. 가벼운 관심과 위로가 때로는 의도치 않게 상처가 될 수 있다는 것을 알게 되었다.

결국, 변형된 감기 바이러스라는 진단을 받았고, 3주 만에 아이는 퇴원했다. 어린 시절이라 아이는 그때의 기억을 잊었지만, 나는 그 경험을 통해 현재의 건강과 행복이 영원하지 않을 수 있다는 것을 깨달았다. 보이지 않는 곳에서 아픔을 겪는 아이들이 있고, 힘든 상황에서 서로 의지하며 공감하는 엄마들의 관계도 있다. 아이가 이끄는 곳으로 가면, 보이지 않던 세계가 보인다.

아이는 건강을 되찾았지만, 그 경험을 통해 다시 깨달은 것은 삶에서 가장 중요한 것은 성취가 아니라 존재 그 자체라는 것이다. 아이의 존재가 얼마나 소중한지, 그저 함께 있는 것만으로도 얼마나 큰 의미가 있는지 깨달았다. 아이는 때때로 원하든 원치 않든 엄마의 곁을 떠난다. 늘 중요한 것은 아이가 다시 안전하게 돌아오는 것이었다.

아들을 군대에 보내게 되었을 때, 우리나라가 휴전 중인 나라임을 처음으로 실감하게 되었다. 훈련소 입구에서 머리를 짧게 자른 어린 훈련병들을 보며 착잡한 마음이 들었다. 훈련 기간 동안 각 소대에서는 SNS 밴드를 통해 훈련 계획과 중요 일정을 공지해 주었다. 소대장은 어려운 유격 체조를 할 때마다 어머니를 생각하며 이겨내라고 했다. 힘든 유격 체조를 마치고 생활관에 누워 잠들기 전, 소대장이 부모의 응원 메시지를 음성으로 들려주었다. 그러자 어둠 속에서 건장한 훈련병들이 흑흑거리며 울음을 터뜨렸다고 전했다.

20대의 젊은 엄마는 40대의 경험 많은 엄마가 되었지만, 다시 아이의 시간과 연결될 것이라고 생각하지 못했다. 머리를 짧게 깎은 어린 군인들 덕분에 내가 이렇게 안전하게 잠을 잘 수 있음에 감사하면서도 미안한 마음이 들었다. 아들을 보내놓고 뒤척이는 밤, 다른 엄마들이 SNS 밴드에 남긴 응원 메시지를 들으며 강한 연대감을 느꼈다. 그렇게 아이가 성장하여 새로운 경험을 하는 그곳에 엄마도 함께 서 있게 된다.

엄마는 아이가 살아갈 세상을 더 지속 가능하게 만들기 위해 노력한다. 일회용품 대신 텀블러를 사용하고, 재활용 분리수거를 하고, 환경을 보호하려고 한다. 환경오염과 기후변화로 인해 아이가 살아갈 미래를 걱정한다. 그래서 지금 할 수 있는 것은 계속해서 고민하고 실천한다. 다양한 삶의 국면에서 엄마와 아이는 서로의 버팀목이 되어 함께 성장해 나간다. 언제 돌아와도 찾을 수 있도록 그 자리를 지키며, 서로에게 든든한 존재가 된다.

사랑의 기억 저장소

이 질문들을 따라가며 아이와 함께한 시간을 돌아보고, 그 시간이 엄마와 아이 모두에게 얼마나 소중한지 다시 한번 느껴보세요. 중요한 것은 아이뿐만 아니라 엄마도 그 시간을 즐겁게 받아들이려고 노력하는 거예요.

Q. 최근 아이와 함께 간 곳 중에 기억에 남는 곳이 있나요?

Q. 그 장소를 선택한 이유는 무엇인가요?

Q. 그곳에서 아이와 어떤 경험을 했나요?

Q. 평소에 엄마가 자주 가는 곳인가요?

Q. 아이와 함께 갔을 때, 무엇이 달랐나요? 더 재미있었나요?

Q. 그곳에서 시간이 빨리 지나갔나요? 아니면 조금 힘들었나요?

Q. 그 공간을 더 재미있게 즐기기 위해 무엇이 필요했을까요?

Q. 그 장소가 엄마나 아이 모두에게 의미 있는 곳이 되었나요?

II

균형
: 나를 다듬는
과정

무한 선택의 덫에서
벗어나는 원칙 있는 양육

사람들은 하루 동안 200번 이상의 의사결정을 한다고 한다. 양육 중인 엄마는 그보다 훨씬 더 많은 의사결정을 해야 한다. 이 결정들은 단순한 선택이 아니라 아이의 성장과 행복에 영향을 줄 수 있어서 더 중요하게 느껴진다. 그래서 책임감도 크게 느끼게 된다. 때로는 정보가 부족해서 결과를 예측하기 어렵고, 정보가 있더라도 하나의 결정이 다음 선택을 제한할 수 있다. 어떤 결정은 즉각적으로 결과를 보지만, 어떤 결정은 시간이 지나야 알 수 있어서 종합적인 판단이 필요하다.

엄마를 위한 멘탈 수업

한때 예능프로그램에서 상대방의 취향이나 기호를 알아내기 위한 밸런스 게임이 유행했다. 2개의 선택지 중 하나를 빨리 고르는 게임인데, 이 게임에서는 선택지가 균형balance을 이루도록 만들어졌다. 하지만 육아에서의 선택은 자신의 기호만을 기준으로 선택하는 밸런스 게임과는 다르다. 엄마는 자신의 취향대로 선택할 수 있는 것이 아니라, 모든 지식과 판단력을 동원해 아이를 위해 무엇이 최선인지 선택해야 한다. 다시 말해 어떤 '균형점balance'을 찾는 것이 아니라 '최선best'을 찾는 것이다.

하지만 엄마들은 육아 경험이 부족하고, 알고 있는 지식도 대부분 책이나 방송 등을 통해 배운 것이기 때문에 자신 있게 결정을 내리기가 어렵다〈표1〉참고.

밸런스 게임은 아니지만

임신과 출산을 준비하는 과정에서 엄마는 태교, 건강 관리, 출산 방식, 교육, 출산 준비물 구입 등 많은 결정을 해야 한다. 이때 엄마는 자신의 가치관, 건강, 주변 환경, 경제적 상황을 고려하고 주위 사람들의 조언을 참고하게 된다. 출산 후에는 선택해야 할 것들이 늘어나 결정이 더욱 어려워진다. 이 과정에서 엄마들은 인터넷 육아 카페나 유튜브 채널을 통해 조언을 얻거나 때로는 육아서를 참고한다. 이렇게 많은 육아 정보들 가운데 어떤 것이 신뢰할 수 있는 정보인지 판단하기가 어렵고, 전문가들의 의견도 서로 달라서 엄마들은 매우 혼란스러울 수 있다.

출산 후에는 또 다른 중요한 결정이 기다리고 있는데, 그것은 바로 모유 수유와 분유 수유 중 어떤 것을 선택할 것인가에 대한 고민이다. 이 결정은 이후의 육아 방식과 일정에 지대한 영향을 미친다. 엄마가 신체적으로 모유 수유가 어렵다면 선택의 여지가 없지만, 그렇지 않다면 모유 수유와 분유 수유의 장단점을 고려하여 신중하게 결정해야 한다. 출산 휴가 기간에는 모유 수유가 비교적 수월하다. 보통 밤에는 모유 수유가 편리하지만, 낮에 모유 수유가 어려울 때는 분유 수유를 병행하는 것도 고려할 수도 있다. 아울러 출산 휴가나 육아휴직 이후, 직장에 복귀하면 모유 수유가 어려워지겠지만, 완전히 불가능한 것은 아니다. 처음에는 두 가지 수유 방식을 병행할 수 있지만, 아기가 모유와 분유의 맛을 구별하게 되면 상황에 따라 어느 한쪽으로의 선택이 필요할 수 있다.

뭐니 뭐니 해도 출산 후 가장 큰 고민은 누가 육아를 맡을 것인지에 대한 문제이다. 부모가 전적으로 육아를 할지, 아니면 친정이나 시댁의 도움을 받을지, 그도 아니면 육아 도우미를 고용할지 결정해야 한다. 어떤 방법을 선택하더라도 여러 문제들이 생길 수 있으므로 다양한 측면을 신중히 고려해야 한다. 만약 부모님의 도움을 받기로 했다면, 도움받을 기간과 양육비를 명확하게 협의하는 것이 중요하다. 비록 혈연으로 이어진 관계라고 하더라도 무상으로 도움을 받으면 서로의 기대와 실제 노력을 균형 있게 유지하지 못해 서로에게 실망과 부담을 줄 수 있다.

특히, 부모님께서 황혼 육아에 부담을 느끼고 양육을 맡아주지 않았다고 해서 부정적으로 생각할 필요는 없다. 부모님의 시간과

엄마를 위한 멘탈 수업

노력을 당연하게 생각해서는 안 된다. 육아휴직을 하더라도 그 시간을 어떻게 활용할지는 엄마의 책임이다. 어떤 사람이 더 오랜 시간을 양육하더라도 최종적인 육아의 권한과 책임은 반드시 '나와 남편'에게 있다는 것을 잊지 말아야 한다. 부모님과 육아 도우미도 결국은 나의 보조자일 뿐이라는 것을 명심해야 한다.

원칙 아래
선택은 가벼워진다

엄마가 육아 원칙을 세우는 것은 매우 중요하다. 원칙이 있으면 예상치 못한 상황에서도 흔들림 없이 일관되게 결정할 수 있기 때문이다. 아이가 성장하면서 새로운 문제들이 생기게 마련인데, 이때 엄마의 욕망이 영향을 미칠 때도 있고, 더 큰 목표를 위해 욕망을 제한해야 할 때도 있다. 중요한 것은 이미 내려진 결정을 합리화하려는 것은 아닌지 자신의 내면을 돌아보는 것이다. 더불어 가벼운 결정이라고 생각했던 일도 장기적으로 영향을 미칠 수 있으니, 이 점도 고려해서 결정해야 한다.

양육 원칙을 만들 때는 'SWOT 분석'이 도움이 된다. 이 분석법은 본래 경제학의 모델링 기법으로서 경영, 마케팅, 정책, 교육 등에서 폭넓게 사용되는데, 자신의 의사결정 과정을 객관적으로 볼 수 있게 해준다. 가족과 자신의 강점, 약점, 기회, 위협을 파악해서 강점과 기회를 최대한 활용하고, 약점과 위협을 극복하거나 완화하는 전략을 세울 수 있다. 간단하게 각 요소를 정리해 보는 것만으로도 현재 상황을 전체적으로 파악할 수 있고, 앞으로의 양육 방향을 설정하는 데 큰 도움이 된다〈표2〉 참고.

일반적으로 아이는 2세부터 어린이집에 다니기 시작한다. 엄마가 육아휴직을 했거나 주로 양육하는 경우, 이 시기부터 직장으로 복귀하게 된다. 영아기가 지나면 엄마는 어린이집, 가정양육, 유치원 중 어떤 형태를 선택할 것인지, 유치원을 보낸다면 놀이 중심 교육, 특기 활동 중심 교육 등 다양한 교육 방식 가운데 어떤 것을 중시하는 유치원을 선택할 것인지 결정해야 한다. 이 과정에서 부모의 근무 시간과 아이의 일정을 조율하고, 남편과 육아 역할을 어떻게 분담할 것인지 협의한다. 아이가 5세쯤 되면 의사 표현이 가능하므로 아이의 의견을 고려하는 것도 중요하다.

아이가 기관에서 교육을 받으며 성장해 가는 동안, 기관은 육아의 부담을 덜어주고 가정에서 하기 어려운 교육 부분을 채워준다. 그러나 기관이 부모의 역할을 대체할 수는 없다. 오랜 육아로 지친 엄마는 아이에게 충분한 관심을 주기 어려울 때도 있지만, 아이가 어린이집이나 유치원에서 배우는 경험은 엄마와 함께하는 경험과 다르다는 것을 이해해야 한다. "그 사람의 신발을 신고 오랫동안 걷기 전까지는 판단하지 말라."라는 북아메리카 인디언의 격언처럼 부모와 교사가 서로를 이해하고 협력하는 것이 중요하다. 부모가 교사를 단순히 아이의 또 다른 양육자로 보지 않고, 소중한 아이들이 모인 학급의 책임자로 존중하는 태도가 필요하다. 부모가 가정에서 아이와 깊은 유대감을 형성하면서 기관의 도움을 받으면 육아의 시너지 효과를 누릴 수 있다.

나아가 엄마가 일상에서 하는 작은 선택들이 모여 육아 방식을 형성한다. 일례로, 음식점에서 식사할 때 아이에게 핸드폰을 내주면 부모는 여유롭게 식사할 수 있다. 하지만 이 선택은 아이에게 침묵을 요구하고, 이후에도 식사 시간마다 핸드폰을 내주어야 할 수도 있다. 반면, 아이의 핸드폰 사용을 제한하면 아이가 지루해하고 불만을 가질 수 있지만, 가족과 소중한 식사 시간을 함께 즐기고, 식당 예절을 배우는 기회를 가질 수 있다.

이처럼 엄마의 작은 선택들이 모여 아이의 성장을 이끈다. 그만큼 엄마의 선택은 절대적으로 중요하다. 따라서 매사 원칙을 세우고 그 원칙에 따라 일관되게 결정하는 것이 중요하다.

양육은 아이에게
선택과 책임을 가르치는 일이다

아이의 학령기 및 청소년기는 본격적으로 학습이 시작되는 시점이다. 그러므로 학교를 선택하는 시작점부터 교과 과목, 외부 활동 등 하나도 빠짐없이 중요하다. 아이가 처음 학교에 갈 때, 엄마는 어떻게 아이의 공부와 학습을 지원할지 고민하게 된다. 학교 시간 이외에 학원의 역할과 비중도 고려해야 한다. 현재 중·고등학교 교육은 선택 과목을 통해 학생 진로에 맞는 교육을 제공하므로 엄마는 자녀와 대화하여 이해를 높여야 한다. 그러므로 필요할 때는 적극적으로 아이에게 조언하거나 전문가와 상담하는 것도 고려해야 한다. 아이가 스스로 자신의 인생을 설계해 나가도록 하되, 다양한 경험과 관점을 제공하여 판단력을 키울 수 있도록 돕는 것이 좋다.

아이가 성인이 되면, 엄마는 아이의 성장과 자립을 어떻게 지원할지 결정한다. 이후 아이가 가족으로부터 독립하여 새로운 가정을 꾸릴 때는 관계 정립이 중요하다. 성인이 된 뒤의 지나친 애착은 결혼 생활에 갈등을 일으킬 수 있다. 성인이 되면 부모는 경제적인 지원을 분명히 하고 아이가 자신의 책임하에 살아갈 수 있도록 도와야 한다. 그러나 정작 엄마가 아이로부터 거리를 두는 데 힘들어하기도 하므로 엄마 역시 이와 같은 '심리적 탯줄'을 잘 떼어내고 독립을 해야 한다.

아이의 생명이 시작될 때, 엄마는 아이가 건강하고 행복하게 자라도록 선택할 권한을 갖는다. 이 권한은 아이에게 중요한 사항을 결정하는 데 사용된다. 하지만 아이가 성장하여 중요한 선택의 시기를 맞이했다면 반드시 아이에게 기회를 주어야 한다. 결국, 그 선택의 결과를 오롯이 감당해야 하는 것은 내가 아니라 아이라는 점을 인식해야 한다. 아이가 어느 정도 자라면 부모는 아이가 현명한 선택을 할 수 있도록 지원하며 방향을 조언할 수 있을 뿐이다. 인생의 각 단계에서 엄마와 아이의 선택을 현명하게 조율하는 것이 중요하다.

모든 선택들은 부모의 경험, 가정환경과 가치관, 아이의 성격과 특성, 아이의 성장 시기, 경제적 상황, 이웃의 양육 방식이나 사회적 기준, 당시의 교육 트렌드 등 다양한 요소의 영향을 받게 된다. 중요한 것은 엄마가 자신의 원칙을 가지고 각 시기별 상황을 고려하여 최선의 선택을 하는 것이다. 아이의 성장과 발전을 지원하며, 선택이 어려울 때도 아이와 상황을 공유하고 의견을 나눠야 한다. 이렇게 양육하는 엄마는 언제나 자녀의 행복과 성공을 위해 최선을 다하는 사람이다.

〈표1〉 시기별 엄마의 주요 갈등 주제

자녀의 성장 시기	주요 선택 사항	구체적인 고민 사례
1단계 **임신 및** **출산 전**	태교 및 건강 관리 선택: 영양 섭취, 운동, 휴식 등 임신 기간 동안의 건강 관리 방법 출산 방식 선택: 자연분만 또는 제왕절개 등 출산 방식 출산 전 교육 선택: 출산과 육아에 대한 교육 프로그램	자연분만이 좋을까? vs 제왕절개가 나을까?
2단계 **출산 후** **초기**	수유 방식 선택: 모유 수유 또는 분유 수유 육아 계획 선택: 육아 방식, 돌봄 일정, 가족의 역할 등을 계획 영유아 교육 선택: 초기 육아 교육 방법, 활동, 놀잇감 선택	친정 부모님께 육아를 부탁할까? vs 기관이나 다른 사람의 도움을 받을까?
3단계 **영유아기**	육아 방식 선택: 어린이집, 유치원, 가정양육, 외부 도움 등 유아를 돌보는 방식 교육 방향 선택: 어떤 교육철학을 따를지 선택하고, 어떤 활동과 교육자료를 활용할지 선택 일과 시간 분배 선택: 육아와 개인 시간, 직업과의 균형을 맞추기 위해 시간을 어떻게 분배할지 결정	일하는 시간을 줄이고 육아에 집중해야 할까? vs 일을 줄이지 않더라도 집에 있는 시간에 더 잘하면 되지 않을까?
4단계 **학령기 및** **청소년 시기**	학교 선택: 어떤 학교에 등록시킬지, 공립학교 vs 사립학교 등 교과 과정 선택: 추가 학습, 특별한 교육, 관심 분야 등을 고려하여 교과 과정 선택 외부 활동 선택: 취미, 동아리, 스포츠 등 다양한 외부 활동을 선택하거나 도와줄 활동 결정	책 읽는 아이에게 그만 읽고 문제집 풀자고 해야 할까? vs 놀이에 몰입한 아이를 방해하고 싶지 않은데 최소한의 학습은 해야 하지 않을까?
5단계 **성인 시기**	진로 지원 선택: 대학 진학, 직업 훈련, 취업 준비 등 자립 지원 선택: 금전적 독립, 주거 독립, 생활 지원 등 가족 관계 및 연락 선택: 성인이 된 아이와의 관계 유지, 자녀의 결혼 등	진로와 연결되는 전공을 선택해야 할까? vs 아이가 좋아하는 전공을 선택하도록 해야 할까?

〈표2〉 SWOT 분석을 통해 원칙 세우기

<A 가정의 사례>

30대 중반의 부모와 5세 유아로 구성된 사교적인 가정이에요. 빈번한 식사 모임에서 유아와 함께하다 보니 어른들의 대화에 어려움을 겪어요. 다른 부모들이 아이를 달래기 위해 핸드폰을 사용하는 것을 보고, 제 아이도 핸드폰을 요구하기 시작했어요. 저는 지인의 자녀가 어릴 때부터 스마트폰을 사용하면서 SNS 중독되었다는 이야기를 듣고 경각심을 갖게 되었어요. 어떤 부모들은 핸드폰 없이 아이와 소통하며 식사하거나 놀잇감을 활용하는 모습을 보여주더라고요. 어떻게 하면 좋을까요?

	강점 **S**trengths	약점 **W**eaknesses
내부	• 사교적인 가정환경으로 다양한 식사 모임 참여 • 다른 가정들의 경험을 관찰하고 배울 기회가 많음	• 식사 모임 시 유아로 인한 어른들의 대화 어려움 • 가족 식사모임에서 아이가 배제되고 있음 • 아이가 핸드폰 사용을 요구하기 시작함
	기회 **O**pportunities	위협 **T**hreats
외부	• 지인의 경험 공유로 인한 핸드폰 사용에 대한 경각심 형성 • 일부 부모들의 긍정적인 대안 활용 사례 관찰 가능(소통, 놀잇감 활용)	• 다른 가정에서 자녀들에게 핸드폰 사용을 허용하면서 내 아이에게 미치는 영향 • 유아기 핸드폰 노출로 인한 잠재적 중독 위험

원칙 1. 다양한 식사 모임을 활용하여 아이에게 소통 기회를 제공하고, 여러 가족들과 함께 대화하며 사회적 관계를 강화해요.

원칙 2. 유아의 편안함과 식사 경험을 고려하여 모임 시간을 조정하거나 아이가 참여할 수 있도록 장소를 선택해요.

원칙 3. 부모도 식사 중에는 핸드폰 사용을 하지 않고, 아이와 풍부한 대화를 통해 즐거운 식사 시간이 되도록 적극 참여하세요.

원칙 4. 다른 집에서의 부정적 경험을 토대로 유아가 지나치게 핸드폰을 사용하지 않도록 약속을 정하여 관리해요. 균형 있고 적절한 방식으로 유아가 핸드폰을 사용하도록 교육하고 노출을 조절해요.

원칙 5. 유아가 식사 시간에 참여할 수 있는 방식을 찾고, 유아의 관심을 끄는 활동을 하며 식사 시간을 즐거운 경험으로 만들어요.

양육 원칙 정하기

양육의 여정에서 일관된 방향성을 유지하는 것은 매우 중요해요. 이 SWOT 분석 자료는 가정 상황에 맞는 고유한 양육 원칙을 수립하기 위해 사용할 수 있어요. 우리는 때때로 주변의 압박이나 일시적인 감정에 휘둘려 본래의 의도에서 벗어난 결정을 하기도 하죠. 이 활동을 통해 명확한 원칙을 세워보세요. 일상에서 아이를 양육할 때, 길잡이가 되어줄 거예요.

우리 집 사례

내부			내부
	강점 **S**trengths	약점 **W**eaknesses	
외부	기회 **O**pportunities	위협 **T**hreats	외부

〈원칙1〉
〈원칙2〉
〈원칙3〉
〈원칙4〉

엄마가
불안한 이유

"아이를 낳았으니까 이제 난 끝인가 그런 걱정을 했다." 어느 유명한 연예인이 결혼 후 6년 만에 영화에 출연하면서 한 첫 소감이다. 그녀는 TV에서 다른 배우들의 연기를 보며 부러움과 불안함을 느꼈다고 한다. 출산 후 집에 머무는 엄마들도 워킹맘을 보며 비슷한 감정을 느낀다. 사랑하는 아이와 함께하면서도 한편으로 상실감을 느끼고, 직장에서 성과를 내며 자리 잡는 동료들의 소식을 들으면 자신도 모르게 우울해지기도 한다. 사회에서는 언제나 나를 대체할 수 있는 사람이 나타날 수 있으니, 누구나 공백을 두려워하게 된다.

비교하는 사회, 엄마는 불안하다

아이를 낳고 나면 엄마에게는 크게 두 가지 선택지가 주어진다. 하나는 양육과 가사를 담당하는 전업맘, 다른 하나는 양육과 직장 생활을 병행하는 워킹맘이다. 그 외에 프리랜서로 일하면서 유연한 근무 시간을 가지거나 파트타임으로 일하는 엄마들도 있다. 이렇게 각자가 일의 형태는 다르지만, 모든 엄마들은 하나같이 아이를 잘 키우고 싶고, 행복한 가정을 꿈꾼다. 그리고 아이를 키우면서 불안과 걱정을 느낀다는 점도 매한가지다. 이런 점에서 전업맘이든 워킹맘이든 자신에게 익숙하지 않은 새로운 정체성을 받아들이는 것은 쉬운 일이 아니다.

10년 전만 해도 전업맘의 경제적 기여에 대한 사회적 인식은 매우 낮았다. 한 중학교 수학 탐구 토론대회에서 '전업주부의 가사 노동 가치'라는 주제를 다룬 적이 있다. 가사 노동의 가치를 유사한 직업에 비교하여 계산하고 초과근로까지 따져보는 것이다. 요즘은 전업맘의 역할이 진화하면서 집안일을 하면서도 재테크로 부를 키우거나, 유튜버로 온라인 마켓을 열거나, 아이를 명문대학교에 보낸 엄마들의 이야기가 주목받고 있다. 이런 추세 때문에 상대적으로 보통의 엄마는 노력하지 않거나 태만한 것처럼 비칠 때도 있다.

소셜미디어를 통해 다른 사람들의 삶을 들여다볼수록 엄마는 더 많은 심리적인 압박을 받는다. 오늘날 사회는 점점 비교와 경쟁이 넘쳐나는 곳으로 바뀌고 있다. 이러한 사회적 분위기 속에서 전업맘은 가사에 시간을 쏟느라 다른 이에게 보여줄 성장의 증거나 가시적인 성과가 부족해 자존감이 낮아지기 쉽다. 이로 인해 자신이 평가받는 것처럼 느끼게 되어 아이의 문제에 과도한 스트레스를 받을 수 있다.

반면, 육아에 많은 시간을 할애하기 어려운 워킹맘은 가정경제와 살림을 잘해내는 전업맘을 보며 자신이 가정과 아이에게 충실하지 못하다고 느끼기 쉽다. 둘 다 TV 육아 상담 프로그램에서 다른 부모의 고민을 듣다가 자신의 상황과 비슷한 이야기를 들으면 밤잠을 설치곤 한다.

엄마는 아이를 잘 키우겠다는 의지를 가진 사람이다. 아이가 건강하게 성장하고 사회에서 잘 자리 잡도록 도와주면 1차적으로 엄마의 임무는 끝난 것이다. 영화 속 히어로가 임무를 완수하면 박수를 받으며 떠나듯, 엄마도 임무를 완수하였다면 스스로 자신을 칭찬해 줘야 한다. 지나치게 높은 기준으로 엄마의 역할을 평가하면 스스로 마음의 상처를 받고 힘들어질 수 있다. 그러면 육아 기간이 행복한 인생에서 떠올리고 싶은 반짝이는 한 부분이 아니라 치열하게 수행했던 인생의 큰 과제로만 남을 뿐이다.

물론 성공 이야기로 주목받는 다른 엄마가 부럽기도 하겠지만, 인생은 다른 이와 순위싸움을 하는 게임이 아니다. 어디에 시간을 투자하느냐에 따라 다른 부분에서는 부족함을 느낄 수밖에 없다. 언론에 화려하게 등장하는 성공한 부모와 자신을 비교하는 것은 자신과 아이 모두를 불행하게 만드는 일임을 잊지 말라.

엄마의 불안을
들여다보아야 한다

실패를 두려워하며 완벽함을 추구하는 양육은 행복하지 않다. 엄마가 불안해하는 이유 중 하나는 아이를 성공적으로 키워야 한다는 생각 때문이다. 엄마는 자신의 부족함 때문에 아이가 올바르게 성장하지 못하거나, 좋은 성과를 이루지 못해 스스로 경제적으로 윤택한 삶을 꾸려나가지 못할까 봐 걱정한다.

실존 철학은 물론 프로이트와 융의 심리학에 지대한 영향을 미친 쇼펜하우어Arthur Schopenhauer는 곡식의 껍질이 생긴 뒤 알맹이가 차는 것에 사람을 비유하며 "인간이란 능동적인 의지를 가져야만 지식을 습득할 수 있다."라고 말했다. 그렇다. 아이도 성장 과정에서 경험을 통해 배워야 하며, 외부에서 주입된 지식으로는 만족스러운 결과를 가져오기 어렵다.

하나의 작품을 만들기 위해서는 재료의 특성을 이해하는 것이 중요하다. '아이의 인생'이라는 작품에서 주인공인 아이를 제치고 엄마가 주연이 되어서는 안 된다. 아이의 성장을 엄마의 성과로 생각해서도 안 된다. 엄마의 가치는 아이로부터 평가받는 것은 아니다. 아이가 성장하는 과정은 엄마도 함께 성장하는 시기이며, 이 시기에 자신을 깊게 살펴보는 것이 중요하다.

그러므로 아이를 과거의 나와 동일시하면 안 된다. 내가 어린 시절에 받았던 상처 때문에 아이를 과보호하거나 그로 인한 부정적인 감정을 아이에게 전달하는 일은 없어야 한다. 여행지에서 주워 온

엄마를 위한 멘탈 수업

돌들을 물로 씻어보면 각기 다른 반응을 보인다. 어떤 돌은 언제 물이 묻었냐는 듯이 금세 물이 마르고, 어떤 돌은 한동안 물을 머금고 있다. 상처받은 사람들도 다양한 불안의 양상을 가지며 그 대처 방법도 각기 다르다. 치유되지 못한 상처는 언젠가 다시 드러나기 마련이다. 따라서 엄마의 상처를 외면하지 않으면서도, 그 상처가 아이에게 전이되지 않도록 하는 지혜가 필요하다.

일부 워킹맘은 초등학교 입학 전후에 육아휴직을 선택한다. 이는 유치원에 비해 초등학교 1학년의 수업 시간이 짧고 방과 후 돌봄 체계가 충분치 않은 현실적인 이유 때문이다. 이 시기 육아휴직은 아이의 학교 적응을 돕고 안정감을 제공하는 데 중요하다. 그러나 엄마의 돌봄이 더 필요한 시기는 가정마다 다양할 수 있다. 아이의 사춘기나 진로 고민 시기에 엄마의 지원과 조언이 더 절실할 수 있다. 따라서 초등학교 입학 시기 외에도, 육아기 근로시간 단축제도를 활용하여 아이의 성장에 맞춰 시간을 조정하는 유연함이 필요하다.

핵심은 아이가 엄마를 진정으로 필요로 할 때, 함께 의미 있고 충실한 시간을 보내는 것이다. 이는 특정 시기에 국한되지 않으며, 아이의 성장 과정 전반에 걸쳐 이루어질 수 있다. 각 가정의 고유한 상황과 요구를 고려한 최선의 선택이 가장 중요하다.

과거 구글 상무로 근무했던 액트투벤처스의 김현유 대표는 한 방송에서 자신의 경험을 소개했다. 초등학생 때는 집에 엄마가 없어 울기도 했지만, 중학교 때부터는 해외 관련 업무를 하는 엄마의 모습을 보며 멋지다고 생각하고 꿈을 키웠다고 전했다. 엄마의 불안은 누구나 가지는 자연스러운 감정이다. 하지만 그 불안에 휘둘리기보다는 상황을 받아들이고, 감정의 원인을 들여다보고 해결하려는 노력이 필요하다. 어떤 것은 문제가 아니지만 불안 때문에 문제처럼 보이기도 한다. 엄마라는 존재는 완벽하지 않아도 괜찮다.

엄마 내면의 불안을
이겨내야 한다

엄마가 경쟁과 비교의 압박 속에서 초조해하듯이, 아이도 사춘기를 맞이하면 불안과 우울함을 느낀다. 과도한 학습과 성적에 대한 압박은 아이에게 자신의 삶과 가치에 대한 회의를 안겨주기도 한다. 그렇게 되면 아이는 주변의 과도한 기대에 부응하기 위해 노력하다 결국 지치게 된다.

우리 사회는 지나치게 경쟁을 강조하고, 무엇이든 이루지 못한 것은 스스로의 노력이 부족했기 때문이라고 여기는 경향이 있다. 그렇다 보니 현재 어려움을 겪고 있으면, 그것을 사회 구조적인 문제에서 비롯될 수 있다고 여기지 않고 오로지 개인의 문제로 치부한다. 이로 인해 엄마는 아이를 지속 경쟁으로 내몰고 그 경쟁에서 승리하도록 계속해서 간섭하게 된다. 이에 아이는 자신이 부모의 기대에 못 미친다고 느끼며 상처받고, 때로는 부모의 과도한 기대에 반발하기도 한다.

엄마가 지나치게 개입하고 관심을 기울이면, 아이는 스스로 능력을 키울 기회를 놓치게 된다. 아이는 엄마가 간섭을 하게 되면 일시적

엄마를 위한 멘탈 수업

으로 높은 성과를 보일 수 있지만, 그것이 자기 노력으로 얻은 것이 아니라고 느낀다. 아이가 자신의 의지와 노력으로 얻은 성취라야 진정한 자신감을 키울 수 있다. 부모의 간섭은 아이가 첫걸음을 내딛는 데 도움이 되기도 하지만, 결국 도전하고 어려움을 극복할 수 있는 가장 큰 원동력은 아이의 '자기효능감'이다. 따라서 부모도 이러한 도전과 성장의 과정에서 나타나는 시행착오나 일시적인 실패에 불안해하지 말고, 아이가 성장하는 자연스러운 과정으로 받아들여야 한다.

워킹맘이든 전업맘이든, 아이들의 성과보다는 습관, 태도, 생각, 건강에 관심을 가지는 것이 중요하다. 아이가 어릴 때는 충분한 사랑을 주어 정서를 안정시키는 것이 중요하다. 아이가 충분한 사랑을 받아 안정감을 느끼면, 건강한 정서 발달이 이루어지고 자신감이 자라난다.

아이가 자존감을 회복하고, 자신감을 강화할 수 있게 하는 방법에는 가정 활동에 아이를 참여시켜 가족으로서의 소속감을 키워주는 것이 있다. 이 과정에서 아이는 집안일을 돕거나 자신의 일을 스스로 해결함으로써 책임감과 성실한 습관을 배우게 된다. 이때 엄마는 아이의 실패에 실망하지 않고, 그 노력이 결코 헛되지 않음을 믿어주는 것이 필요하다. 엄마가 "너무 수고했어! 네가 노력한 만큼 네 안에 다 남아 있어."라고 말하는 것이 아이에게 큰 용기와 자신감을 준다. 더 나아가, 엄마는 아이를 당장의 경쟁에서 이기게 하려는 욕심을 참아야 한다. 아이가 자신의 길을 찾고, 그 과정에서 부모의 지지와 사랑을 느끼는 것이 무엇보다 중요하다. 부모가 원하는 진로를 따르지 않더라도 아이가 잘못된 길을 가고 있다고 불안해하지 않아야 한다.

　또한, 아이를 통해 엄마의 인생을 보상받으려 하지 말아야 한다. 엄마가 아이를 위해 자신의 꿈을 포기하고, 이를 아이의 성공으로 보상받으려 하면 갈등이 생기게 된다. 故 박완서 작가는 다섯 아이의 엄마로서 40세가 되어서야 등단했다. 주로 아이들이 학교에 가 있거나 가족들이 잠든 시간에 글을 썼다고 한다. 《해리 포터》 시리즈로 전 세계 아이들의 가슴을 뛰게 만든 작가 조앤 롤링Joanne Kathleen Rowling은 싱글맘으로 단칸방에서 4개월 된 딸과 어렵게 지냈다. 직장을 오가는 기차에서 꼬마 마법사의 이야기를 상상하며, 여동생에게 들려주었고, 5년의 집필과 13번의 투고 끝에 마침내 출판할 수 있었다. 모든 엄마가 이들과 같을 수는 없겠지만, 만족스럽지 않은 자신의 상황을 육아 탓으로 돌리고 이를 아이를 통해 보상받으려 해서는 안 된다.

　물리적인 탯줄은 끊겼지만, 정신적인 탯줄을 끊기까지는 시간이 더 필요하다. 임신했을 때 탯줄을 통해 아기에게 생명을 전달했던 것처럼 엄마는 여전히 아이와 정신적으로 연결되어 정서를 공유한다. 아이의 성장을 위해서는 이러한 정서적인 연결을 통해 충만한 사랑을 전해야 한다.

　엄마의 불안은 그대로 아이에게 전달되어 정서와 성장에 부정적인 영향을 준다. 엄마가 아이에게 기대지 않고 자기 자신을 사랑하며 성장하는 모습을 보여주면, 아이도 엄마를 본보기로 삼아 자신의 삶을 개척해 나간다. 그리하여 엄마와 아이는 함께 성장하게 되고, 마침내 서로가 독립적인 성인으로서 정신적인 탯줄을 끊을 수 있게 된다.

엄마의 피자

엄마의 하루 일과가 피자 한 판이라면, 아이와 자신을 위해 몇 조각의 피자를 만들 준비가 되었나요? 각 조각을 어떻게 사용할지 고민하며, 자신의 선택에 안심하고 최선의 결정을 내려보세요. 이렇게 하면 하루 일과를 시각적으로 이해하기 쉽고, 시간을 더 만족스럽게 관리할 수 있을 거예요.

방법

① 피자 종류 선택

〈예시〉

워킹맘 피자
- 아이와 함께하는 시간: 8조각(놀이 시간, 저녁 식사 시간, 책 읽어주는 시간 등)
- 업무와 개인 시간: 16조각(출근, 업무, 운동, 휴식 등)

전업맘 피자
- 아이와 함께하는 시간: 16조각(놀이 시간, 학습 시간, 산책 시간, 식사 시간 등)
- 가족을 위한 시간: 4시간(물품구매, 요리, 정리 등)
- 개인 시간: 4조각(휴식 시간, 자기 계발 시간, 운동 시간 등)

② 토핑 선택

- 피자의 각 조각에 해당하는 시간을 상징하는 아이콘이나 색상을 사용하여 표시

③ 피자 이름 짓기

'행복한 하루 피자'나 '사랑 가득 피자'처럼 완성된 피자에 이름짓기

피자

익숙해지다
멈추는 순간

육아는 누구에게나 만만한 일이 아니다. 엄마가 되는 과정은 아이에 대한 사랑과 헌신의 결과물로써 시간과 노력의 집합이다. 임신한 순간부터 '엄마'라는 역할이 시작되지만, 그것만으로 온전한 엄마로 태어나는 것은 아니다. 처음엔 몸이 힘든 것부터 시작해서 아이로 인해 마음마저 아픈 과정을 겪으며 천천히 온전한 엄마가 되어간다. 스스로 엄마가 되었다고 느끼는 순간은 사람마다 다양하다.

엄마를 위한 멘탈 수업

엄마라면 아기에게서 처음 '엄마'라는 말을 들었을 때의 감동을 결코 잊지 못할 것이다. 엄마는 많은 일을 겪으며 이 말의 진정한 의미를 깨달아 간다. 하지만 아이가 자라나 세상으로 나아가도, 여전히 엄마로서 무엇을 해야 하는지, 무엇을 할 수 있는지 완전히 알기는 어려울 것이다. 초보 엄마는 앞으로 자신이 해야 할 일들을 다 알지 못하지만, 시간이 지나면서 하나씩 경험을 쌓아가며 엄마의 역할에 적응하고 능숙해진다. 마치 신입사원이 처음에는 단순한 업무를 하다가 점차 업무 능력과 자신감을 키워나가는 것처럼.

아기가 자라면서 엄마의 책임과 과제는 더 커진다. 아이의 햇살 같은 미소와 천사 같은 몸짓이 큰 행복을 주지만, 육아의 고단함을 완전히 덜어주지는 못한다. 아기의 활동 범위가 넓어지면서 엄마의 역할도 더 복잡해진다. 엄마의 시간은 언제나 부족하고 여러 가지 일을 모두 해내야만 한다. 피로에 시달리고 몸은 점점 지쳐간다. 반복되는 일상에서 모든 것을 완벽하게 해내기란 쉽지 않다. 그래서 '육퇴육아퇴근'라는 표현도 생겼으리라.

아직 말을 하지 못하는 아기는 주로 울음으로 의사를 표현하며, 엄마는 그런 아이의 요청에 끊임없이 반응한다. 아기 또한 엄마의 목소리와 표정, 태도에 예민하게 반응한다. 엄마는 아기에게 분유를 먹이고 기저귀를 갈아주며, 놀아주고 목욕시키는 동안에도 아기에게서 시선을 떼지 못한다. 아기 입에 들어갈 만한 작은 물건은 없는지, 아기에게 해가 될 다른 위험 요소들은 없는지 주의 깊게 확인하며, 잠시 화장실을 가거나 요리를 하는 동안에도 아기와 떨어지기 주저한다.

이처럼 아기는 부모와의 상호 작용을 통해 학습하고 생존하는 시스템을 갖추고 있다. 아기는 이를 통해 엄마를 끊임없이 자신의 세계로 끌어당긴다. 안타깝게도, 아기는 너무 어리기 때문에 이런 엄마의 노고를 알지 못한다. 오히려 그에 아랑곳하지 않고 끊임없이 엄마의 관심을 요구한다. 기어다니고 움직이면서 물건을 엎어놓거나 서랍을 열어 물건을 꺼내고, 작은 물건들을 입에 넣으려고 시도하는 등의 행동을 하며 엄마의 반응을 살핀다. 따라서 엄마의 눈과 귀, 손은 항상 아기 곁에 머물러야 한다.

익숙해져서 서글픈

엄마는 헐렁한 옷을 입고, 머리를 질끈 묶은 채 하루를 시작한다. 모든 일은 반복적이고 의심스러울 정도로 지루하다. 어느새 어질러진 자리를 다시 정리하고, 더러워진 아기 옷을 세탁하며, 사용한 젖병을 소독하는 일상이 버거워진다. 잠자던 아기가 중간에 깨어 울면, 엄마는 서둘러 "엄마 여기 있어. 다시 자자."하며 아기를 다독인다. 특히, 생후 7~8개월이 되면 아기의 인지능력이 발달하면서 낯선 사람을 구별하고 불편함을 울음으로 표현한다. 생후 15개월경에는 엄마와 분리되는 데 어려움을 보이지만, 엄마는 이때쯤이면 자신만의 시간을 갖고 싶어진다.

엄마는 알 수 없는 배신감과 서운함을 느낀다. 아기를 키우며 제대로 하고 있는지, 이게 충분한지, 아기를 더 행복하게 하는 방법은 무엇인지 매일 고민한다. 이런 엄마의 마음을 아는지 모르는지 아기는 때로는 까르륵대며 웃기도 하지만, 때로는 갑작스럽게 울거나

엄마를 위한 멘탈 수업

화를 내기도 한다. 어떤 날은 알지 못할 이유로 짜증을 내며 하루를 시작해서 엄마의 마음을 무겁게 한다. 어쩌다 외출을 하면 아기는 낯선 사람들에게 미소를 짓고, 반짝이는 눈으로 주위를 살펴본다. 마주치는 사람들은 아기의 부드러운 머리카락과 맑고 검은 눈동자, 포동포동한 손에 감탄하며 찬사를 보낸다.

아기가 주목받는 동안 엄마는 상대적으로 주변 사람들의 관심에서 밀려나게 된다. 엄마도 사람들이 아기에게 먼저 관심을 보이고 자신은 그다음 순서로 밀려나는 것이 당연하다고 생각한다. 그리고 모임에서 아기가 사람들의 사랑을 독차지하면 마치 자신이 관심과 사랑을 받는 것처럼 행복함을 느낀다. 이불을 뒤집어쓰고 아기와 까꿍놀이를 할 때, 물건을 이불 안에 넣었다가 꺼내는 작은 행동에 아기의 눈이 놀란 듯 동그래질 때, 엄마는 누구보다도 더 행복한 사람이 된다. 그러나 행복한 육아의 중간에도 문득 오직 아기만을 바라보고 있는 자신의 모습을 발견하고 어딘지 모를 씁쓸함을 느끼게 된다.

아기가 자랄수록 달래거나 나들이할 때 아기를 안고 있으면 점점 손이 저리고 허리와 등도 뻐근해지며, 얼마 지나지 않아 녹초가 된다. '솜털 같은 아기'라는 표현은 비유에 불과하다. 실제 아기를 안고 아기 물품을 담은 가방까지 메어보면 엄마는 키가 줄어드는 느낌까지 받는다. 아이가 5, 6살이 되어 유치원과 학교생활을 시작하면 주변 사람들은 이제 다 키웠다면서 힘든 시기는 다 지났다고 위로 겸 축하의 말을 건넨다. 엄마도 신체적으로 힘들었던 시기가 지나갔으니 이제는 한숨을 돌릴 수 있을 것이라 생각한다. 그러나 또 다른 관점에서 아이를 키우는 어려움이 시작된다.

나에게 닿는 길을
잃어버렸다

아이에게 친구가 생겼다. 엄마보다 친구에게 더 많은 관심을 보이면서, 엄마는 홀가분해졌다. 이제 더는 엄마를 계속 졸라서 같이 놀자고 하지 않는다. 엄마가 제공한 모든 것을 흥미롭게 받아들였던 아이가 다른 것에 눈길을 돌리기 시작했다. 친구들과 딱지를 모으는 데 열중하며, 포켓몬 백과사전을 보며 흥분한다. 엄마는 아이가 어느새 훌쩍 자란 것 같아 놀랍고, 아이의 세계가 궁금하기도 하지만 이제는 아이만의 영역이 생겼다는 느낌을 받는다.

아이의 성장 과정을 지켜보면서 엄마는 큰 기쁨을 느낀다. 오랜 시간 동안 아이는 엄마의 주된 관심사였다. 남편과 자녀에 관해 대화하고, 또래 엄마들과도 아이들 이야기로 소통한다. 어린 시절 자신의 어머니가 그러했듯이 엄마는 아이에게 헌신한다. 당연히 아이를 양육하는 책임은 엄마에게 있으며, 아이는 엄마에게 소속된다고 생각한다. 아이를 생각하는 시간이 바로 사랑을 표현하는 시간이라고 생각한다. 아이에게 집중하면서, 엄마는 어느새 자신에게 관심을 기울이는 것을 잊어버리게 된다.

아이의 성장 과정에서 엄마의 애정은 더욱 깊어진다. 아이가 엄마에게 덜 의존하게 되면서 엄마는 스스로에게 더 많은 관심을 기울일 수 있게 된다. 그러나 한편으로는 이러한 변화로 인해 아이에게 예전처럼 충분한 애정을 주지 못하는 것 같아 미안함을 느낀다. 그래서 '아이가 중학교에 들어가면' 또는 '아이가 학원이라도 가서

엄마를 위한 멘탈 수업

내가 좀 덜 돌봐줘도 되면'이라는 생각에 직장 복귀나 하고 싶은 일들, 또는 미래를 위한 준비와 같은 개인적인 목표들을 뒤로 미루곤 한다. 또 때로는 '이건 아이를 위한 일이야.'라며 자신이 선택을 늦추는 것을 정당화하기도 한다.

이후 아이가 사춘기에 접어들면, 육아는 새로운 단계를 맞이한다. 아이가 점점 독립적으로 변해가면서 엄마는 육아가 예전만큼 단순하지 않다고 느끼기 시작한다. 먹이기, 옷 입히기, 재우기 등 단순한 육아를 넘어 아이의 독립성을 어떻게 존중해야 할지 고민이 된다. 가능한 한 아이가 스스로 선택하고 결정할 수 있도록 도우면서도 이제부터 아이가 헤쳐가야 할 어려움과 마주칠 위험들이 걱정스럽다. 엄마의 경험을 이야기해 주지만, 아이는 엄마의 조언을 흔쾌히 받아들이지 않거나 때로는 거부하기도 한다. 그럴 때 엄마는 섭섭함을 느낀다.

육아는 결코 만만치 않다. 故 정채봉 시인은 〈너를 생각하는 것이 나의 일생이었지〉라는 시에서 모래알 하나, 풀잎 하나에서도 누군가를 떠올리며, "너를 생각하게 하지 않는 것은 이 세상에 없어"라고 노래했다. 이렇게 엄마의 일상은 온통 아이로 가득 차 있었다. 아이와 함께한 시간은 행복했지만, 한편으로는 정신을 바짝 차리고 아이의 손을 꼭 잡고 있어야 하는 긴장의 시간이었다. 그러나 아이와 함께하는 시간은 영원할 수 없고, 이제 엄마는 아이를 꼭 잡은 손의 힘을 빼고, 자신의 삶을 돌보는 시간을 가져야 한다.

엄마의 버킷리스트 작성하기

당신의 버킷리스트를 만들어 보세요. 과거의 꿈, 배우고 싶었던 새로운 취미, 일상에서 작은 행복을 찾는 활동 등을 포함시키세요. 각 목표에 데드라인을 정하면 목표가 더 구체적이고 실현 가능해질 거예요. 또한, 우선순위를 매겨보는 것도 좋아요.

예시: 스카이다이빙 체험하기, 유튜브 채널 개설 및 운영하기, 세계 각국의 요리 30가지 만들어 보기, 한 달 동안 설탕 끊기, 두려움 하나 극복하기, 가족과 함께 낚시하기, 아이가 성인이 될 때까지 매년 편지 쓰기, 가족사를 담은 책 쓰기 등

과거의 꿈

배우고 싶었던 새로운 취미

엄마의 버킷리스트 작성하기

두려움 극복과 모험

가족과 함께하는 특별한 시간

* 각 목표를 구체적으로 계획하고, 작은 단계로 나누어 실천해 보세요.
진행 상황을 기록하며 성취의 기쁨을 느껴보세요.

사랑해서 화낸다는
거짓말

부모와 아이 관계에서 항상 긍정적인 감정만 생기는 것은 아니다. 감정은 어떤 사건이나 상황에 대한 마음의 반응이다. 기쁨과 즐거움을 느끼면 마음에 활기를 얻는다. 우리가 경험하는 다양한 감정들 가운데, 짜증이나 분노와 같은 부정적인 감정들은 한번 빠지면 헤어나기 힘든 경향이 있다. 미리 그러한 부정적인 감정을 대처하는 연습이 되어 있지 않다면, 어떤 이유에서든 일단 부정적인 감정에 빠졌을 때, 쉽게 헤어 나오기 어렵다.

엄마를 위한 멘탈 수업

아이들이 어릴 때는 부모가 전적으로 아이를 보살피며 사랑을 주게 된다. 이 시기에는 대부분의 활동이 부모가 대처할 수 있는 범위 안에서 이루어진다. 하지만 아이가 성장하면서 활동 범위가 넓어지고 스스로 시도하고 결정하며 행동하는 경우가 늘어나면서 아이의 안전이 위협받는 상황이 발생할 수 있다. 이런 상황에서 엄마는 놀란 마음에 아이에게 화를 낼 때가 있다. 아이가 초록 불에서 차가 다가오는 것을 발견하지 못하고 횡단보도를 건너려 할 때 엄마는 소리를 지를 수밖에 없다. 이는 당장의 위험을 피하기 위한 경고이거나, 미래의 위험을 예방하기 위한 것이다.

또한, 엄마는 아이가 규칙을 어길 때도 화를 낼 수 있다. 방을 정리하지 않거나 숙제를 미루는 상황에서 엄마는 짜증을 느끼게 된다. "엄마가 다 놀고 나서 정리하라고 했잖아!" 혹은 "미리 계획을 세워서 해야 한다고 했지?"와 같은 말로 아이의 행동에 대해 짜증을 표현하기도 한다. 원래 규칙은 함께 모여 필요성과 내용에 대해 합의하는 것이지만, 어린 시기의 아이들은 엄마가 하는 말을 규칙으로 생각한다.

아이가 사춘기에 접어들어 자아가 강해지면 엄마의 간섭을 거부하고 스스로 다양한 선택을 하게 된다. 처음에는 아이의 안전이나 규칙과 관련된 상황에서 화를 내지만, 시간이 지날수록 화를 내는 이유는 다양해진다. 아이가 예의 없는 태도를 보이거나, 형제끼리 언쟁을 할 때도 화를 낼 수 있다. 많은 엄마가 아이의 학습 태도나 성적과 관련해 화를 내게 된다. 대부분의 부모는 성실하게 노력하면 공부를 잘할 수 있다고 믿기 때문에, 좋지 못한 학습 태도나 성실하지 못한 모습, 기대에 미치지 못하는 성적은 결국 아이의 노력이 부족하기 때문이라고 생각하여 화를 낼 때가 있다.

그렇다 보니 아이에게 "엄마가 너한테 1등을 하라는 게 아니잖아. 많은 걸 바라지도 않아. 중간 정도만 하는 게 그렇게 어렵니?" 하고 다그치기도 한다. 또 일부 엄마들은 '공부도 중간 정도는 해야 나중에 필요한 지식을 쌓을 수 있고, 체력도 어느 정도 유지하면 좋겠어. 내가 그림을 잘 그리니 아이도 어느 정도 그렸으면 좋겠어.' 라고 생각하지만, 대부분의 아이들은 잘하는 분야가 있으면 부족한 분야도 있다. 모든 분야에서 평균 이상을 한다면 그 아이는 이미 평범하지 않은 것이다. 결국, 엄마가 화를 내는 진짜 이유는 과도한 기대와 욕심 때문일 수 있다.

아이에게서 엄마의 부정적인 모습이 보이면 화가 난다

아이의 얼굴에서 엄마와 아빠의 모습을 찾아보며 기뻐했던 때가 있다. 그러나 아이가 자라면서 아이에게서 자신들의 부정적인 모습을 발견했을 때 더 화가 난다. 이 화는 아이가 자신의 부정적인 모습을 그대로 물려받을 것이라는 불안에서 나온다. 또한, 아이가 자신이 겪었던 고통과 어려움을 똑같이 겪을까 봐 걱정하는 마음에서 비롯된다. 특히, 엄마가 아직 그런 자신의 모습을 극복하지 못했다면, 더욱 불안해지고 화를 내기 쉽다.

한 엄마는 학부모 상담에서 어릴 때 자신의 엄마가 모든 일을 빨리하라고 다그쳤다고 털어놓았다. 가방을 챙기거나 학교에 가거나 밥을 먹을 때도 손바닥에 '빨리빨리'라고 써주며 압박했다. 다른 사람들 앞에서는 딸이 차분하다고 칭찬했지만, 혼자 있을 때는 항상 빠른 행동을 강조했다. 엄마 앞에서는 항상 작아지고 평가받는 기분이 들었다. 그 엄마가 지금은 느긋한 딸의 행동을 보면 화가 나는 것을 느끼며, 오히려 자기 엄마의 기분을 이해하게 된 것이다.

엄마는 어린 시절 자신의 부족함을 지적받을 때마다 자신이 없어지고 주눅이 들었다. 그러나 지금 같은 방식으로 딸을 대하는 자신을 발견하고 놀라게 된다. 아이의 행동은 태도가 아닌 자신을 닮은 성격 때문인데, 그 아이의 느린 행동을 볼 때마다 어린 시절의 자신이 떠올라 한편으로는 마음이 아프면서도 다른 한편으로는 자신의 못난 모습까지 그대로 닮은 아이에게 화가 났다. 어쩌면 그 화는 아이가 아니라 자기 자신에게 향하는 것일지도 모른다. 엄마는 가끔 그렇게 아이에게 화를 내고 나중에 안아주며 사과한다. 그러나 아이가 자라면서 단순한 위로나 사과로는 이미 벌어질 대로 벌어진 감정의 틈을 메울 수 없게 된다.

길거리에서 아이를 꾸짖는 엄마들은 종종 "네가 엄마 말을 안 들으니까 그런 거야!"라거나 "엄마가 몇 번이나 이야기했어?"라며 자신의 행동을 합리화한다. 이미 여러 차례 주의를 주었지만, 아이가 지키지 않았으니 이렇게 혼내는 것이라고 말한다. 그러나 엄마가 화를 낸다고 문제가 해결되지는 않는다. 엄마가 자주 화를 내면 아이는 엄마를 무서운 사람으로 인식하고 꾸중을 피할 방법만 고민하게 된다. 즉, 자신의 잘못을 고치는 것이 아니라 엄마의 눈치를 보게 되는 것이다. 아이는 아직 모든 것이 서툴고 자신의 욕망도 잘 제어하지 못한다. 그러므로 엄마에게는 자신의 감정을 다스리며 아이를 하나하나 세심하게 이끌어 주고 기다려 줄 지혜가 필요하다.

화를 내고 나면 엄마의 마음은 무거워진다. 엄마도 알고 있다. 아이의 변화를 위해서는 화를 내는 것이 아닌 다른 훈육 방식이 필요하다는 것을. 엄마가 화를 내면 아이의 표정이 달라진다. 눈이 커지고, 어떻게 반응해야 할지 몰라 당황하고 슬퍼한다. 엄마는 그 슬픈 표정을 잘 알고 있다. 엄마는 아이의 부족한 부분을 보며 자신의 약점이 드러나는 것 같아 속상해한다. 아이가 그런 모습을 닮지 않았으면 해서 화를 내고, 그것을 합리화하기 위해 아이의 행동을 지적한다.

여과되지 않은 부모의
감정 때문에 아이가 아프다

성격 연구의 거장인 발달심리학자 제롬 케이건Jerome Kagan은 그의 저서 《성격의 발견》에서 천성적으로 민감하게 반응하는 고반응성 아이의 엄마는 처음에는 사랑으로 과보호하려는 경향이 있다고 설명했다. 하지만 시간이 지나면서 자책과 좌절을 겪으며, 결국 아이에게 책임을 떠넘기는 경향이 생긴다고 밝혔다. 특히, 엄마가 직장에서 스트레스를 받는 상황이라면, 아이의 작은 실수에도 짜증을 내기 쉽다. 엄마는 아이가 약하다고 생각하거나 기억하지 못할 것이라고 화를 내기도 한다. 그러나 아이는 부모의 모습을 관찰하며 성격이나 행동, 관심사에서 많은 영향을 받는다.

엄마는 사춘기 아이의 행동을 권위에 대한 도전으로 받아들인다. 엄마는 아이의 성공을 위해 충분한 물질적 지원을 해야 한다는 의무감을 느낀다. 이러한 지원은 아이의 미래에 대한 불안을 해소하려는 의도에서 비롯된다. 하지만 이러한 물질적 지원은 경제적인 부담이 되고, 아이의 성과가 기대에 미치지 못하면 엄마는 큰 스트레스를 받고, 이를 아이에게 직접적인 불만 표출이나 비난의 형태로 전달하기도 한다. 이로 인해 아이도 예전에는 엄마의 화를 참아냈지만 점차 노골적으로 반감을 드러내며 반항하게 된다. 부모의 푸념을 자신에 대한 원망으로 받아들이거나 큰 부담으로 느끼게 되는 것이다. 사춘기 아이는 정체성을 확립해 가는 과정에서 부모의 직업과 경제적 상황, 거주지 등을 객관적으로 평가하며 수치심과 열등감을 느낄 수 있다.

부정적인 감정을 솔직히 드러내는 엄마는 아이가 성장함에 따라 점점 멀어진다고 느낀다. 육아 선배들은 엄마에게 '시간이 약'이라며, 아이가 엄마에게 효도하는 시기는 다섯 살로 끝났다고 자조 섞인 농담을 하기도 한다. 엄마는 자존감 하락과 실패감에 시달려 무기력해지거나, 지난 양육 과정을 되돌아보며 스스로를 책망하고 후회하게 된다. 양육 과정을 돌아보는 것이 반드시 나쁜 것은 아니지만, 지속적으로 자신의 잘못을 생각하다 보면 부정적인 태도가 습관이 되기 쉽다. 이럴 때는 잠시 부정적인 생각을 멈추고, 과거의 감정이나 평가를 투영하지 않은 채로 아이의 행동에만 집중해서 대응할 필요가 있다.

맑은 물도 더러워지는 것은 순식간이다. 일단 불순물들이 떠올라 물이 탁해졌다면 더는 건드리지 말고 불순물이 가라앉아 다시 물이 맑아지기를 기다려야 한다. 더 깨끗한 상태로 되돌리려면 깨끗한 물을 계속 부어 더러운 물을 흘려보내야 한다. 엄마의 마음도 마찬가지이다.

아이와의 갈등을 겪을 때, 엄마는 자신의 어린 시절의 상처나 부정적인 감정이 떠오르며 마음이 불안해지거나 분노를 느낄 수 있다. 이런 상황에서는 엄마가 아이에게 직접 분노나 부정적인 감정을 표현하지 않도록, 자신만의 감정 조절 방법을 찾는 것이 중요하다. 감정에 휩쓸린 상태의 말이나 행동은 아이에게 상처를 주기는 쉽고, 되돌리기는 힘들다. 엄마는 자신이 화가 났음을 인식하고 그것을 조절하는 연습을 통해 돌이키기 힘든 실수를 줄일 수 있다.

고반응성 엄마인가요?

'고반응성 엄마'는 아이의 필요와 감정에 지나치게 민감하여 때로는 과도한 반응을 할 수 있는 엄마예요. 이는 아이에 대한 사랑과 관심의 표현이지만, 때로는 엄마와 아이 모두에게 스트레스가 되기도 해요. 균형 잡힌 양육을 위해서는 자기 인식과 감정 조절이 중요해요.

다음 질문에 대해 생각해 보세요
- 아이의 행동에 대해 쉽게 화가 나거나 짜증이 나나요?
- 아이의 작은 실수에 과민하게 반응하는 편인가요?
- 화를 낸 후 자책하거나 후회하는 경우가 많나요?
- 아이의 긍정적인 행동과 부정적인 행동 모두에 강한 감정 반응을 보이나요?
- 일상 생활에서 스트레스를 자주 느끼나요?
- 직장 스트레스나 경제적 압박 등 외부 스트레스가 있을 때, 아이의 작은 실수에 더 쉽게 짜증을 내나요?
- 우울하거나 불안한 느낌이 자주 드나요?

이 질문들에 '예'라고 답하는 경우가 많다면, 지금 당신은 흔들리는 중일 수 있어요. 잠깐 멈추고 마음의 '나침반'을 살펴보세요. 다음 다섯 가지 방향 중 어느 곳으로 바늘이 향하고 있나요?

다음의 활동들을 통해 당신의 목표를 향해 나침반을 안정시켜 보세요.

- 나를 돌보기: 매일 10분씩 명상하거나 좋아하는 음악 듣기
- 아이와의 관계 개선하기: 아이의 입장에 서서 상황 바라보기
- 나를 발전시키기: 6개월 후 나의 모습 상상하고 기록하기
- 생활의 균형 잡기: 매주 일요일 저녁, 주간 스케줄러에 균형 있게 시간 배치하기
- 감사와 긍정 찾기: 매일 밤 감사 일기 쓰기

자전거를
놓아주는 용기

엄마는 보통 '희생', '헌신', '보살핌' 등의 단어와 자주 연결된다. 대부분의 사람들이 엄마의 희생을 회상하면서 소설이나 드라마 속에 등장하는 이상적인 엄마의 이미지를 떠올린다. 초보 엄마들은 아이에게 좋은 엄마가 되겠다는 강한 의욕이나 의무감으로 아이에게 물질적, 정신적으로 가능한 많은 것을 도와주려고 노력한다. 하지만 이런 자세가 항상 아이나 엄마 모두에게 최선이라는 보장은 없다. 오히려 아이의 성장에 따라 적절한 거리감을 유지하는 지혜가 필요하다.

엄마를 위한 멘탈 수업

아이를 도와주는 일은 자전거 타기를 가르치는 것과 비슷하다. 자전거는 멈춰 있을 때는 넘어지려 하지만, 앞으로 나아가면 안정적으로 탈 수 있다. 아이가 핸들을 잡고 있어도 보조 바퀴에 의존하고 엄마가 뒤에서 잡아준다면, 자전거를 타는 것이 아니다. 자전거 타는 법을 온전히 가르치기 위해서는, 엄마가 용기를 내어 아이와 자전거를 놓아주는 것이 필요하다. 자전거가 앞으로 나아갈 때 과도한 보호는 오히려 불필요한 에너지를 소모시킬 뿐이다. 몇 번 넘어질 수도 있지만, 아이는 엄마의 격려를 받으며 다시 일어나 자전거에 오를 것이고 머지않아 자전거 타는 법을 배울 것이다.

모든 엄마는 아이가 자립하도록 돕고 싶어 한다. 그러나 언제부터 아이에게 스스로 하도록 가르쳐야 할지 명확한 답이 없어 고민이 된다. 초등학교 입학 때부터, 혹은 3학년이 될 때부터, 라면 끓여 먹을 나이가 될 때부터 등 생각하는 시기가 각기 다르다. 문제는 엄마가 아이를 도와주는 것이 습관이 되고, 독립심을 가르쳐야 할 의지가 약해질 때 발생한다. 이것이 계속되면 '조금만 더 도와주면 어떨까? 곧 아이가 혼자 알아서 할 텐데 그때까지만이라도.'라는 생각으로 독립심을 가르쳐야 할 시기를 놓치기 쉽다. 이러면 아이는 스스로 하려는 의지를 잃고, 엄마에게 의존하게 되며 자신이 무능하다고 느껴져 위축될 수 있다.

아이의 능력에 대한 인식은 문화적 배경에 따라 다르다. 한국태생의 일본인 문화인류학자 하라 히로코Hara Hiroko는 캐나다 북서부의 해어 인디언과 11개월을 함께 지내며 그들의 문화를 연구했다. 그들은 누군가를 '가르친다'거나 '배운다'는 개념 없이, 다른 사람의 행동을 관찰하고, 직접 시도하며 학습한다. 해어 인디언 아이들은 주체적으로 세상을 경험하며 활기찬 모습을 보였다. 그들은 어린 시절부터 위험한 환경 속에서 적절한 위험을 경험하며 스스로 문제를 해결한다. 이는 부모가 상당 부분 아이가 할 일을 대신해 주는 우리의 '운명공동체' 문화와 대조된다.

유대인들도 아이의 자립을 중시하는 문화를 가졌다. 유대인은 당장의 목마름을 채우기보다 평생 지속되는 사랑으로 교육한다. 과도한 보호는 아이에게 해로울 수 있다. 학업을 이유로 집안일에서 아이를 제외시키거나 물질적인 풍요만 주는 것은 아이에게 독이 될 수 있다. 만족을 지연시킬 줄 알도록 가르치는 것이 유대인 자녀 교육의 핵심이다. 과도한 만족은 아이가 사리를 구별하지 못하게 하고 책임감을 가질 기회를 없애기 때문에 '보이지 않는 가정폭력'으로 여겨진다.

한때 '엄마의 정보력, 아빠의 무관심, 할아버지의 경제력이 아이 교육의 성공 요소'라는 농담이 유행한 적이 있다. 이는 부모의 적극적인 개입이 강조되던 시대상을 반영한다. 이런 분위기는 이른바 '금수저론'과 같은 사회적 계층론까지 연결되어 그러한 경향성을 더 공고히 하기도 한다. 한국의 부모, 특히 엄마는 항상 아이에게 더 많은 것을 지원하려는 마음을 가지고 있다. 그래서 여러 가지 사회적 변화나 이슈가 생길 때마다 이를 주목하며, 즉시 자녀 교육에 반영하려는 민감한 경향이 있다. 그러나 부모의 과도한 개입은 오히려 아이의 독립적인 성장을 방해할 수 있다.

부모의 도움이 언제나
좋은 결과를 가져오는 것은 아니다

아이를 도와주는 일은 다친 다리에 부목을 대는 것처럼 임시로 필요한 것이다. 아이는 성장 과정에서 부족한 부분이 있으므로 부모의 도움이 필요하다. 그러나 일부 부모는 아이를 과보호하는 경향이 있으며, 그것이 사랑이라고 착각한다. 초등학생인 아이의 가방을 교문 앞까지 들어주거나, 아이가 숙제를 내지 못해서 혼날까 봐 숙제를 대신해 주는 것은 과보호의 전형적인 예이다.

아이의 모든 불편함을 엄마가 대신 해결해 주면, 아이는 자신의 경험을 통해 자립성을 발달시키기 어렵다. 부모의 과도한 도움은 아이가 스스로 문제를 해결하려는 의지를 잃게 한다. 유치원에 가는 아이가 실내화를 챙기지 못해 속상해할 때, 엄마가 실내화를 대신 챙겨주는 것보다는 아이가 스스로 필요한 물건을 준비할 수 있도록 가르치는 것이 더 바람직하다.

우리나라의 많은 부모들이 자녀의 학업, 특히 대학 입시 준비 과정에 깊게 관여한다. 한 엄마는 아이를 의대에 입학시키기 위해 아이의 학원 일정마다 따로 가방을 챙겨서 차 안에 대기해 두고, 아이가 학원을 이동하면서 피곤할까 봐 쉬는 시간에 발 마사지 서비스를 예약해 주었다. 또한, 학원 수업 후에는 바로 집에 오지 않고, 포장마차에서 우동을 먹으며 학습 내용을 잊어버리기 전에 복습했다고 자신의 억척스러운 사교육 뒷바라지 경험담을 들려주었다. 일반적인 부모들은 이런 이야기를 들을 때, 과연 의대에 입학시키기 위해서는 이런 관리가 필요한지, 그리고 이렇게 해서 의대에 입학시키는 것이 바람직한지 고민하게 된다.

아이가 도움이 필요할 때, 부모를 찾도록 하는 것이 중요하다. 대부분의 아이들은 부모의 간섭을 좋아하지 않는다. 부모는 아이가 좋지 않은 친구와 어울리거나 스마트폰을 과도하게 사용하는 등 부정적인 습관이 생기는 것을 우려해 아이의 행동에 간섭하게 된다. 어릴 때는 부모의 말을 잘 듣던 아이들도 사춘기가 되어 자신만의 관심사와 세계를 갖게 되면 부모의 조언이 똑같은 잔소리나 간섭으로 여기게 된다. 사춘기는 독립심이 강화되는 시기로, 자신의 세계를 지키려는 마음이 더욱 강해진다. 이때는 적절한 거리를 유지하며 아이의 선택을 존중하는 자세가 필요하다.

엄마가 지나치게 아이의 선택에 간섭하면 아이는 자신감을 잃고 결정을 주저할 수 있다. 엄마는 자신의 경험을 바탕으로 아이의 선택에 개입하고 싶은 유혹을 느끼더라도, 아이의 선택을 존중해야 한다. 예를 들어, 학교 동아리를 선택할 때 정보를 제공하거나 조언을 해줄 수는 있으나, 최종 선택은 아이가 해야 한다. 아이는 엄마의 복제품이 아니므로, 아이의 목표와 기대를 존중하며 아이가 자신의 판단으로 선택할 수 있도록 도와주는 것이 중요하다. 그래야 아이가 선택의 결과도 자신의 것으로 받아들일 수 있으며, 신중하게 선택하고 그 결과에 책임을 지는 어른으로 성장할 수 있다.

엄마를 위한 멘탈 수업

시대가 변하면
부모의 역할도 변한다

맹자의 어머니는 자식의 교육환경을 위해 3번 이사했고, 명필가 한석봉의 어머니는 아들이 학업에 전념할 수 있도록 떡을 썰면서 격려했다. 이러한 엄마의 역할은 여전히 많은 엄마들에게 익숙하다. 그러나 인공지능과 로봇기술의 일상화, 변화하는 직업 환경과 교육 시스템 등 급격하게 변화하는 지금은 부모의 과거 경험만으로 아이의 진로 선택에 조언을 하거나 도움을 주기 어려울 수 있다. 지금의 아이들이 마주해야 하는 세상은 부모들이 경험했던 세상보다 더 복잡하고 불확실하기 때문에 선택이 더 어렵고 첫걸음을 내딛기 두렵게 느껴질 수 있다. 그래서 현재의 부모는 아이가 때로는 도움을 받으면서도 스스로의 경험과 판단을 믿으며 세상에 나아갈 수 있도록 격려해야 한다.

부모가 모든 선택을 해주면 아이는 실패를 경험할 수 없다. 중국 최대의 전자상거래 기업인 알리바바의 마윈 회장은 '실패 내성'이 높아 실패에 긍정적으로 대처하는 것으로 알려져 있다. 그는 가난한 소작농의 자식으로, 여러 번 상급학교 입학에 실패하고, 취업 준비 과정에서도 30번이나 떨어졌다. 그러나 그는 거절과 좌절을 경험하면서 세상에는 많은 기회가 있음을 믿고, 자신을 변화시키면 성공할 수 있다고 생각했다. 그의 경험은 실패를 피하기보다는 그것에 익숙해지고 그로부터 배우는 것이 중요하다는 것을 보여준다.

부모는 자신의 기대에 따라 아이를 키우려는 욕심을 버려야 한다. 엄마의 간섭은 종종 불안에서 시작되기도 한다. 아이에 대한 보호가 지나친 통제가 되지 않도록 조심해야 한다. 과도한 간섭은 아이가 부모를 신뢰하지 못하게 만들 수 있다. 부모는 아이의 성공과 실패에 일희일비하지 말고 일관성 있게 대응해야 한다. 지금 아이가 경험하는 모든 실패와 성공이 아이의 미래를 위한 소중한 자산이 될 것임을 믿어야 한다.

소설《오즈의 마법사》에서는 주인공 도로시와 심장이 없는 양철나무꾼, 용기가 없는 겁쟁이 사자, 뇌가 없는 허수아비가 함께 어려움을 극복한다. 도로시는 사자에게 "네게 필요한 것은 자신감이야. 진정한 용기란 두려워도 위험과 직면하는 것이고, 너는 그런 용기를 충분히 가지고 있어."라고 말한다. 정말이지 엄마가 아이에게 확인시켜 줘야 할 따뜻한 격려의 말이 아닐 수 없다. 빠르게 변화하는 시대일수록 엄마는 걱정과 불안에 빠지기보다 아이의 말에 귀 기울여야 한다. "괜찮아, 해보는 것과 안 해보는 것은 분명히 다르니까. 또 해보면 돼. 분명 배우는 것이 있을 거야."라고 용기를 북돋아 주어야 한다. 힘든 하루를 보내고 돌아와 쉴 수 있는 포근한 집처럼, 엄마는 아이가 치진 마음을 달래고 다시 시작할 힘을 얻는 곳이 되어야 한다.

엄마 양육 태도 자가진단

엄마의 양육 태도는 일반적으로 허용적 부모, 권위적인 부모, 권위 있는 부모, 방임적 부모로 구분돼요. 대부분의 부모는 한 가지 양육 태도만을 고수하지 않으며, 상황에 따라 다양한 양육 태도를 보일 수 있어요. 아래 문항을 읽고, '네'에 해당하는 경우를 체크하세요.

1. 아이는 미성숙하므로 옆에서 도와줘야 한다고 생각한다.

2. 규칙과 기준에 따라 아이를 통제한다.

3. 일상생활에서 특별한 규칙이 없다.

4. 아이의 개별성과 독립성을 존중한다.

5. 아이가 잘못했을 때, 즉시 바로잡고, 올바른 행동을 설명하는 편이다.

6. 아이에게 가장 좋은 환경을 제공해야 한다고 생각한다.

7. 무조건 복종하고 따라야 한다고 생각한다.

8. 아이가 결정을 내리기 전에 꼭 상의하도록 한다.

9. 아이의 의견을 말대꾸라고 생각한다.

10. 아이와 규칙을 정하고, 그 규칙을 함께 지킨다.

11. 아이의 개별성을 인정하지 않는다.

12. 아이의 의견을 존중하고, 의견 차이를 대화로 해결한다.

13. 아이가 할 일을 부모가 미리 알아서 해준다.

14. 규칙을 어겼을 때 제한하지 않고, 특별한 조치가 없는 편이다.

15. 아이가 결정을 내리면 필요한 경우, 조언하는 편이다.

엄마 양육 태도 자가진단

'네'라고 선택한 문항에 따라 다음과 같은 양육 태도의 특성을 보일 수 있어요.

문항 번호	양육 태도	솔루션
4, 6, 13	허용적 부모 아이의 요구를 많이 들어주며, 규칙이 비교적 느슨한 편	아이의 자율성을 존중하되, 적절한 한계를 설정하세요. 긍정적인 태도를 유지하면서 필요할 때는 부드럽게 지도해 주세요.
1, 2, 5, 7, 9, 11	권위적 부모 규칙과 기준을 엄격히 지키며, 아이에게 복종을 요구	깊게 심호흡하고, 차분하게 상황을 분석하세요. 규칙을 아이에게 설명하고, 함께 해결책을 찾아보세요.
8, 10, 12, 15	권위 있는 부모 규칙을 지키되, 아이의 의견을 존중하며 대화로 해결	이미 잘하고 있는 부분을 계속 유지하고, 지속적인 대화와 협력으로 관계를 강화하세요.
3, 14	방임적 부모 아이에게 관심이 적고, 규칙이 거의 없음	아이와의 일상적인 대화를 늘려보세요. 관심을 가지고 자녀의 생활에 참여해 보세요.

헬리콥터맘 대신
니트맘 되기

하루 종일 누군가가 내 주변을 어슬렁거린다면 이는 사생활 침해로 느껴질 것이다. 부모와 아이 사이에도 적당한 거리가 필요하다. 이 거리는 아이를 위험으로부터 지킬 수 있으면서도, 아이가 자유롭게 움직일 수 있는 공간이다. 아이의 모든 행동을 감시하는 헬리콥터맘*은 마치 움직이는 CCTV와 같다. 무엇보다 선택이 필요할 때마다 엄마가 대신 결정을 내려, 아이는 자신의 의견을 표현하는 데 어려움을 겪을 수 있다. 현대에는 헬리콥터맘이 캥거루맘**으로 이어져 아이들이 인생 전반에 걸쳐 삶의 주도성을 잃어버리는 것이 사회적 문제가 되었다.

---

* 헬리콥터맘: 자녀의 일에 지나치게 개입하는 엄마를 일컫는 용어. '헬리콥터'처럼 자녀 주위를 계속 맴돈다는 의미에서 이름이 붙여졌다.

** 캥거루맘: 자녀와 지나치게 가까운 관계를 유지하는 엄마를 말한다. 캥거루가 새끼를 주머니에 넣어 다니는 모습에서 비롯된 이름이다.

나는 헬리콥터맘일까?

헬리콥터맘은 아이 주위를 맴돌며 아이의 문제에 지나치게 개입하거나 대신 결정하는 엄마를 지칭한다. 이 말은 1969년에 아동심리학자 하임 기너트의 저서 《부모와 십대 사이》에서 처음 등장했다. 하임 기너트가 인터뷰한 한 아이가 "엄마가 헬리콥터처럼 나를 둘러싸고 돈다."라고 표현한 것에서 유래되었는데, 1960년대 베이비붐 세대는 경제적 번영과 높은 교육 성취 욕구 속에서 자녀 양육에 더욱 집중했다. 이러한 가운데 베트남 전쟁 등 사회적 변화에 따라 부모들은 큰 불안을 느끼고, 자녀를 보호하려는 경향이 강해졌다. 아울러 대중 매체의 확산으로 육아 정보가 많아지면서 부모들이 자녀에게 더욱 관심을 갖게 되었다.

문제는 대부분이 스스로가 헬리콥터맘이라는 것을 인식하지 못한다는 점이다. 아이가 성장하며 엄마에게 과도한 개입을 멈춰달라고 명확히 의사를 밝히기 전까지는 자신을 매우 자상한 엄마로 여긴다. 연구에 따르면 헬리콥터맘은 자녀의 성공을 자신의 성과로 인식하며, 자녀의 생활에 지나치게 개입하는 완벽주의자 성향이 많다. 또한 불안 수준이 높은 부모일수록 헬리콥터맘의 특성을 띠는 것으로 나타났다.

부모의 관심과 지원이 자녀의 학업 성취에 긍정적인 영향을 미치는 것은 사실이다. 이 때문에 많은 부모들이 자녀의 교육에 더욱 열성을 다하게 된다. 2023년 1월 17일 국회의원회관에서 '부모 배경이 학력 격차에 미치는 영향'에 대한 정책토론회가 열렸다.

OECD의 2016년 국제학업성취도평가PISA 결과에 따르면 한국 학생의 기초학력 미달 비율은 2000년 6%에서 2015년 14.5%로 증가했다. 또한, 가정 배경의 영향력도 22.9점에서 42.8점으로 상승했다. 이는 부모의 관심과 지원이 학업 성취에 도움이 되지만, 지나친 간섭은 오히려 학업이나 다른 면에서 상당한 부정적인 결과를 초래할 수도 있음을 시사한다.

해당 정책토론회에서는 2020년 한국교육개발원의 〈교육 분야 양극화 추이 분석 연구1〉도 언급되었다. 이 연구에 따르면, 2010년을 기준으로 100으로 설정했을 때, 2020년 소득 1분위와 5분위 간 학업 성취 역량의 차이가 177.7로 10년 사이에 크게 벌어졌다. 이는 부모의 경제력과 교육 경험이 아이의 학업 성취와 학습 태도에 미치는 영향이 더욱 커졌다는 것을 의미한다.

2022년도 국제 학업성취도 평가에서는, 코로나19 팬데믹의 영향을 고려하여, 학생들의 학습 환경을 더 넓은 맥락에서 이해하려 했다. 부모의 교육 수준이나 직업, 보유 자산 같은 기존 항목 외에도 부모의 교육 참여나 가정의 지원적 환경에 관한 항목을 추가로 포함시켜 부모의 역할과 학업 간의 관련성을 분석했다.

이러한 전문적인 연구 결과가 없더라도, 사회경제적으로 여유 있는 부모들이 자녀의 교육에 대해 더 많은 관심을 가질 것으로 추측하는 것은 그리 어렵지 않다. 그러나 부모의 과도한 개입이 항상 긍정적인 결과로 이어지는 것은 아니다. 현실적으로 이런 격차를 해소하거나 완화하기 위해 부모의 사회경제적 위치를 바꾸기는 어렵다. 그래서 사회적 배경에 따른 교육 격차를 줄일 수 있는 교육과정이나, 부모의 경제적 영향을 최소화하는 학교 운영 방식에 대한 논의가 이어지고 있지만, 아직 그 실효성을 평가하기는 이른 단계이다.

언론 또한 부모의 영향이 아이의 성취에 어떻게 미치는지 다양한 시각으로 보도한다. 한쪽에서는 부모의 경제적 지원이 대학 진학에 유리하다고 주장하고, 다른 한쪽에서는 부모의 과도한 개입이 아이에게 부담을 준다고 지적한다. 많은 엄마들은 아이의 미래를 위해 잠시의 고통을 감수하곤 한다. 내 아이가 다른 아이들에 비해 뒤처지지 않게 하려는 부모의 강한 열망은 마치 앞쪽의 관객이 일어나 영화를 보면 뒤쪽의 관객도 따라서 일어나 결국 모두가 서서 영화를 보게 된다는 이른바 '영화관 효과'를 일으킨다. 이렇게 부모의 경쟁심이 과도해지다 보면 자신도 모르게 헬리콥터 부모가 되기도 한다.

헬리콥터맘은
아이의 성장을 지연시킨다

아이는 엄마를 무조건 사랑한다. 엄마의 모든 행동이 자신을 위한 것이라 생각한다. 엄마는 "엄마가 널 얼마나 사랑하는지 알지?"라는 말로 자신의 행동을 합리화하기도 한다. 그러나 때로는 그 행동의 밑바닥에 엄마의 개인적인 욕심이 숨겨져 있다. 아이는 어릴 때 엄마의 보살핌을 받아들이듯이 엄마가 갑작스럽게 방에 들어오거나, '검사'한다고 아이의 가방을 뒤지거나, 친구와의 약속을 제한하는 것과 같은 통제와 간섭들도 당연한 것으로 받아들인다. 하지만 사춘기에 이르러 아이는 엄마의 모든 행동이 순수한 사랑만은 아니라는 것을 깨닫게 된다. 엄마가 이것을 인정하기까지는 더 많은 시간이 필요하다.

아이는 성장하며 자신이 원하는 것과 엄마가 원하는 것이 다르다는 것을 깨닫게 된다. 성인이 된 자녀는 종종 뒤늦게 자신의 진학, 취업, 결혼 등 인생에서의 중요한 선택을 재고려하게 된다. 그 과정에서 과도한 부모의 개입과 선택에 관해 부담을 느낀다. 그리고 스스로 성숙하지 못하다고 생각하며 수치심을 느낀다. 엄마의 선택대로 살아온 아이가 스스로 길을 찾아 엄마의 품을 떠나갈 때, 그는 처음 걸음마를 떼는 아이처럼 불안하고 힘들어한다.

아이가 실수하는 것은 당연한 일이다. 아이는 실패와 성공을 경험하며 자신에 대한 믿음을 키워나간다. 다른 이의 도움으로 쉽게 이룬 성공과 여러 번의 실패와 재시도 끝에 자신의 힘으로 이룬 성공은 전혀 다른 의미를 가진다. 스스로 도전과 성공을 통해 아이는 '나는 노력하면 해낼 수 있는 사람'이라는 믿음과 자신감을 가지게 된다. 아이가 스스로 방법을 찾아 도전할 기회를 얻지 못하고 엄마가 시키는 대로 문제를 해결하면 실패와 성공의 경험은 모두 엄마의 것이 되고, 아이는 성장하지 못하고 여전히 아이로 머물 것이다.

이렇게 지속적으로 도전의 기회를 빼앗긴 아이는 성공과 실패가 모두 자신의 선택과는 무관하므로 점점 무기력을 학습하게 되어 스스로 새로운 도전을 하려는 의지를 잃게 된다. 아이가 진정한 성취감을 느끼지 못하는 것도 큰 문제이지만, 더 중요한 것은 스스로 결정하고 실행하여 성공하거나 실패하는 경험을 해보지 못해서 자기 의사결정 능력이 부족해지는 것이다. 이런 아이는 새로운 경험이나 선택이 필요한 어떠한 상황에서 도전하기보다는 위험을 피하고자 기존의 익숙한 환경만을 선호하게 된다. 그러나 미래 사회는 지금보다도 더 빠르고 다양하게 변화할 것이고, 그곳에서 살아갈 아이들은 무엇보다 새로운 환경을 두려워하지 않고 적극적으로 경험하고, 다시 그 경험을 다양한 지식과 연결하여 해석하며, 변화한 환경에 적극적으로 적응하는 능력이 필요하다.

헬리콥터맘이 아니라
니트맘*이 필요하다

신경과학적 연구에 따르면 엄마는 아이를 생각하거나 아이 사진을 볼 때, '자아'와 연관된 뇌 부위인 내측 전전두엽이 활성화된다. 이는 엄마가 본능적으로 아이를 자신과 동일시함을 시사한다. EBS의 〈마더 쇼크〉라는 다큐에서 소개된 실험에 따르면, 아이가 카드 단어 맞추기 게임에서 상대보다 뛰어난 성과를 보였을 때, 한국 엄마는 쾌락 중추인 측핵이 활성화됐다. 이러한 연구와 실험 결과는 아이의 성공에 대한 한국 엄마 특유의 열망을 보여주는 것으로 유독 도드라지는 한국 엄마의 헬리콥터맘 현상과도 연관 지어 해석할

---

* 니트맘: 저자가 제한한 이상적인 엄마상을 나타내는 용어. '니트'처럼 따뜻하고 포용적으로 자녀의 감정과 성장을 지켜보며 세심하게 지원하는 엄마를 뜻한다.

엄마를 위한 멘탈 수업

수 있다.

헬리콥터맘이 된다는 것은 쉬운 일이 아니다. 그것은 아이에게 최선을 다하려는 마음에서 시작한다. 엄마는 아이의 학습과 일상을 꼼꼼히 관리하며, 성장 과정에서의 중요한 선택에도 관여한다. 일부 지나친 경우에는 대학 수강 신청이나 군대 생활까지 관여하여 사회적 비판을 받기도 하지만, 엄마는 아이의 성공을 위해 이 방법이 옳다고 믿는다. 이런 헬리콥터맘에게 아이의 성공은 궁극적인 보상이 된다. 그리고 헌신을 통해 자신이 아이에게 반드시 필요한 존재라고 생각한다.

아이의 생활에 깊게 관여하는 엄마는 아이의 성공을 자신의 성공과 동일시하게 된다. 아이가 목표를 달성하지 못하면 실패라고 생각하고, 그것이 자신의 부족함이나 책임 때문이라고 생각하기 때문에 더 큰 부담감을 느낀다. 그렇게 아이가 자신의 기대에 부응하지 못하는 것을 아이의 인생이 실패했다고 과장하여 생각하고, 다시 이것을 자신의 인생이 실패한 것으로 받아들인다. 드라마 〈낭만닥터 김사부〉에서는 의사가 된 딸이 결혼생활에 간섭하는 엄마에게 "엄마도 이제 그만 나한테서 독립해 주세요."라고 단호하게 말하자 엄마는 당황하며 배신감을 느끼는 장면이 나온다. 자녀는 언젠가는 부모의 품을 떠나기 마련이다. 이때 자녀의 삶을 자신의 삶과 동일시했던 부모는 뒤에 남겨져 빈 둥지 증후군으로 인한 상실감을 경험하게 된다.

그럼에도 불구하고 엄마는 단순히 객석에서 아이를 응원하는 관람객이 아니다. 아이를 보호하는 동시에 아이의 성장과 독립을 위해 끊임없이 노력한다. "아이를 작게 낳아 크게 키우라."라는 말은 아이의 학업 성취나 성적표를 말하는 것이 아니다. 아이가 자신의 잠재력을 찾아내고 키워갈 수 있는 따뜻한 환경을 제공해야 한다는 것을 의미한다. 엄마는 '니트맘Knit-Mom'의 모습으로 아이의 감정과 관심사를 세심하게 듣고, 그들의 성장, 실패, 좌절, 그리고 발전을 따뜻하게 지원해 주어야 한다. 엄마는 아이의 인생을 직조하는 과정을 사랑으로 지켜보는 가장 중요하고 핵심적인 사람이다.

아이의 성장은 결국 아이 자신의 노력과 경험을 통해 이루어진다. 엄마는 아이가 한 사람의 성인으로 성장하는 과정을 응원하며, 아이가 실패를 이겨내고 다시 일어나 도전할 수 있는 용기를 가르쳐 주고, 아이의 성공을 함께 기뻐하며 노력으로 이룬 성공의 가슴 벅찬 성취감과 삶의 즐거움을 알려주어야 한다. 건강한 엄마와 아이의 관계는 서로의 삶을 존중하고 지지하는 데서 나온다. 엄마의 역할은 아이가 세상으로 나아갈 수 있는 힘과 용기를 길러주고, 아이가 지쳤을 때 다시 힘을 낼 수 있는 휴식처가 되어주는 것이다. 거기에 삶의 여러 문제들을 대처하는 바람직한 태도와 방법의 본보기가 되어줄 수 있다면 더할 나위가 없을 것이다.

다시 한번 강조하지만, 어떠한 경우에도 부모의 과도한 개입은 아이의 독립적인 생각과 선택을 제한하며 긍정적인 자아 발달을 방해할 수 있음을 기억해야 한다.

엄마를 위한 멘탈 수업

생각해 봐요

다음 상황을 보고, 하준이 엄마의 행동에서 나타나는 특징을 찾아보세요. 그러한 행동의 이유를 생각해 보고, 어떤 문제점이 있을지 함께 살펴보세요. 만약 당신이라면 어떻게 할지 한번 생각해 보세요.

상황: 다섯 살 하준이가 동네 놀이터에서 아이들과 어울려 놀고 있고, 엄마가 걱정스러운 표정으로 하준이를 지켜보고 있다.

하준: (모래놀이터를 가리키며) 엄마. 저도 친구들이랑 놀고 싶어요.

하준 엄마: (걱정스러운 표정으로) 그래. 잠깐만 놀아. 옷 더러워지면 안 되니까 조심해야 해.

(하준이는 모래놀이터에 들어가 다른 아이들과 함께 놀기 시작한다. 하준 엄마는 모래놀이터 가까이에 앉아 계속 지켜보며 하준이에게 말을 건다.)

하준 엄마: 하준아. 친구들 다칠 수 있으니까 모래 던지면 안 돼. (한적한 곳을 가리키며) 너는 여기에서 놀면 좋겠다.

하준: 알았어요. 엄마.

(하준이가 자리를 옮겨 다시 놀기 시작하고, 하준 엄마는 하준이에게 계속 말을 건다.)

하준 엄마: 하준아. 그 삽은 너무 크니까 작은 걸로 써. 우리 하준이. 잘하고 있네.

하준: 네. 엄마.

하준 엄마: 이제 모래 놀이 그릇은 친구들에게 양보해 줘야 해.

생각해 봐요

친구: (하준이에게 다가오며) 하준아. 우리랑 저기서 같이 성 만들래?

하준: (엄마를 쳐다보며) 가도 돼요?

하준 엄마: 너무 오래 논 것 같긴 한데…. 좋아. 대신 친구들이랑 놀 때도 조심해야 해. 다치면 안 되니까.

(하준이가 친구와 놀이하려고 이동하자 엄마도 따라간다.)

하준 엄마: 하준아! 하준아! (하준이가 친구와 놀이하는 데 집중해서 엄마 목소리를 듣지 못하자 더 큰 소리로) 하준아! 여기 엄마 좀 봐봐.

(하준이 소리를 듣고 엄마를 향해 쳐다보자, 다른 아이들도 놀이를 멈추고 하준 엄마를 쳐다본다.)

---

1. 하준이 엄마는 왜 하준이의 놀이에 계속 관여했나요?

   • 엄마의 개입 행동

   _____

   • 엄마가 그렇게 행동한 이유

   _____

2. 하준이는 엄마의 행동에 대해 어떻게 느꼈을까요?

   _____

   _____

3. 하준이 엄마의 행동이 반복되면 어떤 문제가 발생할 수 있을까요?

   _____

   _____

아이라는 거울에
비치는 엄마

아이가 엄마에게 의존하는 모습은 비교적 상상하기 쉽지만, 반대로 엄마가 아이에게 의존하는 모습은 곧바로 상상하기 어렵다. 그러나 엄마가 아이에게 감정적으로 의존하는 경우도 빈번하게 발생한다. 엄마가 아이로부터 사랑과 인정을 받고 싶은 것은 자연스러운 감정이다. 하지만 이런 감정이 지나치면, 엄마는 자신의 슬픔이나 불안을 아이와 과도하게 공유하여 아이에게 부담을 줄 수 있다. 엄마의 감정과 기대 속에서 지나치게 아이의 생활을 제한하거나 구속하는 태도는 아이의 자유로운 성장을 방해한다. 아이는 자신의 감정보다 엄마의 감정에 더 많은 주의를 기울여 정서 발달에 부정적인 영향을 미칠 수 있다.

엄마는 아이의 거울이다

엄마는 아이에게 감정을 전달하는 데 신중해야 한다. 특히, 외로움, 슬픔, 불안 같은 복잡하고 무거운 감정은 아이에게 부담이 될 수 있다. 아이는 발달 단계에 따라 감정을 수용하는 능력이 다르기 때문에 엄마의 복잡한 감정을 이해하거나 받아들이기 어려울 수 있다. 이런 감정을 아이와 공유하면 아이는 자신이 문제의 원인이라고 생각하거나, 해결해야 한다는 책임감을 느낄 수 있다. 부모와 아이가 친구처럼 보일 수는 있지만, 아이의 성장에 부정적인 영향을 줄 수 있다.

유대의 경전《탈무드》에는 흥미로운 굴뚝 청소부 이야기가 나온다. 두 청소부가 일을 마치고 나왔을 때, 한 사람의 얼굴은 더러웠고, 다른 한 사람은 깨끗했다. 대부분의 사람들은 더러운 얼굴을 가진 사람이 얼굴을 씻을 것으로 생각하지만, 실제로는 깨끗한 얼굴을 가진 사람이 씻는다. 이 이야기는 사람들이 다른 사람을 거울로 삼아 자신을 평가하는 모습을 보여준다.

아이는 엄마의 반응을 통해 감정을 배운다. 이 과정에서 '거울 뉴런Mirror Neuron'이라는 특별한 신경세포가 작용한다. 이 뉴런 덕분에 아이는 엄마의 감정을 그대로 반영하게 된다. 신경과학자들은 이러한 반응을 '공감共感'이라고 설명한다. 공감의 과정은 뇌의 여러 부분이 함께 작용하여 이루어진다. 뇌의 특정 부분이 감정을 인식하고, 다른 부분은 몸의 변화를 감지한다. 특히, 거울 뉴런은 다른 사람의 행동을 관찰하는 것만으로도 반응해 그 사람의 감정을 반영한다. 아이의 뇌에 비치는 엄마의 감정 상태는 아이의 거울 뉴런을 통해 그대로 반영되어 아이도 기쁨, 슬픔, 불안 같은 감정을 느낄 수 있다.

거울은 일방적으로 한쪽만 비춰주는 것이 아니라, 서로를 비추며 존재를 확인하는 도구다. 아이는 엄마를 통해 세상을 이해하기에 엄마의 고통과 불안, 좌절 등의 감정에 지속적으로 노출되면 그 감정에 영향을 받을 수밖에 없다. 엄마와 아이는 서로에게 영향을 주고받으며 복잡한 감정의 영향을 함께 받는다. 엄마의 감정 상태는 아이에게 큰 영향을 미치므로, 아이의 성장에 맞추어 적절한 감정만을 공유하는 것이 필요하다. 이렇게 하면 아이는 건강하게 감정을 배우고 성장할 수 있다.

한편으로 생각해 보면 두 굴뚝 청소부가 함께 굴뚝에서 나온 상황에서 한 사람만 그을음이 묻었을 리 없다. 서로 마주 보며 상대의 상태를 보고 자신의 상태를 인식하는 과정에서 둘 다 얼굴이 더러워졌음을 깨달았을 것이다. 이처럼 엄마와 아이는 서로에게 영향을 주고받으며, 모두 복잡하고 무거운 감정의 영향 아래에 있다.

부모는 감정 조절을 통해 아이가 안정감을 느끼고, 긍정적인 감정으로 세상을 바라볼 수 있도록 도와주어야 한다. 언제나 엄마는 아이의 가장 큰 거울이기 때문이다.

아이 때문이라면서
아이에게 의지하는 엄마

엄마는 종종 자신의 삶이나 환경을 통제하는 대신 아이와의 시간을 통해 안정감을 찾는다. 아이와 함께 있을 때는 성인 사이에서 느끼는 스트레스나 경쟁의식이 사라진다. 아이와의 교감과 그로 인한 충만함은 부정적인 감정을 잊게 해준다. 이런 순간들로 인해 엄마는 불안과 두려움과 같은 부정적인 감정들을 떨쳐버릴 수 있다. 이렇게 엄마는 아이의 성장과 발전을 지켜보며 충만과 행복을 느끼지만, 그로 인해 아이와 거리를 두는 것이 점점 두려워진다. 엄마는 아이에 대한 꿈과 기대로 자신의 미완성된 꿈을 위로하며 아이에게 정서적으로 의존하게 된다.

하지만 엄마는 아이의 친구가 아니다. 엄마의 역할은 아이의 감정을 대신 느끼고 보호하는 것이 아니라, 아이가 스스로 상황을 해결하고 배우도록 도와주는 것이다. 자신의 행복을 지나치게 아이에게 의존하는 엄마는 아이의 감정에 과도하게 반응할 수 있다. 아이가 기뻐하면 함께 흥분하고, 아이가 속상해하면 같이 슬퍼한다. 그러나 아이가 잘 성장하기 위해서 엄마는 아이의 감정에 그대로 동조하며 어려운 상황을 직접 해결해 줄 것이 아니라, 아이가 스스로 감정을 조절하고 상황을 해결해 나가는 방법을 배우도록 도와주어야 한다.

유치원에서 아이들이 놀이 중에 친구들과 갈등을 겪으며 속상해할 때, 나는 아이들뿐만 아니라 그들의 엄마들도 걱정한다. 아이들은 서로 이야기를 나누고 마음을 푸는 것을 배워나가는데, 오히려 엄마들은 감정이입을 하여 더 많이 속상해하기 때문이다. 예를 들어, 아이가 놀잇감을 가지고 놀고 싶은데, 다른 친구의 놀이가 끝나길 기다리는 상황에서 작은 다툼이 발생할 수 있다. 특히, 학기 초에는 이런 일이 빈번하게 일어난다. 자유 놀이 시간 동안, 한 아이가 놀잇감을 가지고 놀고 싶어 초조해하고, 이미 놀잇감을 차지한 아이는 여유롭게 놀고 있는 상황에서 갈등이 생길 수 있다. 어떤 아이는 다른 아이가 함께 놀고 싶어서 자기 주변을 서성이는 것도 못 봐주고 "저리 가!"라고 매섭게 말하기도 한다. 그러면 그 말을 들은 아이는 가뜩이나 놀지도 못하는데, 기분이 나빠져서 놀잇감을 차지한 아이를 때리기도 한다.

이럴 때, 단순히 친구를 때린 아이를 혼내는 것만으로는 충분하지 않다. 상황을 더 깊이 이해하고 다양한 측면을 고려해야 한다. 때로는 몇몇 엄마들이 때린 아이를 퇴원시키거나 특수학급에 보내 달라고 요구하기도 한다. 이런 요구가 아이를 보호하려는 마음에서 나오는 것은 이해하지만 유아들 간의 일상적인 갈등에 대한 지나친 반응이어서 그 요구를 들어주기 어려운 경우가 많다. 교사는 때린 아이와 맞은 아이의 입장을 모두 이해하고, 같은 일이 반복되지 않도록 가르쳐야 한다. 엄마들도 단순히 아이의 대변자가 되기보다는 멀리 보고 방향을 잡아주는 사람이 되어야 한다.

아이를 키운다는 것은 안전하게 보호하는 것만이 아니라, 다양한 경험을 통해 배우고 성장하도록 돕는 것이다. 아이를 위해 엄마가 내리는 결정과 태도, 말 등이 오히려 아이의 행동 범위를 제한하고 아이의 성장을 방해할 수 있다.

아이들이 성장할 때, 엄마가 보호하려고만 하는 태도가 항상 좋은 것만은 아니다. 이러한 태도가 때때로 갈등을 일으키기도 한다. 세상에서 자기 힘으로 경험하고 부딪혀야 할 때, 엄마가 보호만 하려 들면 아이는 반발심을 느낄 수밖에 없다. 언젠가 이 세상에서 작별을 고할 때, 아이가 "내 엄마가 되어주셔서 감사해요!"라거나 "엄마, 다음 생에서는 내 딸로 태어나 주세요."라고 말해준다면 엄마로서의 인생을 잘 살아낸 것이다. 그러나 그런 행복이 모든 엄마에게 일어나지는 않는다.

엄마가 화를 내고 난 뒤에 아이에게 용서를 구하는 패턴이 반복되면, 아이는 점점 더 상처를 받게 된다. 이런 상처가 쌓이면 어느 날 아이는 "엄마랑 정말 말이 안 통해. 나한테 말도 붙이지 마."라며 엄마와의 소통을 거부하게 된다. 엄마는 아이가 잠시 토라진 것일 뿐 다시 돌아올 것이라 기대하지만, 아이가 그 상처를 치유하는 데는 오랜 시간이 필요하다. 엄마는 누구보다 아이를 많이 생각하고 아이 입장에서 이해하고 결정한다고 생각하지만, 그건 엄마의 일방적인 생각일 뿐이며 아이가 늘 그런 사람을 필요로 하는 것도 아니다.

경우에 따라 엄마와 아이 관계가 이성적이고 독립적이지 않으면, 아이는 방황을 하면서도 계속 부모에게 의존하게 된다. 엄마가 "내가 너를 어떻게 키웠는데!"라며 아이에게 헌신한 시간과 노력을 보상받으려 할 때, 아이는 엄마로부터 독립하기 어려워진다. 엄마의 감정을 헤아리고 돌보는 아이는 일견 어른스러워 보일 수 있지만, 그 과정에서 아이의 순수함을 잃게 된다. 이 순수함은 성장하면서 잃지 말아야 할 소중한 부분이다. 엄마에게서 죄책감과 부담감을 느끼는 아이는 나중에 자신의 아이에게도 비슷하게 행동할 가능성이 있다.

엄마의 감정,
아이에게 바르게 전달해야 한다

인터넷 육아 포털 게시판에 "아이가 부모를 선택한다면 과연 나를 선택할까?"라는 글이 올라온 적이 있다. 청소년문학상 수상작인 《페인트》에 대한 후기 글이었는데, 이 소설은 국가 시설에서 자란 청소년들이 부모를 선택하려고 면접을 본다는 설정을 담고 있다. 글에는 무수히 많은 댓글이 달렸다. 자신이 얼마나 높은 점수를 받을지, 아이가 자신을 선택할지 고민됐다는 내용이었다. 어떤 엄마는 아이에게서 "나라면 또 엄마를 선택할 거예요."라는 말을 들었다며 무척이나 기뻐했다. 엄마들은 이런 질문을 통해 자신의 감정과 행동을 되돌아보고, 아이의 감정에 미치는 영향을 깊이 생각하게 되었다.

아이의 행동과 관계없이 엄마의 감정이 표출될 때도 있다. 이는 엄마 자신의 기대나 마음속 문제가 원인인 경우이다. 따라서 분노, 외로움, 통제하고 싶은 욕구 등 엄마의 마음을 잘 들여다보는 것이 중요하다. 부정적인 감정은 자신에게도 좋지 않지만, 아이에게도 나쁜 영향을 줄 수 있다. 아이는 엄마를 통해 세상에 나왔지만, 독립적인 존재다.

아이가 성장하며 배우는 것처럼, 엄마도 자신의 불안과 미숙함을 극복해 가야 한다. 고대 희랍의 우화집인 《이솝 우화》에 나오는 엄마 게와 아기 게 이야기는 엄마의 태도에 대해 생각할 거리를 준다. 엄마 게는 바닷가에서 아기 게에게 똑바로 걷게 하려고 꾸짖지만, 아기 게는 엄마 게가 먼저 그렇게 걷는 모습을 보여줘야 자신도 따라 할 수 있다고 말한다. 결국, 엄마 게 자신도 옆으로 걷고 있었다는 것을 깨닫는다.

우화에서 말하고 있는 것처럼 엄마라고 해서 항상 아이를 가르칠 준비가 되어 있는 것은 아니다. "아이는 부모의 뒷모습을 보며 자란다."라는 말이 있듯이, 가장 좋은 가르침은 아이의 본보기가 되어주는 것이다.

엄마는 말, 행동, 감정에서 일관된 메시지를 전달해야 한다. 아이는 말뿐만 아니라 몸짓, 시선, 표정, 목소리 톤 등으로 엄마의 메시지를 받아들인다. 예를 들면, 엄마가 어둡고 무거운 표정으로 "잘 놀고 와."라고 하거나, 무표정하게 "수고했다."고 말하면 아이는 엄마의 진심을 알기 어렵다. 일관성 없는 메시지로 인해 아이는 혼란스럽고 자신의 판단을 의심하게 된다. 아이가 자라면서 말로 하는 소통이 중요해지지만, 감정은 여전히 말없이도 강력하게 전해진다.

엄마는 아이가 세상에 태어나서 믿고 의지하는 첫 번째 사람이다. 성장하면서 아이가 부정적인 경험을 했을 때, 비관에 빠지지 않도록 지탱해 주는 중요한 사람이기도 하다. 엄마는 아이의 성장에 큰 영향을 미치므로 적절하게 감정을 표현하고 전달하는 것이 필요하다. 엄마는 진심 어린 감정을 표현하되, 경계를 지키는 것이 중요하다. 아이에게 과도하게 모호하고 복잡한 감정을 토로하면 부정적인 영향을 줄 수 있기 때문이다. 엄마가 감정을 잘 다루고 일관된 태도로 대하면, 아이는 세상을 어느 정도 예측할 수 있다고 느끼게 된다. 이는 아이가 두려움 없이 세상에 도전할 수 있도록 도와준다.

상황을 나아지게 하는 대화법

아이와의 대화에서 다양한 대화법을 알아보고, 각 방식의 특징을 살펴본 후, 가장 효과적인 대화법을 찾아보세요. 아래의 대화 포인트를 참고하여 실제 대화에 적용해 보세요.

부정적 대화법

무시형

부모	그 정도 일로 우니? 별일 아니야. 그냥 다른 친구랑 놀아.
문제점	아이의 감정을 무시하거나 간과하면 아이는 자신의 감정이 중요하지 않다고 느낄 수 있어요.

과민반응형

부모	어떻게 그럴 수가 있니! 당장 학교에 가서 선생님께 말씀드려야겠어. 그 친구는 정말 나쁜 아이야.
문제점	과민반응은 아이가 상황을 과도하게 심각하게 받아들이게 하며, 갈등 해결 능력을 키우는 데 도움이 되지 않아요.

긍정적 대화법

이해, 지지형

부모	오늘 많이 속상했겠구나. 친구와 싸워서 마음이 아팠지? 어떤 일이 있었는지 말해줄래?
장점	아이의 감정을 인정하고 공감함으로써 아이는 자신의 감정이 존중받고 있다고 느껴요. 정서적 안정감과 자신의 감정을 건강하게 표현할 수 있어요.

공동 문제해결형

부모	친구와 싸워서 속상했다고 들었어. 그런 일은 누구에게나 있을 수 있어. 네가 어떻게 대처하고 싶은지 함께 생각해 볼까? 어떻게 하면 다음에 이런 일이 생겼을 때, 더 잘 대처할 수 있을까?
장점	아이가 문제해결 과정에 참여함으로써 비판적 사고와 의사결정 능력을 키울 수 있어요. 갈등 상황에 자신감 있게 대처하는 법을 배워요.

〈이렇게 대화해요〉

1.	2.	3.	4.	5.
그랬구나, 많이 속상했겠어.	엄마도 그런 일이 있으면 ~할 것 같아.	말해줄래?	다음에는 ~할 때 어떻게 하면 좋을까?	어떻게 느꼈어?
인정하기	공감하기	상황 살펴보기	해결책 만들기	관찰하기

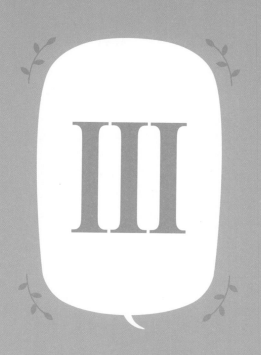

III

관계

: 같이 키우는 아이

당신의 양육동맹,
안전한가요?

'양육동맹*'이라는 표현은 다소 낯설게 들린다. 네이버 사전에 따르면 동맹이란 '둘 이상의 개인, 단체, 또는 국가가 서로의 이익이나 목적을 위해 동일하게 행동하기로 결정하는 약속이나 조직체, 또는 그런 관계'를 뜻한다. 역사적으로 동맹은 주로 전쟁이나 위기 상황에서 국가 간에 방어나 공격 목적으로 맺어진다. 따라서 '양육동맹'이라는 용어는 양육 과정에서 부부의 협력, 관계 유지, 약속이 얼마나 중요한지 강조하는 것이라 하겠다.

---

* 양육동맹: 저자가 제안하는 '양육동맹'은 아이의 전 성장 과정에서 부모의 지속적인 협력을 의미한다. 이는 교육, 생활 습관, 정서적 지원 등 모든 영역에서 부모가 힘을 모으는 것을 뜻한다. 이 개념은 Kyle Pruett과 Marsha Kline Pruett가 《육아동맹》에서 제시한 '육아동맹'을 확장한 것이다. '육아동맹'이 엄마의 보호적 성향과 아빠의 모험적 성향을 인정하고 조화롭게 결합하려는 파트너십을 강조했다면, '양육동맹'은 이를 아이의 전 성장기로 확대 적용한 것이다.

엄마를 위한 멘탈 수업

우리 사회,
양육동맹이 필요하다

자녀를 키우는 동안 많은 엄마들은 직장, 양육, 집안일을 병행하는 데 어려움을 겪는다. 과거에는 남편이 주로 경제활동을 담당하고, 엄마가 집에서 양육을 도맡아 하던 시절이 많았다. 그러나 요즘은 상황이 많이 달라졌다. 여성의 경제활동 참여가 활발해지면서 양육과 집안일은 더 이상 엄마만의 문제가 아니다. 2023년 9월, 통계청 국가통계포털KOSIS 자료를 바탕으로 여성가족부가 발표한 〈2023 통계로 보는 남녀의 삶〉에 따르면, 2022년 남성 육아휴직자는 약 3만 8,000여 명이었다. 같은 해 남성 전업주부는 21만 명을 넘었다. 이제 양육과 집안일은 여성만의 일이 아니라 부부가 함께 하는 일이 된 것이다.

어느 날, 친구가 흥분한 목소리로 전화를 걸어왔다. 그녀는 포털 게시판에서 남편이 조언을 남긴 것을 우연히 발견했다고 했다. 그녀는 워킹맘으로 일하면서 양육과 집안일을 맡아왔다. 남편의 수입이 월등히 많아 자신이 집안일을 맡는 것이 더 효율적이라고 생각했기 때문이다. 그런데 남편이 커뮤니티 게시판에서 '작은 일을 도와주기보다는 아내에게 반나절 휴가를 주는 것이 낫다.'라고 조언한 댓글을 보고 충격을 받았다. 남편이 그런 생각으로 집안일에 무관심하고, 자신을 직원처럼 여긴다는 생각에 화가 났다고 했다.

오늘날 우리 사회는 부부가 양육과 집안일을 공유해야 한다는 생각을 보편적으로 받아들이고 있다. 그러나 구체적인 협력의 방식은 가정마다 다를 수 있다. 부부의 가치관, 맞벌이 여부, 과거의 경험, 문화, 의사소통 방식, 개인 성향 등 다양한 요인이 협력 방식에 영향을 미친다. 많은 엄마들이 집안일에 스트레스와 피로를 느끼며 불만을 표시한다. 친구의 사례처럼, 아내의 배려를 남편이 당연시할 때, 두 사람 사이에 거리감이 생기기도 한다.

변호사 이브 로드스키 Eve Rodsky는 '페어플레이 프로젝트'를 통해 가사 노동의 불균형 문제를 해결하려고 했다. 그녀는 집안일, 돌봄 등의 일을 100장의 카드에 기록한 뒤, 나누어 부부가 각각 책임지도록 했다. 중요한 것은 일의 양을 균등하게 나누는 것이 아니라, 카드 재분배를 통해 집안일을 효율적으로 분배하는 것이다. 이를 통해 엄마의 시간을 확보하고 남편으로부터 지지를 받는다는 느낌을 갖게 하는 것이다. 이 프로젝트는 가사 노동 협상을 통해 서로의 재능과 가치를 극대화하는 것을 목표로 한다. 또한, '유니콘 스페이스' 카드를 통해 부부가 부모의 역할을 벗어나 자신의 열정과 목표를 향해 시간을 투자하도록 돕는다.

이브 로드스키처럼 특별한 방법으로 문제를 해결하는 부부도 있지만, 대부분은 20년 넘게 함께 살면서도 자연스러운 파트너십 형성에 어려움을 느낀다. 일반적으로 남편은 협력이 필요한 부분에 대해 상대방이 '말해야 한다.'고 생각하는 반면, 아내는 말하지 않아도 알아차리길 바란다. 그러나 최근에는 협력이 필요한 부분을 분명하게 얘기하는 아내들이 늘고 있으며, 남편들도 어느 정도 이러한 변화를 받아들이고 있다. 이를 가장 극명하게 보여주는 것은 결혼 전 '계약서'일 것이다. 이 계약서에는 소득, 집안일, 공유재산의

엄마를 위한 멘탈 수업

관리방식, 가사 부담 비율 등이 포함된다. 여기에 가사 분담에 대한 내용이 포함된다는 것은 젊은 남녀가 가사 노동의 중요성을 인식하고, 이를 명확하게 표현하려 한다는 것이다. 이는 육아와 가사 노동을 인정하고, 가치를 평가하며, 역할을 공정하게 나누려는 시대 변화를 보여준다.

파트너십은
협력과 이해로 가능하다

쇼펜하우어는 걷는 행위를 "두 발을 번갈아 움직여 쓰러지지 않는 것"이라고 설명했다. 이처럼 부부도 두 다리처럼 서로 지지하고 협력하며, 삶이라는 길을 함께 걸어간다. 처음에는 사랑만으로 걸어갈 수 있을 것 같았지만, 시간이 지나면서 현실의 도전에 직면하게 된다. 아이를 낳고 키우기 위해서는 그 어떤 일보다도 부부의 협력이 중요하다. 바로 부부의 파트너십이 시험대에 오르는 중요한 순간을 마주하게 되는 것이다.

아이는 세상을 탐험하며 성장한다. 아이의 손을 이끌어 세상과 만나도록 하기 위해서는 부부가 많은 시간과 노력을 들여야 한다. 함께 걸을 때는 방향과 속도를 맞추는 것이 중요하다. 때로는 배우자가 자신보다 더 좋은 부모라고 느껴 위축되기도 하고, 경제적 부담으로 스트레스를 받는다. 배우자의 기대에 부응하지 못한다고 여겨 자존감이 낮아지기도 한다. 그러나 부부는 아이를 키우는 동안 서로를 이해하고 지지하며, 그 기반 위에서 아이의 성장을 함께 지원해야 한다.

의사소통과 상대에 대한 존중은 좋은 부부 관계를 만들어 가는 핵심이다. 그러나 때로는 아이의 행동에 대한 이해 부족으로 서로를 탓하기도 한다. 아빠가 바쁜 직장 생활로 인해 아이와 충분한 시간을 보내지 못한다면, 성장 과정에서 아이의 변화나 문제를 놓치기 쉽다. 이런 상황에서 아이에게 문제가 생기면 남편은 아내의 교육 방식이 잘못되었다고 비난하고, 아내는 남편의 무관심을 탓하기 쉽다. 이것이 지속되면 부부는 사랑했던 첫 마음을 잃고, 상대에게 실망하고 분노하게 되며, 이 과정에서 아이는 간과되기 쉽다. 좋은 부모가 되기 위해서는 부부가 서로를 이해하고 양육의 문제를 함께 해결하는 것이 중요하다.

시중에는 남녀의 성별에 따른 의사소통의 차이에 대해 언급하고 있는 서적들이 많다. 대표적으로 《화성에서 온 남자 금성에서 온 여자》라는 1990년대 베스트셀러에서는 성별 차이로 인한 남녀 간 의사소통의 어려움을 강조한다. 저자인 대인관계 상담의 대가 존 그레이John Grey 박사는 남녀의 감정과 사랑 표현 방식이 다르다고 주장한다. 물론 이 책은 우리에게 여전히 많은 시사점을 던져주고, 아직도 자주 인용되는 명저지만, 부부간의 차이와 의사소통의 문제를 단순히 성별 차이로만 설명할 수는 없다. 부부간의 차이는 성별뿐만 아니라 각자의 경험과 성격의 차이에도 기인한다. 부부간의 차이를 성별 차이로만 생각하지 말고, 상대를 개별적 존재로서 이해하고 존중하는 것이 조화로운 삶과 자녀 양육에 긍정적인 영향을 미칠 수 있다.

엄마를 위한 멘탈 수업

양육동맹, 이해에 기반한 대화와
꾸준한 노력이 필요하다

부부의 양육동맹은 복잡한 계약이 아닌, 가벼운 대화로 시작된다. 함께 아이를 키우며 깊고 의미 있는 부부 관계를 만드는 것은 중요하다. 한 후배는 남편의 과거 배경, 추억, 아쉬움, 상처 등을 이해함으로써 부부가 일치된 양육을 할 수 있다고 생각했다. 연애 시절, 그녀는 '좋은 아빠'가 되겠다는 남편의 다짐을 믿었다. 그러나 남편이 전자제품을 수리하는 도중 일곱 살 아들이 다가오자 "그것만지지 말고 저기 가서 놀아."라고 말하는 것을 보고 당혹감을 느꼈다. 그 후, 그녀는 부부간에 '좋은 부모'의 정의가 서로 다를 수 있다는 것을 깨달았다.

양육동맹은 지속적인 노력이 필요하다. 후배의 예처럼 실망스러울 때도 포기하지 않는 것이 중요하다. 남편의 행동에는 다양한 이유가 있을 수 있다. 내가 원하는 '좋은 아빠'의 모습이 아니라고 비난해서는 안 된다. 후배의 남편이 아이를 참여시키지 않는 것은 아이의 안전을 위해서일 수도 있고, 아이의 관찰이 도움이 되지 않을 거라고 생각하거나, 수리의 어려움 때문에 문제 해결에 모든 에너지를 쏟고 있을 수도 있다. 단순히 보이는 모습으로 판단하면 선입견이 생기기 쉽다. 상황마다 솔직하게 느낌을 공유하며 대화하는 것이 중요하다. 예를 들어, "전자제품 고치느라 힘들었겠네. 수민이는 아빠가 고치는 걸 보면서 마법사 같다고 했어. 수민이도 옆에서 보면서 도울 부분이 있을까?"라고 말해볼 수도 있다.

이처럼 부부가 견해 차이를 보일 때에는 상대의 관점에서 바라보는 것이 중요하다. 아이의 훈육, 버릇 고치기, 우는 아이 달래기, 학업 관리 등에서 주로 갈등이 발생한다. 종종 배우자를 '반쪽'이라 부르지만, 항상 의견이 일치하지는 않는다. 오랜 시간 서로를 잘 알고 있음에도 불구하고 상대의 감정을 무시하거나, 실수를 과도하게 지적하기도 한다. 배우자의 마음을 이해하려 노력하는 것이 어려움을 극복하는 데 큰 도움이 되며, 이러한 경험은 앞으로 새로운 문제를 마주했을 때도 힘이 된다. 결혼생활에는 다양한 문제가 생기지만 항상 정답이 있는 것은 아니다. 서로 상대를 존중하며 상대의 관점에서 문제를 다시 바라본다면 앞으로 다가올 양육의 어려움도 함께 극복할 수 있다.

부부간 의사결정에서는 언제나 '평등한 참여'와 '상호 존중'하는 자세가 필요하다. 둘 중 한 사람이 의견을 말하지 않는다고 상대의 의견에 동의하는 것은 아니다. 오히려 자신의 의견을 이야기해도 결과가 바뀌지 않을 것이라고 생각하거나, 상대와 갈등 관계를 피하려는 의도일 수도 있다. 또는 단순히 충분한 정보나 생각할 시간이 부족하여 아직 자신의 의견을 정리하지 못했기 때문일 수도 있다. 따라서 섣불리 결정을 내리기 전에 배우자의 의견을 세심하게 들어야 하며, 상대방을 설득하려 하기보다는 그의 생각을 이해하려는 자세가 필요하다. 한쪽이 자신의 의견을 강경하게 밀어붙이면, 상대방은 갈등을 피하기 위해 그 의견에 따르면서도 자신의 견해가 무시당했다고 느낄 수 있다. 서로의 의견을 충분히 나누고 이해한 후에 합의하는 것이 필요하다.

엄마를 위한 멘탈 수업

결론적으로 양육동맹의 성공은 아이가 부모로부터 균등한 혜택을 받을 수 있는 환경을 조성하는 데 달려 있다. 이를 위해 서로의 차이와 어려움을 이해하며, 각자의 강점을 존중하고 배려해야 한다. 부부 사이에는 우열이 없다. 상대방의 기여를 인정하고 협력한다면 성공적인 육아가 가능할 것이다. 또한, 아이의 성장 단계에 따라 부모의 가치관과 양육 태도가 다르게 이해되고 받아들여질 수 있다. 따라서 각 가정은 자신들의 상황과 아이의 발달 단계를 고려하여 양육동맹을 구축해야 한다.

양육동맹을 강화하기 위한 가이드

부부의 양육동맹을 잘 유지하고 있는지 점검할 수 있는 질문들입니다. 서로 솔직하게 대화를 나누며 답변해 보세요. 이 가이드는 완벽한 양육동맹이 갖추어야 할 모든 요소를 담고 있지는 않아요. 각 가정의 상황에 맞게 유연하게 적용해 보세요. 서로를 이해하고 존중하는 마음이 가장 중요해요.

질문 문항	예	아니오
1. 우리는 날마다 아이에 대해 이야기를 나누고 있나요?		
2. 휴대폰이나 컴퓨터 없이 대화에 집중하는 시간을 가지고 있나요?		
3. 양육 스트레스를 느낄 때, 서로 지지하고 위로하나요?		
4. 깜짝 선물을 준비하거나 함께 즐거운 시간을 보내기 위한 계획을 세우나요?		
5. 서로의 육아 고민이나 어려움을 편하게 나눌 수 있나요?		
6. 남편(또는 아내)의 표정이나 몸짓을 보고 그들의 감정을 이해하려고 하나요?		
7. 부모로서 성장하는 과정에서 서로 도움을 주고 있나요?		
8. 양육 방식에 차이가 있을 때 합의점을 찾나요?		
9. 자주 손을 잡거나 포옹하는 등 애정 표현을 하나요?		
10. 처음 만났을 때의 추억을 되새기며 긍정적인 감정을 유지하려고 하나요?		
11. 다툼이 생기면 정중하게 대화로 해결하려고 하나요?		
12. 부모 교육이나 육아 정보를 함께 찾아보고 공유하나요?		
13. 각자 자기 관리와 휴식 시간을 확보하고 있나요?		
14. 예상치 못한 상황이 발생했을 때, 함께 대처하나요?		
15. 가족 외의 지원 네트워크(조부모, 친구, 전문가 등)를 활용하나요?		
○ 개수: ( )개 ✕ 개수: ( )개		

양육동맹을 강화하기 위한 가이드

○ 개수로 점검해 보세요

0~3개	4~6개	7~10개	11개 이상
양육동맹을 강화할 기회는 많이 있어요. 열린 마음으로 대화를 시작해 보세요.	양육동맹의 기초가 형성되어 있어요. 더 발전시킬 방법을 찾아보세요.	건강한 양육동맹을 유지하고 있어요. 지속적인 노력으로 더욱 강화해 나가세요.	매우 단단한 양육동맹을 가지고 있어요. 지금처럼 서로를 지지하며 계속 유지해 나가세요.

* 개선 팁

스마트폰 없이 대화에 집중하는 시간을 가지고, 새로운 취미나 경험을 함께 공유하세요. 서로의 비언어적 신호를 이해하며 경청하는 습관을 기르고, 애정을 표현하세요. 스트레스 관리에 신경 쓰고, 긍정적인 추억을 자주 되새기려고 노력하세요. 갈등이 생겼을 때는 서로의 입장을 존중하며 소통하고 타협점을 찾으세요. 필요하다면 주저하지 말고 전문가의 도움을 구하세요.

펭귄도 하는 육아,
아빠도 도전

황제펭귄은 수컷의 육아 참여로 유명하다. 황제펭귄은 남극에서 가장 추운 시기에 포식자로부터 벗어나 가장 추운 곳으로 이동한다. 그곳에서 암컷이 알을 낳으면 수컷은 신속하게 발등에 알을 올려놓고 뱃살 아래 배란낭으로 밀어 넣는다. 약 70일 동안 수컷은 아무것도 먹지 않고 알을 보호하며 그 과정에서 몸무게가 절반으로 줄어들기도 한다. 그동안 암컷은 어린 펭귄을 위해 100km 이상 바다를 수영하며 먹이를 찾는다. 황제펭귄의 생태계는 암컷과 수컷의 협력에 기반한다. 부모가 함께 노력하지 않으면 어린 생명을 키울 수 없는 가혹한 환경 때문이다.

엄마를 위한 멘탈 수업

황제펭귄의 육아 방식은 우리에게 많은 생각을 하게 한다. 암컷이 먹이를 구하러 떠난 동안, 수컷은 눈보라 속에서 알을 품고 기다린다. 때로는 눈에서 수분을 얻어 견딘다. 새끼가 부화하면 수컷은 이전에 먹은 먹이를 토해 새끼에게 먹인다. 새끼 펭귄은 체온 유지가 어려워 부화 후 약 50일 동안 아빠 펭귄의 품에서 지낸다. 수컷은 암컷이 돌아왔을 때 바로 새끼를 넘기지 않고, 번갈아 품은 후 먹이활동을 위해 바다로 떠난다. 새끼를 추위로부터 지키고 먹이를 구하는 것 모두 필사적인 생존 행동이다.

수컷 황제펭귄과 달리 아빠에게는 명확한 육아 역할이 주어지지 않는다. 엄마는 임신하는 동안 아기와 깊은 유대감을 느끼지만, 아빠는 아이와의 직접적인 연결이 부족하다. 아빠도 아이를 깊이 사랑하며 가족을 보호하고자 하는 강한 의지가 있지만, 아이를 돌보는 세세한 부분에서 때로는 부족함을 느낀다. 아빠가 기저귀를 갈거나 아이를 안을 때, "아니, 그렇게 하면 애가 불편하잖아!"라고 엄마가 지적하면 아빠는 위축되고 자신감을 잃기도 한다. 엄마의 주의력은 주로 아이에게 집중되어 있어, 아빠의 어려움은 눈에 잘 띄지 않는다.

육아는 타고난 능력이 아닌, 경험과 시간을 통해 배우고 성장하는 과정이다. 아빠가 육아에 적극적으로 참여하지 않는다고 엄마가 불평하거나 비난하면, 아빠는 오히려 더 소극적으로 변하고 때로는 육아에서 뒤로 물러날 수도 있다. 엄마는 임신을 하므로 아빠보다도 먼저 아이와 긴밀한 관계를 맺으며, 부모 역할을 더 일찍 시작한다. 그래서 엄마는 아이의 반응과 요구를 빠르게 파악하고 대응하는 경우가 많다. 반면, 아빠는 섬세한 양육 행위에 익숙하지 않기 때문에 실수하기 쉽다. 이런 상황에서 엄마는 육아의 부담을 혼자 짊어지는 것처럼 느낄 수 있다.

아빠는 아직 부모로서 역할에 완전히 적응하지 못해, 주변 사람들의 기대에 미치지 못하고 이로 인해 마음이 상할 때가 많다. 좋은 아빠가 되고 싶지만, 아이를 어린이집에 데려다주고 정해진 시간에 데려오는 등의 바쁜 일정에 스트레스를 받는다. 엄마가 짠 일정대로 해내지 못하면 부족한 남편이라고 비난받을까 봐 걱정하기도 한다. 또 아이가 어느 정도 자라서 함께 재미있게 놀려고 하면, 엄마로부터 "공부해야 하는 애를 데리고 놀 생각만 한다."라고 핀잔을 듣고, 교육에 관해 이야기하려 하면 알지도 못하는 사람 취급을 받아 자신감이 떨어진다.

모르는 사이
아빠도 변화한다

엄마는 임신과 출산 중에 프로락틴, 옥시토신, 에스트로겐, 코르티솔 등의 호르몬 수치가 상승하며 육아에 더 익숙해진다. 하지만 아빠도 육아 과정에서 호르몬 변화가 일어나며, 좋은 부모가 되어간다. 옥스퍼드대학교의 진화인류학자 애나 마친Anna Machin 은 《뉴욕타임스》에 기고한 글에서 아빠의 호르몬 변화를 소개하며, 엄마가 육아에 더 능숙하다는 고정관념을 부정했다. 그녀의 연구에 따르면, 아빠가 아이와 시간을 보내고 아이를 돌보면서 남성호르몬인

엄마를 위한 멘탈 수업

테스토스테론 수치는 감소되고, 사랑과 유대감을 느끼게 하는 옥시토신과 도파민 같은 호르몬이 분비된다. 옥시토신은 흔히 '사랑의 호르몬'이라고 불리며, 도파민은 기쁨과 행복을 느끼게 하는 호르몬이다. 이 호르몬은 아빠가 아이와의 관계를 깊게 만들고, 육아에 더욱 자신감을 갖게 도와준다.

최근 연구에서는 아빠와 아이가 상호 작용을 할 때, 옥시토신 호르몬과 보호본능을 자극하는 바소프레신 같은 호르몬이 증가한다는 것을 발견했다. 옥시토신은 출산 직후 엄마에게 주로 분비되지만, 아빠에게도 분비되는 것이 확인되었다. 이 호르몬은 아이의 감정을 파악하고 더 깊은 관계를 맺는 데 중요한 역할을 한다. 바소프레신은 스트레스에 반응하고 보호본능을 강화하는 호르몬이다. 이 호르몬의 작용으로 아빠는 아이를 보호하고 안전하게 돌보는 데 더 집중하게 된다.

또 다른 연구에 따르면, 아빠가 아이의 울음소리를 들을 때 뇌의 편도체 부분이 활성화된다. 편도체는 위협이나 스트레스 상황에 즉각적으로 반응하는 역할을 한다. 진화론적으로 아이의 울음소리는 부모에게 위험 신호로 작용한다. 이에 부모가 민감하게 반응하는 것은 진화의 산물인 셈이다. 이 연구 결과는 아빠가 아이와 보내는 시간이 많아질수록 아이의 울음과 다양한 신호에 더욱 민감하게 반응할 가능성이 있음을 보여준다.

지난 40년간 엄마가 아이의 울음소리를 아빠보다 더 잘 구별해낸다는 것을 전제로 한 연구가 지배적이었다. 그러나 프랑스 리옹 대학 및 생테티엔 대학의 'Neuro-Ethologie Sensorielle' 연구

팀의 연구는 이러한 전통적인 관점에 도전한다. 이들은 프랑스 국립과학연구센터 및 파리 남부 신경과학센터와 연계하여 생후 6개월 이내의 신생아 부모를 대상으로 실험을 진행했다. 부모들은 다른 아이의 울음소리 속에서 자기 아이의 울음소리를 찾아내야 했고, 하루에 평균 4시간 이상을 아이와 함께 보낸 아빠는 90%의 높은 정답률을 보였다. 이 결과는 아이의 울음소리를 구별하는 능력이 엄마만의 고유한 능력이 아니라, 아이와 보내는 시간의 양에 크게 좌우된다는 새로운 견해를 제시한다. 즉 엄마뿐만 아니라 아빠도 육아에서 충분한 역할을 할 수 있다는 것을 보여주는 것이다.

새로운 육아 문화, 아빠가 활약한다

예전보다 젊은 아빠들의 육아와 교육 참여가 눈에 띄게 증가하고 있다. 2023년 1월, 고용노동부의 〈육아휴직 및 육아기 근로시간 단축 관련 통계〉에 따르면, 2022년 아빠 육아휴직자는 전년 대비 30.5% 증가하여 3만 7,885명에 이르렀다. 여전히 육아휴직을 사용하는 사람 중 70% 이상은 엄마이지만, 아빠의 참여율도 점차 상승하는 추세이다. 아빠들의 육아기 근로시간 단축 사용자 수도 전년 대비 16.6% 증가했다. 육아휴직제의 여건이 개선되고 육아휴직에 대한 긍정적인 인식이 사회 전반에 확산되면서 엄마와 아빠가 육아의 공동 주체로 함께 서고 있다.

아침 출근길에 아빠가 자녀를 유치원에 데려다주거나 육아휴직을 활용하여 여유 있게 아이를 배웅하는 모습은 이제 일상의 풍경 중 하나가 되었다. 내가 아는 한 가정에서는 엄마가 직장이 멀어서 아침마다 아빠가 두 딸을 돌본다. 아빠는 매일 아이들을 자전거에 태워 유치원에 데려다준다. 유치원 문 앞에서 아빠와 딸이 나누는 작별 인사는 늘 따뜻하다. 어떤 날은 아빠가 아이의 머리를 묶어주지 못해 아이가 심통을 부리기도 하고, 또 어떤 날은 아빠와 헤어지기 싫어 아빠 목을 꼭 껴안기도 한다. 아빠의 얼굴에는 늘 딸에 대한 사랑이 가득하다.

물론 아직도 아빠가 적극적으로 육아에 참여하기가 쉽지만은 않다. 한 아빠는 방송에서 아이들이 자신을 잘 따르는 것을 보고 전업주부가 되기로 했지만, 그 일상의 힘듦을 예상하지 못했다고 말했다. 그는 자신이 부모 역할을 과소평가했다고 고백했다. 그가 직접 전업주부가 되어 아이들을 돌보기 전까지는 전업주부의 일상을 제대로 이해하지 못했다. 아이들을 돌보면서 때로는 지쳐서 화장실에서 눈물을 흘렸다. 단순한 육아 이상의 노력이 필요하다는 것을 깨달았다. 아이들의 짧은 수면 시간 동안 휴식을 취하며, 그동안 간과했던 아내의 힘든 일과를 깊이 이해하게 되었다고 털어놓았다.

이제 아빠는 단순히 가정의 경제적 지원자로 머물지 않는다. 가족과 깊은 감정적 유대를 맺으며, 육아의 책임을 엄마와 함께 공유한다. 인스타그램이나 블로그와 같은 소셜미디어에서 많은 아빠들이 아이와 함께한 평범한 일상이나 여행과 요리 등의 순간들을 나누고 있다. 이러한 변화는 육아가 더 이상 여성만의 책임이 아니며, 아빠의 육아 참여를 자연스럽고 중요하다고 인식하고 있음을 보여준다.

"표현하지 않는 사랑은 사랑이 아니다."라는 말처럼 점차 많은 아빠들이 아이와 교감하며 따뜻한 애정을 숨기지 않고 표현하고, 아이와 함께하는 시간을 소중히 여긴다. 이러한 경향은 가족 간의 관계를 더욱 탄탄하게 만들며, 풍요로운 감정의 교류와 행복을 가져다준다.

앞서 언급했듯 황제펭귄은 암컷과 수컷이 먹이활동과 보호 활동을 공유하는 놀라운 특성을 가진다. 수컷 황제펭귄은 부화한 새끼를 지키고 돌보는 과정에서 강한 양육 본능을 보인다. 이러한 헌신적인 양육 행동은 아이를 돌볼 때 아빠가 보이는 모습과도 유사하다. 실제로 아빠가 아이를 돌보는 동안 발생하는 호르몬과 뇌의 변화는 아이에게 더욱 친밀하고 따뜻한 양육을 제공할 수 있도록 도와준다. 동시에 사회 인식이 변화하고 관련 제도가 개선되면서 아빠의 육아 참여가 눈에 띄게 늘어나고 있다. 황제펭귄처럼 아빠는 엄마와는 다른 방식으로 아이에게 고유한 사랑과 가르침을 줄 수 있다.

엄마를 위한 멘탈 수업

남편 스무고개

다음 질문들을 카드에 적어 상자에 넣고, 서로에 대해 알아가는 시간을 가져보세요. 질문 카드를 통해 남편의 생각과 감정을 더 깊이 이해하고, 부부간의 대화를 더욱 풍부하게 만들 수 있어요.

· 어린 시절 가장 기억에 남는 순간은 무엇인가요?
· 스트레스를 받을 때 어떻게 해소하나요?
· 가장 좋아하는 가족 문화는 무엇인가요?
· 자신의 가장 자랑스러운 점은 무엇인가요?
· 가장 좋아하는 음악이나 노래는 무엇인가요?
· 삶에서 가장 큰 도전은 무엇이었나요?
· 가장 즐거웠던 여행 경험은 무엇인가요?
· 어떤 상황에서 가장 행복하다고 느끼나요?
· 만약 하루를 다시 살 수 있다면, 언제로 돌아가고 싶나요?
· 가장 존경하는 롤모델은 누구인가요?
· 평생 한 가지 음식을 먹어야 한다면 무엇을 선택할 것인가요?
· 언젠가 배우고 싶은 기술이나 취미가 있나요?
· 어떤 성격의 동물로 다시 태어나고 싶나요?
· 5년 후 우리 가족의 모습을 어떻게 그리고 있나요?
· 부모로서 가장 보람을 느끼는 순간은 언제인가요?

남편에게 질문하고, 남편이 대답할 때 경청해 주세요. 평가하지 않고 주의 깊게 들어주세요. 아이와 함께한 즐거운 순간을 이야기하며 서로의 감정을 공유하세요. 육아에 대한 생각을 함께 나누고 이야기하며 서로에 대한 이해와 협력을 높여요.

비 온 뒤 땅이 굳듯이,
갈등 해결의 기술

부부 사이에 사랑은 필수적이다. 사랑하면 상대 때문에 세상이 더 아름답게 느껴지며, 그 행복에 이끌려 결혼을 선택한다. 그러나 결혼 후에는 상대방 때문에 힘든 날도 있다. 부부의 관계는 씨앗이 뿌리를 내리며 자라는 과정과 유사하다. 울창한 나무가 되어 열매를 맺기 위해서는 돌을 걸러내고, 충분한 물을 주며, 주의 깊게 관리해야 한다. 해충으로부터 보호하고 무더운 여름을 견디며, 가을에는 지혜롭게 잎을 떨어뜨린다. 사랑하는 부부라도 갈등이 생기기 마련이며, 그럴 때 서로에게 상처를 남기지 않고 문제를 해결하는 지혜와 노력이 필요하다.

부모도 처음이니까
갈등 해결에 미숙할 수 있다

부부는 서로를 사랑해서 아이를 가지게 된 것이지, 아이를 위해 사랑을 시작한 것이 아니다. 하지만 아이를 키우다 보면 때로는 아이 때문에 부부가 된 것처럼 행동할 수 있다. 아이를 중심에 두다 보면, 이 가정이 부부간의 사랑을 기반으로 만들어졌다는 것을 잊어버리기도 한다. 이런 상황에서 갈등이 발생하면 함께 해결하려는 노력보다 결과에 집착하게 된다. 배우자가 내 의도대로 행동하지 않거나 지원을 해주지 않을 때, 감정적으로 반응하게 된다.

부부싸움은 구체적인 문제 때문에 싸우는 것 같지만, 실제로는 작은 오해나 잘못된 인식에서 시작되곤 한다. "원래 이러려던 게 아닌데."라는 말은 부부싸움 후 자주 듣게 되는 표현이다. 갈등은 대부분 개인의 가치관과 생각의 차이, 원활하지 못한 의사소통에서 비롯되는 경우가 많다. 부부 중 한 사람이 스트레스에 특히 민감할 때, 다른 사람도 그 영향을 피할 수 없다. 이런 갈등 상황에서는 자신의 의견을 전달하려 해도 제대로 전달하기 쉽지 않다.

처음으로 부모가 된 부부는 다양한 어려움을 겪는다. 그들이 서로를 선택할 때는 상대방이 자신의 이야기에 진심으로 공감하고 함께 나눌 수 있다고 믿었을 것이다. 그러나 연애 기간 동안 알던 상대와 결혼 후에 알게 되는 상대는 차이가 있을 수 있다. 결혼 후 상대방이 변한 것처럼 느끼거나 무관심하다고 생각될 수가 있다. 결혼 후의 부부 관계도 다른 인간관계와 마찬가지로 상호 이해와 배려가 필요하다. 상대방에게 무한한 포용과 이해만을 기대하는 것은 무리이며, 그렇게 해서는 지속적인 관계를 유지하기 어렵다.

대부분의 부부는 직장에서는 일하고, 가정에서는 부모 역할을 해야 하는 이중 부담을 안고 있다. 하루 종일 긴장 속에서 일한 후 피곤한 몸으로 귀가했을 때, 집에서 예상치 못한 일을 마주하게 되면 평온하게 대처하기가 쉽지 않다. 예를 들어, 엄마가 직장에서 힘든 일을 겪고 돌아와 그저 빨리 쉬고 싶다는 마음으로 현관문을 열었을 때, 아이가 크레용으로 벽에 낙서를 하고, 온몸에 주스를 쏟은 채 엄마를 향해 환하게 웃고 있을 수 있다. 마침 남편이 갑작스럽게 야근해야 한다고 연락을 하면 그 스트레스는 더욱 커질 것이다. 아이와 관련된 돌발 상황이나 문제가 발생할 때, 부부 갈등이 생길 수 있다. 이러한 순간, 부모 모두 미숙함을 드러낼 수 있으므로 감정을 가라앉히고 상황을 객관적으로 바라보는 것이 필요하다.

부부의 적당한 거리 속에서 아이는 성장한다

처음 부모가 되면, 육아의 어려움에 즉각적으로 반응하기 쉽다. 부부만의 가치관으로 아이를 잘 키우겠다는 초심은 육아 경험이 쌓이고 주변 부모들과 비교하면서 점차 흐려지기 쉽다. 부부의 가치관과 성격, 생활 방식의 차이가 육아 과정에서 고스란히 드러나기도 한다. 예를 들면, 아빠는 아이를 엄격하게 키워야 한다고 생각하지만, 엄마는 그것이 과하다고 느낄 수 있다. 엄마는 아이가 잘하는

엄마를 위한 멘탈 수업

것을 하면서 우선 자신감을 키우길 원하지만, 아빠는 아이가 여러 가지를 하면서 작은 실수에 연연하지 않고 대범하게 크는 편이 좋다고 생각할 수도 있다. 부부라 해도 육아의 구체적인 문제로 들어가면 서로의 견해 차이가 분명히 드러난다. 이럴 때, 부부간의 견해 차이를 숨기거나 무시하지 말고, 서로의 생각과 감정을 공유하고 이해하는 것이 중요하다.

'우리 가정'이나 '우리 남편' 등의 표현으로 한마음 한뜻인 것처럼 보여도, 실제로 깊은 대화를 나누지 않는다면 배우자의 생각이나 의견을 정확히 알지 못한다. 서로 오해나 상처가 깊어지기 전에 함께 대화를 나누면, 후에 큰 갈등으로 이어지는 것을 방지할 수 있다. 부부가 갈등을 해결하기 위해 대화를 나눌 때는 현재의 문제에 집중하는 것이 바람직하다. 미처 해결하지 못한 과거의 문제나 감정을 다시 언급하면 대화가 싸움으로 번질 수 있다.

부부가 서로 제대로 소통하지 못하고 상대의 생각과 감정을 이해하지 못하면 갈등을 피할 수 없다. 대부분의 갈등은 실제 문제보다는 그 문제를 해결하려는 과정에서 의사소통이 미숙하거나 오해를 하면서 발생한다. 예컨대, "당신은 늘 그런 식이야."와 같이 배우자를 일반화하여 비난하는 말투를 사용하면, 상대방도 방어적인 자세로 대응하게 되고, 서로 간의 갈등은 피할 수 없는 일이 된다.

문화인류학자 에드워드 홀Edward T. Hall은 부부나 연인 사이에도 적절한 거리가 필요하며, 그 거리는 약 45cm라고 했다. 부부라도 지켜야 할 적절한 개인 공간이 있다는 것을 의미한다. 이는 물리적인 거리뿐만 아니라 정신적이고 감정적인 거리에도 마찬가지로 적용된다. 부부 사이에도 상대의 생각이나 마음이 온전히 나와 같을 수는 없다는 것을 이해하고, 나와 다른 상대의 생각과 감정을 있는 그대로 인정하고 받아들여야 한다.

부모는 자신의 물질적, 정신적 유산을 아이에게 전하고자 한다. 특히, 어려운 환경에서 자란 부모는 아이에게 더 나은 환경을 제공해 주고 싶은 마음이 크다. 부모의 불안과 미안함도 아이에게 영향을 미친다. 부모는 자신이 제공하는 것이 최선이라는 것을 아이에게 알려주고, 그것을 감사하게 받아들이도록 가르쳐야 한다. 부부 간의 만족과 행복은 아이에게도 긍정적으로 작용한다. 아이는 부모가 서로 대하는 방식을 관찰하고, 이를 본보기 삼아 부모에 대한 자신의 태도를 형성한다. 한쪽 부모가 아이를 핑계로 배우자에게 과도한 경제적 요구나 비난을 한다면, 아이도 같은 논리로 부모에게 그러한 행동을 할 수 있다.

부모의 갈등 해결 과정이
아이에게 배움이 된다

아이들은 부모의 다툼을 목격하면서 마음의 상처를 받는다. 한 포털 사이트에 중학생이 남긴 글을 보면, 그 아이는 시험 전날에도 부모의 다툼 때문에 고민했다고 한다. 아이의 아빠는 "어른이 되면 다 이해할 수 있어. 부부간 다툼은 자연스러운 일이야."라고 설명했지만, 아이는 그 상황이 너무나도 힘들었다고 했다. 성인이 되어도 감정 조절이 어려워 언어적으로 상대방을 공격하는 경우가 있다.

엄마를 위한 멘탈 수업

이렇게 시작된 공격은 연쇄적으로 다른 공격을 불러오며, 이것이 심화되면 전쟁처럼 변한다. 사실 부모의 다툼과 아이들끼리의 다툼은 큰 차이가 없다.

부모의 다툼은 아이들에게 많은 영향을 미친다. 아이 앞에서 부모가 지속적으로 다투면, 아이는 그 상황을 일상적인 것으로 받아들이게 된다. 부모는 논리적인 대화 한다고 생각할지 모르지만 아이는 부모의 다툼에 긴장하고 위축된다. 특히, 화해 과정을 보지 못한 아이는 감정 조절 방법을 제대로 배우지 못한다. "부부싸움은 칼로 물 베기"라는 속담은 화해 없이 표면적으로만 회복된 부부의 관계를 나타낸다. 아이는 부모를 보며 인간관계를 배우는데, 이렇게 화해 없이 다툼만 지켜보게 되면 갈등을 제대로 대처하는 방법을 배우지 못하고 그저 시간이 지나면 해결되는 것으로 생각하게 된다. 또한, 이렇게 잘못 익힌 대처법은 아이가 자라서 다른 사람들과 관계를 맺을 때도 똑같이 나타날 수 있다.

이러한 이유로 갈등이 생겼을 때, 부부가 성숙한 대화를 통해 해결하는 모습을 보여주는 것이 필요하다. 대화의 본질은 자신의 의견만 전달하는 게 아니라, 상대방의 메시지와 연결하는 것이다. 서로 주장을 대립하는 것이 아니라 공통점을 찾는 것이 필요하다. 대화를 시작할 때, 비난이 아닌 '우리'라는 말로 접근하면 더 효과적이다. 예를 들면, 아빠의 행동이 마음에 들지 않더라도 엄마는 "우리 아이스크림 파티를 해볼까? 오늘 아준이는 무척 기쁜 날이 되겠네."라고 이야기하고 그 후에 아이의 건강에 대한 걱정을 부드럽게 말할 수 있다. 단 음식을 먹어서 나쁜 식습관이 생길까 봐 걱정스럽지만, 아빠가 아이를 생각하는 마음을 존중하는 것이 더 중요하다.

문제 해결에는 시간이 걸린다. 상대방을 게으르거나 무책임하다고 판단하며 대화하면 부정적인 결과를 초래할 수 있다. 예를 들어, 아이 공부 때문에 속상한 엄마에게 아빠가 "지나친 욕심을 버려."라고 하면, 엄마는 서운하고 아빠가 무심하다고 생각할 수 있다. 엄마는 자신의 걱정을 아빠와 나누고 싶어 하지만, 아빠는 엄마를 아이 공부만 강조하는 사람으로 오해할 수 있다. '공부할 때를 놓치면 안 된다.'는 엄마의 생각과 '공부에 집착하지 말라.'는 아빠의 생각이 충돌하는 것이다. 문제의 핵심을 이해하고, 해결이 필요한 부분을 명확히 파악하는 것이 중요하다. 급격한 변화를 기대하기보다는 신중하게 상황을 이해하고 접근해야 한다.

아이의 건강한 성장과 학습을 배려하는 한편, 부부도 행복한 관계를 유지하며 함께 성장해 나가야 한다. 부모는 서로를 존중하면서 생각의 차이를 이해하고 조정해야 한다. 이렇게 하면 아이가 부모의 행동을 보고 배우게 된다. 갈등은 어디에서나 발생할 수 있다는 것을 이해하고 이를 스트레스로 받아들이기보다는 해결할 기회로 여겨야 한다. 갈등을 함께 해결하는 과정에서 정성을 다해 상황에 대처하는 것이 중요하다. 사람마다 적합한 대화 방식이 다를 수 있으므로 부부 갈등을 해결할 수 있는 특별한 시간과 공간을 마련하고, 새로운 해결 방법을 찾아가는 노력이 필요하다.

엄마를 위한 멘탈 수업

갈등 파도 잠재우기

갈등은 파도와 같아요. 작은 갈등은 잔잔한 파도처럼 쉽게 해결되지만, 큰 갈등은 높은 파도처럼 더 많은 노력이 필요해요. 갈등의 심각성이 커질수록 파도도 높아지듯, 우리의 대응도 달라져야 해요. 의견을 듣고 절충하는 것으로 충분할 때도 있지만, 때로는 깊은 대화와 상호 이해가 필요해요. 다음 활동을 통해 갈등이라는 파도를 이해하고 잠재우는 방법을 배워보아요.

큰 파도: 심각한 갈등이나 중요한 문제

"막대한 돈을 지출해야 할 것 같아."

중간 파도: 조금 더 큰 갈등이나 반복적인 문제

"가사 분담에 대한 조정이 필요해."

잔잔한 파도: 작은 갈등이나 일상적인 의견차

"저녁 메뉴로 뭐가 좋을까?"

갈등 씨앗 싹세우기

예시

갈등 씨앗 발견하기

아이가 요즘 핸드폰을 너무 많이 사용해서 줄여야 할 것 같아.

감정 나누기

당신이 집에서 계속 핸드폰을 사용하는 것을 보고 아이가 따라 할까 봐 걱정돼.

해결책 찾아보기

우리도 아이와 함께 핸드폰 사용 시간을 제한하는 게 어때?

실행 계획 세우기

평일 저녁 8시 이후에는 모두 핸드폰을 사용하지 않고, 가족과 시간을 보내자.

평가 및 피드백 나누기

한 주 동안 이렇게 해보고 아이의 반응을 살펴보자. 필요하면 다시 조정하자.

육아 청사진
업데이트

아이가 생기면 부부의 대화 주제가 대부분 아이와 관련된 것으로 바뀐다. 그러나 대화를 통해 육아의 방향을 명확하게 정하지 않으면, 아이에게는 많은 관심을 보이지만 결정적인 육아 방향을 잡지 못할 수 있다. 부부가 오랜 시간 대화를 나누더라도 실질적인 문제 해결로 이어지지 않을 때도 있다. 특정 육아 문제에는 깊게 파고들어야 하고, 다른 문제는 가볍게 넘어가도 되는데 이런 판단을 하기가 쉽지 않다. 그 결과, 엄마는 시간과 에너지를 효율적으로 쓰지 못하고, 개인적인 여유 시간을 확보하기도 어려워진다. 따라서 효과적인 육아를 위해서는 육아 청사진이 반드시 필요하다.

육아는 건물 짓기보다 훨씬 더 복잡하고 도전적인 과정이다. 건축에서는 대지와 주변 환경을 조사한 후, 기본 설계도를 그려 건물의 방향을 정하고 대체로 계획대로 진행하지만 육아는 다르다. 아이는 계속 자라고 변화하기 때문에 한 번 계획을 세우는 것만으로는 부족하다. 육아는 아이의 발달에 따라 계획을 세우되, 지속적으로 조정하는 과정이다. 유연성과 끊임없는 적응이 필요한 복잡한 여정이다.

육아 청사진을 그릴 때는 자신의 가치관을 바탕으로 현재의 상태와 과거의 성장 환경을 돌아보는 것이 중요하다. 그동안 당연하게 여겼던 가치나 양보할 수 없는 신념들을 다시 한번 깊이 고민해 봐야 한다. 내가 아는 한 동료는 아버지의 사업 실패로 여러 번 이사를 다녔다. 그녀는 아이에게 경제적 불안감을 주지 않겠다고 결심하고, 안정적인 공무원 직업을 선택했다. 큰 경제적 위협 없이 아이의 중·고등학교 시기를 보내게 되자 그녀는 자신의 선택이 옳았다고 안도했다. 그러나 때로는 그 선택이 최선이었는지 확신이 서지 않는다고 했다. "아이가 중학교 2학년이 되자 사업가 아버지를 둔 친구들을 부러워하더라고. 내가 피하려던 불안정한 삶이 갑자기 내 뒤통수를 치는 것 같았어."라고 자신의 선택을 후회하는 듯한 말을 했다.

엄마가 가진 육아 지식은 때때로 한정적일 수 있다. 예를 들어, 아기가 서랍 속 물건을 흩트리거나 입에 넣을 때가 있다. 이럴 때는 서랍장에 잠금장치를 하거나 위험한 물건을 치우는 등 간단한 대처법이 있다. 하지만 대부분의 육아 상황은 이렇게 단순하지 않다. 아

엄마를 위한 멘탈 수업

이의 성격과 건강 상태 또는 부모의 상황 등 다양한 변수가 작용한다. 많은 육아 지식을 알더라도, 실제로 준비가 되었는지는 또 다른 문제이다. 아이와의 감정적인 소통이 중요하다는 것을 알지만, 실제로 아이와 잘 소통하기 위해서는 경험과 학습이 필요하다.

부모는 대부분 연습의 기회 없이 실전 육아를 시작한다. 아이가 TV 프로그램을 언제부터 볼 수 있는지, 블록으로 바닥을 쿵쿵 치는 행동을 아이가 언제쯤 스스로 조절할 수 있게 되는지, 사회적 규칙을 언제부터 강조해야 하는지, 아이가 휴지를 무턱대고 뽑는 이유는 무엇인지, 신발의 좌우 구분을 언제쯤 할 수 있는지, 한여름에 겨울옷을 꺼내 입겠다는 아이의 옷 선택에 어떻게 대응해야 하는지 등 많은 상황에서 내 아이에게 맞는 답을 찾기 어렵다.

새 학습서를 사면 앞부분은 열정을 가지고 공부하지만, 뒤로 갈수록 점점 지쳐서 제대로 보지 않고 마무리하는 경우가 많다. 엄마도 아이의 초기 성장 단계에 많은 관심을 기울이지만, 아이가 자라면서 부모의 뜻과 다르게 행동하면 '자기 먹을 밥그릇은 가지고 태어난다.'라거나 '자기가 알아서 하겠지.'라며 관심을 줄이게 되기도 한다. 이와 같은 부모의 태도 뒤에는 낙담과 상실, 선택과 책임을 아이에게 전가하려는 마음이 숨어 있다. 엄마의 기대와 가치관이 아이의 성취에만 집중되면, 아이는 부담을 느낀다. 따라서 바람직한 육아의 청사진은 부모의 생각, 감정, 행동, 반응, 습관을 모두 포함하고, 아이와 함께 아이 주변 환경을 조화롭게 만들어 가는 것이다.

청사진은 진솔한 대화를 통해 만들어진다

청사진은 19세기에 영국의 천문학자인 존 허셜J.F.W. Herschel에 의해 개발됐다. 당시에는 복사 기술이 아직 발전하지 않아 컴퓨터 시스템처럼 확대나 축소가 가능한 기술이 없었다. 설계자들은 설치 미술을 방불케 하는 거대한 종이 위에 직접 올라가서 도면을 그려야 했다. 이 과정이 어렵고 복잡했기 때문에 빛에 반응하는 감광지를 활용한 청사진이 중요한 역할을 했다. 청사진은 토목, 건축, 기계 등 당시 새로운 분야에서 널리 사용되었고, 그 결과 '희망적인 미래 계획'이라는 의미도 포함하게 되었다.

이처럼 청사진이 중요한 역할을 했듯이, 육아에서도 청사진이 필요하다. 육아의 청사진은 부부가 함께 그려야 한다. 부모 한쪽의 계획만으로는 청사진을 완성할 수 없다. 서로의 생각을 솔직하게 나누는 과정이 필요하다. 때로는 논쟁이 될 수도 있지만, 아이 훈육 방법, 아이 울음에 대응하기, 같이 데리고 자기, 어린이집에 보내는 적절한 나이, 간식 제한, 버릇 다루기, 도덕성 키우기 등 큰 그림뿐만 아니라 구체적인 사항들에 대해서도 합의를 이루어야 한다.

편안하게 대화를 나누기 위해 집안의 창가에 작은 차 테이블을 놓거나 주변을 산책하다가 편한 의자에 앉아 이야기하면 좋다. 아이들의 일상을 관찰한 이야기나 아이 때문에 고민하는 주변 사람들 이야기를 대화의 소재로 삼을 수 있다. 드라마나 영화에서 본 부모의 모습을 토대로 생각을 공유하거나, 다른 대안에 대해 논의해 보는

엄마를 위한 멘탈 수업

것도 좋은 방법이다. 부부는 내면의 깊은 신념과 생각을 자주 꺼내어 공유하며, 충분한 대화를 통해 서로의 생각을 이해해 가야 한다.

다음은 육아 청사진을 구성할 때 생각해 볼 만한 문제들이다.

- 아이가 겪을 불편함을 어떻게 미리 인식하고 대응할 것인가?
- 부모가 화가 났을 때, 그 감정을 아이에게 어떻게 전달하는 게 좋을까?
- 아이가 원하지 않는 일을 억지로 시키지 않는 것이 좋을까?
- 아이가 울 때, 부모는 어떻게 대응하는 게 좋을까?
- 엄마와 아빠 중 누가 아이에게 더 엄격하게 대해야 할까?
- 남자아이 교육에서 아빠가 주도적인 역할을 맡는 게 좋을까?
- 아이의 독특한 개성을 어떻게 존중하고 키울 수 있을까?
- 사교육이 필요한가? 필요하다면 언제부터 시작하는 게 좋을까?
- 엄마가 직장을 다니면 아이에게 어떤 영향을 줄까?
- 호기심만으로도 아이가 많은 것을 배울 수 있을까?
- 아이의 미래를 위해 부모는 경제적인 안정과 열정 중 무엇을 더 강조해야 할까?
- 아이가 실패했을 때 부모는 어떻게 반응하고 관심을 가져야 할까?
- 아이가 부모의 말을 잘 따르는 것과 자신의 의견을 표현하는 것 중 어느 것이 더 중요할까?
- 부모로서 서로 다른 의견이 있을 때 어떻게 조율할 수 있을까?
- 디지털 기기 사용을 어떻게 관리할까?

부모가 육아에 관해 대화하며 함께 청사진을 그리는 것은 육아의 방향에 대해 미리 합의하여 육아에 대한 갈등을 줄이고, 반복되는 문제를 일관되게 해결하기 위해서이다. 대화를 통해 부모는 육아뿐만 아니라 결혼생활의 다른 어려움도 예방하고 강한 유대감을 형성할 수 있다. 이런 점에서 부부가 육아에 대해 이야기를 나누면서 서로의 노력과 역할을 인정하고 더욱 긴밀한 관계를 형성하는 것은 매우 중요하다. 충분한 대화를 통해 서로를 이해하게 된 부모는 "이렇게 하지 그랬어? 이게 더 나은데."라는 비판과 질책 대신 "너무 수고 많았네. 이 정도면 아주 충분해. 힘들었겠어."라고 상대의 노력을 인정하고 격려하게 된다.

청사진은
업데이트가 필요하다

육아 청사진은 부모가 아이와 보내는 시간, 아이에게 보여줄 경험과 배움을 계획하는 데 지침을 제공한다. 단기적인 계획도 중요하지만, 아이의 성장과 변화에 따라 육아의 방향과 계획을 유연하게 조정하는 것도 필요하다. 아이가 독립성을 키우고 친구 관계가 중요해지는 시기에는 구체적인 가족 활동 계획보다는 가족과 편안하게 지낼 수 있는 환경을 조성하는 것이 좋다. 어릴 때는 잠들기 전 책을 읽어주거나 명절마다 가족 여행을 계획할 수 있지만, 아이가 커가면서 집에서의 휴식, 즐거운 식사, 편안한 대화 환경과 같은 기본적인 요소에 더 집중해야 한다.

청사진은 육아에 대한 큰 그림을 그려주지만, 부모는 아이와 함께 성장하며 새로운 경험을 통해 시야를 넓혀간다. 때로는 여섯 살 아이가 바닥에 누워 엄마와 실랑이를 벌이는 모습을 보게 될 수도 있다. 이런 순간에는 집에 돌아가서 혼내야겠다는 생각이 들 수 있고, 아이가 좋아하는 것으로 상황을 회피하려는 유혹도 느낄 수 있다. 그러나 부모로서 아이가 어떻게 하면 잘 자랄 수 있을지, 어떤 규칙이나 방법이 적절한지에 대해 계속 고민하고, 그 과정과 속도를 조절하는 것이 필요하다. 그러므로 '우리 아이는 이런 부분에서 더 예민하네. 그럼 어떻게 도와줄까?'라는 태도로 육아 청사진을 지속적으로 수정하고 보완해 가야 한다.

육아 청사진은 가족의 변화에 따라 성장하는 방법을 모색해 준다. 아이가 성장함에 따라 부모의 경제적 상황이나 책임, 역할도 변한다. 아이가 성장해도 이 청사진은 지속되며, 아이가 삶의 어려움에 직면할 때마다 참고할 수 있는 지침서 역할을 한다. 부모가 나를 어떻게 키우고 무엇을 기대했는지 생각해 보면, 현재의 판단과 세상을 바라보는 관점에 도움이 된다. 아이를 키울 때의 자상함과 엄격함을 어떻게 조화롭게 했는지, 부모의 청사진으로부터 많은 것을 배울 수 있다.

육아에 대한 청사진을 그릴 때, 아내가 주 양육자라고 해서 남편의 의견을 배제해서는 안 된다. 엄마에게도 수용할 부분, 남편과 상의할 부분, 간단히 처리할 부분, 합의하기 힘든 부분이 있을 수 있다. 당장 합의하지 못하는 부분이 있더라도 서로의 생각을 계속 나누다 보면 점차 견해차를 좁힐 수 있을 것이다. 모든 일을 최선의 방법으로 대응하고 싶겠지만, 항상 그렇게 할 수는 없다. 아무리 좋은 방법이라도 항상 실천하기 쉽지 않을 수 있다. 육아 청사진의 최종 목표는 가족 안에서 아이를 포용하고 가족 간의 결속을 단단히 하는 것임을 항상 기억해야 한다.

육아 청사진은 부모와 아이가 함께 나아갈 방향을 제시한다. 현재의 아이를 이해하면서 미래에 대한 준비를 포함한다. 청사진을 구성할 때, 부모는 과거의 경험과 현재 아이의 상황, 그리고 자신들의 가치관 및 사회적 인식을 반영하게 된다. 모든 부모가 처음부터 육아를 완벽하게 할 수는 없다. 아이와 함께 경험해 가며 지속적으로 배우고 성장하는 과정에서 청사진을 계속 조정해야 한다. 이를 위해서는 부부가 충분한 대화를 통해 육아에 대한 생각을 서로 나누어야 한다. 결국, 육아 청사진은 아이와 부모가 함께 성장하기 위한 소중한 지침서다.

내 맘대로 육아 청사진

다음 순서대로 생각을 정리하여 여러분만의 육아 청사진을 그려보세요. 이 청사진은 유동적이에요. 아이의 성장과 가족 상황에 따라 언제든 수정 가능해요.

1 비전: 추구하는 육아 방식을 적어보세요.
2 목표: 아이의 성장 방향을 적어보세요.
3 과제: 목표 달성을 위한 구체적 행동을 적어보세요.
4 전략: 부부의 육아 강점을 적어보세요.

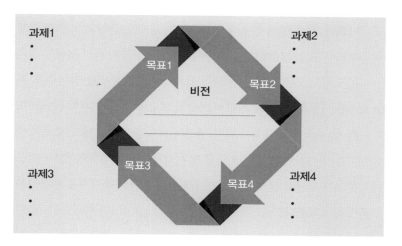

전략: 부부의 육아 강점

_____

_____

_____

원팀, '일치'가 아니라
'일관'이다

복효근 시인의 시 〈겨울 숲〉에서는 한겨울 헐벗은 두 그루 나무가 나온다. 이 나무들은 서로를 도울 수 없지만, 단지 눈보라를 함께 겪는다. 이것은 상대방을 위한 것일 뿐만 아니라, 자신을 위한 것이기도 하다. 시는 "언 땅속에서 / 서로가 서로의 뿌리를 얽어 쥐고 체온을 나누며" 새들을 기다리는 숲의 모습을 연상시킨다. 부모도 이와 같이 육아 과정에서 여러 계절의 시련을 겪으면서도 서로의 뿌리를 얽어가며 가족이 자유롭게 성장하도록 노력해야 한다. 이는 부모가 하나의 팀으로서 아이에게 일관된 사랑과 지지를 제공하는 것을 의미한다.

엄마를 위한 멘탈 수업

원팀이 일치를
뜻하는 것은 아니다

일관된 양육의 중요성은 잘 알려져 있다. 그러나 '일관성'이라는 추상적인 개념은 부모마다 다르게 해석되곤 한다. 때로는 일관성을 유지하기 위해 한 부모가 다른 부모의 육아 방식을 그대로 따라야 한다고 오해하기도 한다. '일관성'은 엄격한 규칙을 항상 적용하라는 뜻이 아니다. 부모가 내린 결정의 의미를 이해하고, 그 선택의 이유를 고민하는 것이 중요하다. 양육에 절대적인 정답은 없다. '일관성'은 특정 행동을 고집하는 것이 아니라, 상황을 판단하고 선택하는 과정에서 하나의 주된 원칙을 따르는 것을 의미한다.

한 사람이 일관성 있게 양육하는 것도 상당히 어려운 일이다. 엄마는 아이가 또래 관계에서 자신감을 얻고 주도적으로 행동하길 바라지만, 너무 많은 일을 대신해 주면 아이는 스스로 문제를 해결하지 못한다. 유치원에서 잘 놀았냐고 물으면서도 더러워진 옷을 보면 짜증을 내기도 한다. 정리하는 습관의 중요성을 강조하면서도 아이가 정리하지 않으면 엄마가 대신 정돈해 버린다. 이런 경우, 엄마는 일관된 육아 원칙을 지키지 못했고, 결국 목표를 달성하기 어렵다.

부모 양측의 의견을 조율한다는 것은 더 어렵다. 아이가 부모 모두의 보살핌을 받더라도 한쪽 부모의 영향이 지나치게 강하면 아이는 그 부모에게 의존하게 된다. 이로 인해 다른 쪽 부모로부터 다양한 관점이나 경험, 지혜를 배울 수 있는 기회를 잃을 수 있다. 심지어 일부 엄마는 아빠에게 "당신이 뭘 알아?"라거나 "가만히 있어."라고 말하며 남편을 육아에서 배제시키기도 한다. 이렇게 육아에서 아내가 일방적으로 지시하는 관계가 되면 남편은 육아에 소극적이고 방관적인 태도를 취하게 된다.

엄마와 아빠가 원팀으로 아이를 양육해야 하는 이유는 균형을 맞추기 위해서이다. 다시 말해, 한 사람의 양육 방식보다 더 나은 방법을 찾기 위한 것이다. 아이는 양쪽 부모로부터 사랑과 지지를 받았다는 확신을 가질 수 있으며, 안정감을 느끼게 된다. 부모는 양육 과정에서 자주 서로 대화하며 자신의 기대나 감정을 공유해야 한다. 이것이 아이에게 어떻게 영향을 미치는지 고민해야 한다. 경계를 분명히 설정하면 일관된 양육을 할 수 있다. 부모는 활발함과 무례함, 배려와 성급함, 자존감과 지나친 개인주의의 차이를 구분하여 아이에게 가르쳐야 한다.

다르지만
같은 방향이 될 수 있다

육아는 장거리 마라톤과 비슷하다. 페이스 조절이 중요하며, 함께 뛰어주는 동료의 지지와 격려가 필요하다. 부모는 처음부터 무작정 속도를 올리기보다는, 완주를 목표로 상황에 따라 속도를 조절해야 한다. 부모는 서로 다른 성장 배경과 경험을 가지고 있기 때문에, 이를 공유함으로써 서로를 이해하고 지지해야 한다. 육아가 때로는 부담스럽겠지만, 그 과정에서 느끼는 작은 행복과 보람을

엄마를 위한 멘탈 수업

통해 조금씩 앞으로 나아갈 수 있다.

부부가 서로 맞지 않은 이유를 찾느라 작은 차이에 집착할 필요는 없다. 예컨대, 아이가 놀이터에서 더 놀고 싶어 할 때, 부모는 서로 다른 반응을 보일 수 있다. 한쪽 부모는 아이의 감정을 달래주려하고, 다른 쪽 부모는 나쁜 습관이 들까 우려하여 단호하게 대응할수 있다. 이때 부모가 서로의 판단 근거를 이해하고 소통한다면 더적절한 대안을 찾을 수 있다. 예를 들어, "속상하구나?"라고 감정을 이해해 주고, "엄마랑 또 오자. 집에서 네가 좋아하는 쿠키를 구울 텐데, 놀이터에서 늦으면 쿠키 구울 시간이 부족하거든."이라고말하며 아이의 감정을 달래주면서도 정해진 시간을 지키게 할 수도있다. 육아에서는 상황에 따라 부드러운 접근이 더 효과적일 때가많다. 거센 바람보다 따스한 햇볕이 나그네의 외투를 벗기듯, 부드러운 대응이 아이의 마음을 움직이게 할 때가 많다.

또한, 부모 개인의 성향이나 경험이 양육 방식을 선택하는 데 영향을 미칠 수 있다. 엄격한 환경에서 자란 부모는 아이에게도 엄격할 수 있으며, 자신의 양육 방식에 불만이 있었던 부모는 문제 상황에서 회피하거나 무시할 수 있다. 양육을 하다 보면 문제 상황에서어떻게 대응할지 고민될 때가 많다. 흔히 엄마는 아이와 감정적으로 연결되기를 원하고, 아빠는 규칙 준수와 사회화를 중요시한다. 이런 차이를 자연스러운 것으로 받아들이고, 무엇보다 아이 앞에서서로의 방식을 비난하거나 배제하지 않는 태도가 필요하다. 부모간의 의견 차이가 아이에게 대립처럼 보이지 않도록 해야 한다.

양육 과정에서 문제 상황이 발생하는 것은 피할 수 없다. 그러나 아이의 성향, 부모의 태도, 가정 문화에 따라 적합한 대응 방법이 달라질 수 있다. 예를 들어, 부모가 바쁘다는 이유로 아이에게 TV나 핸드폰 사용을 허용했다가 나중에 제한하면 아이는 혼란스러워질 수 있다. 아빠는 사용 시간을 약속하는 방식을 선호할 수 있고, 엄마는 완전히 사용을 금지하려 할 수 있다. 이러한 상황에서는 우선 부모 사이에 양육 방식에 대한 합의가 필요하다. 그리고 차분하게 상황을 대처하면서 아이에게 부모의 의도와 생각을 명확하게 전달하는 것이 중요하다. 이때 핵심 위주로 간결하게 메시지를 전달하는 것이 좋다.

일관되게 아이를 대하면
아이는 혼란스럽지 않다

부모는 지속적으로 대화하며 아이의 입장을 헤아리는 것이 중요하다. 대화를 통해 해결책을 찾을 수 있지만, 그 결정이 완벽한지는 그다지 중요하지 않다. 아이에게는 결정의 내용보다는 그때의 느낌이 더 중요하다. 이 사실은 노벨경제학상을 수상했으며 행동경제학Behavioral Economics이라는 학문을 창시한 대니얼 카너먼Daniel Kahneman의 '찬물 실험'에서도 확인됐다. 실험에 참여한 사람들은 동일한 시간, 60초 동안 찬물에 손을 담갔지만, 마지막에 덜 차가운 물에 30초 동안 추가로 손을 담그는 경험을 더 선호했다. 고통이 완화되었다고 느껴졌기 때문이다. 이는 육아에서도 마찬가지로, 시작할 때의 의도보다 어떻게 마무리했는지가 아이의 기억에 더 큰 영

엄마를 위한 멘탈 수업

향을 미치게 된다.

　부모가 일관되게 행동하면 아이는 세상을 예측 가능한 곳으로 받아들인다. 아이는 주변의 변화나 불안정성을 파악하는 데 어려움을 겪는다. 부모가 일관성 있게 행동하면 아이는 이를 통해 세상의 패턴을 이해하게 된다. 부모가 단순히 금지하기보다는 경험을 통해 학습하도록 도와주면 아이는 안전하게 세상과 상호 작용할 수 있다. 예를 들어, 뜨거운 물건을 조심하라는 경고를 여러 번 하는 것보다, 적당히 따뜻한 물건을 조심스럽게 만져보는 경험을 통해 스스로 위험을 인식하게 돕는 것이 더 효과적이라는 말이다.

　아이를 일관되게 대한다는 것은 단순한 규칙만이 아니라, 그 이면에 깊은 사랑과 고민이 필요하다. 악명 높았던 독재자 니콜라에 차우셰스쿠Nicolae Ceaușescu의 통치 아래, 루마니아는 극단적인 양육 정책을 펼쳤던 사례가 있다. 당시 과도한 인구 증가 정책으로 많은 아이들이 공공보육시설에 맡겨졌고, 감염병을 우려해 부모가 아이들을 안아줄 수 없었다. 미국으로 입양된 아이들을 추적 연구한 결과, 이 아이들은 정서적으로 불안정하고 사회적 상호 작용에 필요한 뇌 발달이 미흡하며, 우울증, 불안장애, 반사회적 행동을 보였다. 이러한 사례는 부모와의 상호 작용이 아이의 성장에 필수적이라는 것을 보여준다.

　육아 과정에서 부모의 실수는 불가피하다. 그리고 실수를 바로잡는 것 자체가 일관성을 해치는 것도 아니다. 큰아이와 동생이 다툴 때, 큰아이만 꾸짖는 것은 훈육이 아니라 부모의 무력감을 드러내는 것이다. 큰아이에게 기대하는 바가 현실적인지 돌아보고 과도

한 화를 냈다면 사과해야 한다. "아까는 네게 너무 많이 화를 냈어. 화낸 건 엄마 잘못이야. 하지만 동생을 때린 건 어떤 이유라도 인정할 수 없어. 그 일에 대해 엄마랑 이야기할 거야."라고 진심으로 말해야 한다. 부모의 교육 태도와 잘못을 인정하는 것은 별개의 문제이다. 정신분석가 도널드 위니코트Donald Winnicott는 아주 어린 아이들은 부모를 믿지만 그 믿음이 쉽게 흔들리므로, 부모는 신뢰할 수 있는 존재가 되기 위해 노력해야 한다고 강조했다.

엄마와 아빠가 원팀이 되어 지혜, 경험, 인내심, 안정감을 바탕으로 아이를 다양하고 유연하게 돌볼 수 있다. 아이를 키우는 과정에서 부모도 함께 성장한다. 좋은 부모가 되려는 마음은 아이를 잘 돌보는 것뿐만 아니라, 자신을 더 나은 사람으로 발전시키려는 마음과 다르지 않다. 육아 과정은 갈등을 동반하기도 하지만, 항상 옳은 답이 있는 것은 아니다. 그러므로 부모는 아이의 특성과 서로의 걱정과 기대치를 고려해 대화하며 육아의 방향을 조정해야 한다. 가장 중요한 것은 아이에 대한 일관된 사랑과 지지를 유지하는 것이다.

엄마를 위한 멘탈 수업

엄마, 아빠의 한마음 서약서

이 서약서를 통해 우리는 언제나 하나 된 팀으로서 아이를 사랑으로 키울 것을 약속합니다. 함께하는 육아를 통해 우리 가정이 더 큰 기쁨과 행복으로 가득 차도록 하겠습니다.

1. 서로 다른 의견이 있어도 아이를 위한 길에서는 하나가 되겠습니다.
    "좌회전!", "우회전!" 싸우지 말고, "직진!"으로 함께 나아가기

2. 매일 아이에게 사랑과 웃음을 전하겠습니다.
    "사랑은 필수영양소, 웃음은 비타민!"

3. 서로의 말을 끝까지 듣고, 존중하며 함께 해결책을 찾겠습니다.
    "내 말 좀 들어봐!" 대신 "들어줄게, 말해봐!"라고 대화하기

4. 규칙을 만들되, 상황에 맞게 유연하게 대처하겠습니다.
    "규칙은 중요하지만, 너무 딱딱하진 않게!"

5. 실수를 허용하고, 그 속에서 배우고 성장하겠습니다.
    "엄마, 아빠도 실수해!"라고 말하기

6. 서로와 아이에게 칭찬을 아끼지 않겠습니다.
    하루에 한 번씩 "잘했어!", "고마워!", "대단해!"라고 외치기

7. 훈육할 때는 사랑과 이해로 접근하겠습니다.
    "왜 그랬어?" 대신 "다음엔 이렇게 해볼까?"라고 이야기하기

8. 육아는 함께하며, 서로를 지지하고 돕겠습니다.
    "엄마, 아빠는 한마음!"을 우리의 슬로건으로 삼기

엄마: _____ (20 . .)

아빠: _____ (20 . .)

우리가 알던
아이가 아니야

부모와 아이는 성장과 함께 성숙해지는 과정을 거쳐야 한다. 이러한 성장과 성숙은 부모와 아이가 함께 이루어 가는 과정이자 육아의 본질이다. '성장'을 2차원의 세계라고 본다면, '성숙'은 그 이상의 3차원 세계로 진입하는 것과 같다. 부모는 아이의 성장 과정을 가까이에서 지켜보기에 아이를 완전히 이해한다고 생각하지만, 사실은 아이의 표면적인 모습만을 알고 있는 경우가 많다. 아이의 내면은 끊임없이 변화하고 성장하므로 비록 부모라고 해도 온전하게 파악하기 어렵다. 아이가 자신의 의지를 표현하기 시작하는 시기가 되면 부모와의 관계는 더욱 중요해진다. 따라서 아이가 성장하면서 겪는 내면의 변화에 맞춰, 부모는 아이와의 관계를 지속적으로 재조정해 나가야 한다.

엄마를 위한 멘탈 수업

아이가 성장하면
부모는 이면을 보아야 한다

아이가 아무리 사랑스럽고 예쁘더라도 부모는 아이가 제힘으로 살아갈 세상을 생각해야 한다. 아이의 미래를 위해 지금 내리는 결정이 항상 쉽지만은 않다. 때로는 아이의 눈물 앞에서도 단호해야 할 때가 있다. 아이에게 말로 전달하기 어려운 지혜도 있고, 친구들 사이에서 아프게 배워야 하는 사회적 관계도 있다. 부모가 좋은 의도로 한 말과 행동이 아이에게 부담이 되어 꿈이나 욕망을 억압할 때도 있다. 부모는 양육의 불확실성을 깊이 이해하고, 신중하게 결정해야 한다.

부모의 작은 선택이 아이의 감정에 큰 영향을 미칠 수 있다. 이와 관련하여 한 선배 언니는 초등학교 5학년 아들의 사진을 보여준 적이 있다. 머리를 아주 짧게 자른 아이가 밝게 웃고 있었다. 선배 언니는 "나처럼 실수하지 마. 여름이라 땀을 많이 흘리고, 두상이 예뻐서 이런 머리가 잘 어울릴 줄 알았어. 하지만 학교에서 친구들이 놀리고, 선생님이 다가와 한마디씩 하는 말이 아이에게 얼마나 큰 상처가 됐는지 나중에 알게 됐어. 사진을 볼 때마다 밝게 웃고 있는 아이에게 너무 미안해져."라고 말했다.

아이들은 친구들과 어울리기를 원하고, 비슷하게 보이는 것을 중요하게 여긴다. 그러나 그들은 친구들의 질투나 과도한 관심, 놀림에 익숙하지 않다. 아주 작은 차이는 받아들이며 안도하지만, 큰 차이는 불안해하고, 무리 속에서 너무 튀지 않도록 적당히 조화를 이루려 한다. 이러한 균형 속에서 아이들은 편안하게 자신을 표현하고, 다른 아이들과 잘 어울리며 건강하게 자랄 수 있다.

아이가 어릴 때는 부모의 가르침을 따르지만, 자라면서 여러 사람들과 관계를 맺으며 독립적으로 생각하는 법을 배운다. 요즘 아이들은 컴퓨터나 스마트폰을 통해 많은 정보를 쉽게 얻을 수 있다. 이제는 넘쳐나는 정보 속에서 무엇이 좋은 정보인지 판단하는 능력이 필요하다. 이 과정에서 부모의 역할은 여전히 중요하다. 아이가 부모를 믿고 성장하면서 조언을 구하면, 더 나은 판단을 내릴 수 있다.

가족은 함께 만들어진다

부모와 아이 사이의 관계가 지나치게 건조하고 엄격하면 아이는 부모의 도움이 필요할 때, 도움을 요청하기 어려울 수 있다. 가족이 활기를 찾기 위해서는 작은 노력으로도 충분하다. 마치 얼어 있던 음식을 녹이기 위해 시간이 필요하듯이, 일상 속에서 부모의 따뜻함을 자주 느끼게 해주는 것이 중요하다. 가족이 함께 즐길만한 음식과 활동을 마련하는 것만으로도 마음이 열리고, 편안한 분위기를 만들 수 있다. 이렇게 가족 고유의 문화를 만드는 것은 가족 간의 연결을 강화하는 중요한 요소이다.

소통 전문가 김창옥 강사는 부모와 아이의 관계를 우주의 탄생에 빗대어 설명한다. 아이는 성장하면서 자신만의 태양계를 형성하는데, 아이가 어렸을 때는 부모와 가깝지만, 시간이 지남에 따라 자연스럽게 거리가 멀어진다. 어린 시절의 추억은 나중에 부모와 아이의 세계가 다시 만나는 지점이 될 수 있다.

김창옥 강사는 사춘기가 시작되면, 부모는 단순히 사랑으로만 아이와 소통하기 어렵다고 한다. 아이는 그동안의 경험을 바탕으로 자신의 영역을 만들어 가려는 경향이 있기 때문이다. 그래서 어릴 때 가족이 추억을 많이 쌓고 공유하는 것이 중요하다고 강조한다.

칼데콧 메달 수상작 중 그림책 《부엉이와 보름달》은 추운 겨울 밤, 아빠를 따라 어린 딸이 부엉이를 관찰하러 나가는 모험을 그리고 있다. 딸은 아빠와 함께 발이 푹 빠지는 눈 내린 숲을 걸으며, 침묵을 지키면서 무서움을 이겨내 마침내 부엉이를 만난다. 이 그림책은 두려움에 맞서며 성장하는 딸의 이야기를 담고 있다. 이처럼 가족 문화는 가족이 함께 걸어온 경험들이 쌓여 만들어진 것이다. 어떤 가족은 촛불을 켜고 밤을 보내며 유대감을 나누고, 어떤 가족은 주말마다 영화를 보며 친밀한 관계를 형성한다. 또 다른 가족은 부모가 아기였을 때 신었던 신발을 소중히 보관했다가 아이에게 물려주며, 이를 통해 가족의 역사와 물건의 소중함을 전달한다.

가끔 부모 중에는 "금이야 옥이야 하면서 키워놨더니만."이라며 아이를 비난하는 경우가 있다. 모든 부모는 아이를 키우면서 다양한 어려움을 겪는다. 우리는 부모로서 아이가 자신을 돌보는 부모와 주변 사람들에게 감사함을 느끼며 자라나길 바란다. 이는 지극히 자연스러운 바람이다. 그러나 부모가 자신들의 수고를 자주 강조하는 것은 오히려 아이의 반감을 불러일으킬 수 있다. 필요한 것은 아이에게 감사를 강요하는 것이 아니라, 부모 스스로가 주변에 감사하는 모습을 보여주는 것이다. 언제나 아이는 부모의 행동을 보고 배우는 법이다.

부모와 아이의 관계는
지속적으로 변화한다

아이의 성장 단계마다 부모의 역할은 달라진다. 아이가 어릴 때는 직접적으로 보호하고 교육하는 것이 중요하다. 그러나 아이가 성장하면서 부모는 조금은 간접적이지만 효과적인 방식으로 지원해야 한다. 아이가 집단생활을 시작하고 스스로 할 수 있는 일과 어려운 문제를 구분하게 될 때, 부모의 격려와 조언이 더욱 필요하다. 예를 들어, 부모가 어릴 때 정리 정돈을 가르치는 것은 가능하지만, 중학생이 된 아이에게 같은 방식으로 접근하면 거부감을 보일 수 있다. 아이에게 바람직한 행동들이 진정한 습관이나 태도로 자리 잡으려면 오랜 시간과 아이 스스로의 의지가 필요하다.

부모가 아이와 함께 놀면서 그들의 세계를 경험하게 되면, 아이의 성향과 반응을 더 잘 이해할 수 있다. 아이가 경쟁을 어떻게 느끼는지, 과제를 어떻게 처리하는지, 창의적으로 문제를 해결하는지, 상대방을 설득하는 능력이 어느 정도인지, 좋아하는 일에 얼마나 몰두하는지 등을 파악할 수 있다. 이를 통해 일방적인 지시나 강요를 피하고 아이의 개성을 존중하면서도 필요한 것을 가르치는 균형 잡힌 태도를 유지할 수 있을 것이다.

부모가 자신의 아이를 특별하게 생각하는 것은 흔하고 자연스러운 일이다. 하지만 그런 마음이 지나치면 아이의 변화에 과민해질 수 있다. 특히, 아이가 유치원에서 집단생활을 시작하면, 부모는 아이를 다른 아이들과 비교하면서 더 잘하도록 이끌려는 조급한 마음이 생길 수 있다. 한 엄마는 아이가 마당에서 쪼그리고 앉아 공벌레에 몰두하는 모습을 보고 답답함을 느꼈다고 이야기했다. 하지만 중요한 것은 아이가 당장의 경쟁에서 앞서 나가는 것이 아니라 잠재력을 키우고 그 잠재력을 충분히 발휘할 수 있도록 하는 것이다. 부모는 아이의 잠재력이 발휘될 수 있도록 환경을 조성해 줄 수 있지만, 그 싹을 틔우는 힘은 결국 아이로부터 나온다는 것을 이해하고, 인내심을 가지고 기다려 주어야 한다.

요즘 '푸바오'라는 이름의 귀여운 판다가 많은 사람들의 사랑을 받고 있다. 이 판다 가족의 일상에 많은 사람들이 관심을 보인다. 왜냐하면 판다 가족의 이야기에는 행복, 육아, 유머, 정성, 사랑이 고스란히 담겨 있기 때문이다. 사육사와 푸바오의 행복한 일상을 보면 자연스럽게 미소가 지어진다. 사육사는 오직 푸바오가 건강하게 자라기를 바라며 헌신적으로 돌본다. 푸바오의 엄마, 아이바오가 쌍둥이 아기 판다를 낳을 때, 가쁜 숨을 내쉬며 고통스러워하자 사육사는 "조금만 힘내자. 거의 다 왔어!"라며 격려하고, 묵묵히 곁에서 출산의 흔적을 닦아준다. 이처럼 부모의 역할은 마음을 담아 최선을 다하는 것까지이다.

아이의 성장은 부모가 만든 환경과 아이 자신의 노력이 함께 만들어 낸 결과이다. 부모의 선택은 아이에게 큰 영향을 미치므로 항상 신중해야 한다. 부모는 아이와 꾸준히 대화하면서, 아이의 감정과 세계를 이해하고, 아이의 성장에 맞춰 유연하게 대응해야 한다. 특히, 아이가 성장하는 동안 겉으로 드러나는 변화보다는 보이지 않는 내면의 변화에 더 주의해야 한다. 아이는 부모와 상호 작용하는 과정에서 자신이 실수해도 부정적인 평가를 받지 않는, 소위 '안전지대'를 경험한다.

이 과정에서 아이는 자아를 발전시키며 점차 어른이 된다. 가족끼리 추억을 쌓고, 가족 문화를 형성하는 것은 각 가정에 특별한 가치를 더한다. 이런 가치가 아이의 성장과 성숙에 큰 도움이 된다.

엄마를 위한 멘탈 수업

지금, 이 순간

자녀를 키우는 동안 다양한 감정이 찾아올 거예요. 그때마다 아이에게 긍정적인 영향을 주기 위해 엄마는 자신의 감정을 잘 다스려야 해요. 어려운 상황에 대비해 미리 자신에게 해주고 싶은 말을 적어보세요. 이 페이지를 읽으며 다시 한번 마음을 다잡아 보세요.

1) 아이에게 욕심이 생기는 순간

아이에게 더 많은 것을 해주고 싶고, 더 잘하게 만들고 싶은 욕심이 생긴다면 이렇게 생각해 보세요.

- 지금, 이 순간, 아이가 행복한지 먼저 생각해 보자.
- 아이에게 필요한 것은 완벽함이 아니라 따뜻한 사랑과 지지야.
- 작은 발전도 큰 성취라는 것을 기억하자.
-

2) 아이에게 실망하는 순간

아이의 행동이나 결과에 실망했다면 이렇게 생각해 보세요.

- 모든 아이는 실수를 통해 배우는 거야.
- 아이가 노력한 점을 먼저 인정해 주자.
- 내 실망이 아이에게 상처가 되지 않도록 하자.
-

3) 아이에게 답답함을 느끼는 순간

아이의 행동이 이해되지 않고 답답하다면 이렇게 생각해 보세요.

- 아이도 나름의 이유가 있을 거야. 한번 들어보자.
- 나의 기대가 너무 높은 것은 아닌지 돌아보자.
- 아이와 함께 문제를 해결하는 방법을 찾아보자.
- _____

*   아이를 돌보는 원칙

- 아이에게 필요한 것은 완벽함이 아니라 따뜻한 사랑과 지지라는 것을 기억하세요.
- 모든 아이는 실수를 통해 배우고, 부모의 인정을 통해 성장할 수 있어요.
- 아이의 관점을 이해하고, 함께 해결책을 찾아보세요.

IV

성장

: 엄마도
미룰 수 없다

엄마도
계속 반짝였다

'엄마'라는 이름은 한번 붙으면 쉽게 떨어지지 않는다. 아이가 음식을 즐겁게 먹는 모습을 보면, 모든 사랑을 주고 싶은 마음이 절로 생긴다. 그 순간, 아이에게 모든 것을 양보하는 것이 자연스럽게 느껴진다. 독립적인 자신을 조금씩 잃어가며, 엄마로서 역할이 중심이 된다. 아이는 자라면서 자신만의 세계를 찾듯, 엄마도 자기 발견의 여정에 서툴 수 있다. 이 모든 것이 성장의 일부이다. 엄마는 아이와 함께 넘어지고 다시 일어나며, 같이 성장해 나간다. 이 과정에서 스스로를 격려하고 응원하는 것이 중요하다. 자, 다 함께 다짐해 보자. '그래, 잘하고 있어. 한 걸음 한 걸음 앞으로 나아가면, 언젠가 나만의 방식으로 빛날 거야!'

엄마를 위한 멘탈 수업

15년 전 어느 늦은 밤, 나는 잠든 아이 곁에서 일기를 쓰고 있었다. "아내로서, 엄마로서, 딸로서, 교사로서 모든 역할이 버겁다. 어느 하나 만족스러운 것이 없어." 이렇게 나는 하루하루 자신감마저 잃어가고 있었다.

당시 아이를 돌보기 위해 친정에 머물렀고, 왕복 2시간이 걸리는 장거리 출퇴근을 했다. 아침 6시에 집을 나서야 했기에, 아이가 깨지 않도록 핸드폰의 플래시로 길을 비추며 까치발로 살금살금 이부자리를 빠져나와야 했다. 대충 세수만 하고 차 안에서 화장을 마친 뒤 유치원으로 출근했다. 때로는 잠이 부족해 운전 중에도 졸음과 싸우며 입술을 깨물거나 허벅지를 꼬집기도 했다. 유치원에는 늘 8시쯤 도착해 열심히 일하는 선생님이 되었지만, 가끔은 '내 아이를 두고 여기에서 뭐 하고 있는 거지?'하며 정신이 멍해지곤 했다.

퇴근 시간이 되면, 나는 직장에서 정신없이 돌아와 육아로 지친 친정엄마로부터 아이를 넘겨받았다. 퇴근길 차가 막힐 때면, 다른 엄마들도 아이를 만나러 가는 길이라고 생각하며, 이 길이 쉽게 뚫리지 않을 것 같은 마음이 들었다. 친정엄마가 살림을 도와준다고 주변에서는 부러워했지만, 사실은 원치 않은 손주 돌봄에 친정엄마는 피곤해 있었다. 친정엄마가 육아로 인해 힘들어하거나 모임에 가지 못했다는 이야기를 들을 때마다 마음이 무거워졌다.

집에 돌아와 아이의 좋은 소식을 듣고 힘을 얻기도 했지만, 아이가 친구와 문제를 겪거나 다칠 때는 마음이 아팠다. 체육 시간에 아이가 친구와 다투다가 신발주머니로 친구를 때렸다는 담임교사의 연락을 받고 가슴이 철렁 내려앉았다. 미안한 마음에 사과 상자를 들고 친구 집을 방문하여 친구 엄마에게 사과했다. 이때 마음 한구석에서는 '어떻게 이런 일이!', '이게 무슨 일이야!'라는 생각이 맴돌면서 아이의 행동에 대한 걱정이 계속됐다. 예상치 못한 아이의 행동이 모두 내 탓인 것 같아 맥이 빠졌다.

그럼에도 불구하고 전공 분야에 대한 열정을 놓지 않고, 연수 휴직 후 대학원 박사 과정에 입학했다. 이 결정은 큰 기대를 안고 시작했지만, 시간에 쫓기며 육아를 병행하기란 쉽지 않았다. 대학원에서 유아교육에 대한 시야는 넓어졌지만, 박사 과정의 깊이 있는 학습은 많은 시간과 도전을 요구했다. 한 교수님은 박사 과정에서의 '박博'은 깊이를 의미한다고, 일례로 파리의 뒷다리 발톱을 깊이 연구하는 것과 같다고 설명했지만, 나는 그 기대에 부응하기 어려웠다. 강의는 흥미로웠지만 아이의 양육도 소홀히 할 수 없었다. 결국, 아이의 사춘기와 학문적 어려움을 동시에 겪으면서 박사 학위를 완료하지 못하고 대학원 수료로 학업을 마무리하게 되었다. 학자로서의 길은 희박해 보였고, 연구에 대한 열정만 남아 있었다.

가끔은 눈을 감아요

사춘기를 겪는 아이는 내 간섭과 관여에 불편함을 드러냈다. 박사 학위를 포기하고 아이의 학업에만 몰두하면서 나는 점차 내가 좋아하는 것과 위안을 받는 순간들을 잃어갔다. 학원에서 아이를 기다리는 것이 일상이 되었고, 아이에게 충분히 공부에 집중하지 않는다고 잔소리를 했다. 아이가 다니는 학원 원장님은 입시 스트레스를 받는 아이들이 안타깝다며 "입시를 앞둔 엄마들이 의대, 의대 하지만, 의대가 그렇게 좋다면 엄마가 가면 되잖아요. 100세 시대인데 말이에요."라고 했다.

이 말은 내가 아이에게 거는 지나친 기대를 꼬집는 것 같았다. 한번은 아이가 내게 "나는 뒤늦게 시작해서 다른 아이들이 걷는 동안 빨리 달려야만 해요! 더 어떻게 하란 말이에요?"라고 소리쳤을 때, 마치 망치로 머리를 한 대 맞은 것 같은 큰 충격을 받았다.

어릴 때 들었던 《피노키오》 이야기가 착한 아이가 되지 않으면 코가 길어진다는 것을 알려주기 위한 것만은 아니었다고 생각한다. 제페토 할아버지가 나무토막을 깎아 만든 나무 인형 피노키오는 착한 아이가 되기까지 많은 욕망, 위기, 성장의 여정을 겪는다. 아이의 성장 과정도 이처럼 복잡하다. 엄마는 아이가 어려움 없이 성장하기를 바라지만, 인생에는 지름길이 없다. 엄마는 아이에게만 빠른 성장을 기대하며 조급해한다. 이런 태도는 엄마와 아이 모두에게서 성장의 기회를 빼앗는다.

엄마는 때때로 눈을 감고 자신을 찾아볼 필요가 있다. 눈을 뜨면 아이만 보이고, 자신의 삶을 되돌아보면 마음이 무거워진다. 하지만 잠시 눈을 감으면 생각이 아이에서 벗어나 자신을 돌아보게 된다. 모든 길에는 되돌아갈 수 있는 기회가 있으며, 잘못된 길을 선택했다면 되돌아가면 된다.

한번은 우연히 아웃렛 화장실에서 대학 시절 좋아하던 팝송이 흘러나와 갑작스레 감정이 북받쳤다. '내가 지금 무엇을 하고 있지? 예전에는 무엇을 꿈꿨지?'라고 자문하며 자신을 돌아보게 되었다. 엄마라는 역할에 충실하면서도 자신의 정체성을 잃지 않는 것이 중요하다.

나이를 먹는다고 저절로 어른이 되는 것이 아니듯, 엄마도 시간이 만들어 주지 않는다. 서른 살에도, 예순 살에도, 여든 살에도 '엄마'라고 불리지만, 다 똑같은 엄마는 아니다. 엄마가 되어가는 것은 다양한 경험과 시련을 겪으며 점점 더 성숙해지는 과정이다. 아이와 함께하는 시간 속에서 흐뭇함, 기쁨, 평화, 설렘뿐만 아니라 아픔과 슬픔까지 모든 감정을 경험하며 엄마는 조금씩 어른으로 성장한다.

엄마가 되는 것은 아이의 미래와 함께 자신의 미래도 설계하는 일이다. 엄마 자신이 얼마나 빛나고 있는지 깨달아야 한다. 왜냐하면 자신을 진정으로 사랑하는 엄마만이 아이에게 사랑을 가르칠 수 있기 때문이다. 아이 중심으로 결정을 내리다 보면 엄마는 자신을 잃고, 아이 또한 타인의 입장을 고려하지 못하게 될 수도 있다. 마트에 장을 보러 갈 때처럼, 엄마는 정신적인 허기부터 채우고 준비해야 한다. 마음이 충만할 때 비로소 필요한 결정을 올바르게 내릴 수 있다. 그렇게 자신을 돌보는 시간을 가질 때, 엄마는 아이를 더 잘 돌볼 수 있게 된다.

좋은 엄마가 되기 위해서는 아이를 중심으로 모든 것을 결정해야 한다는 고정관념을 버려야 한다. 엄마로서뿐만 아니라 개인으로서도 자신을 소중히 여기며 살아야 한다. 엄마의 역할과 개인적인 삶 사이에서 균형을 유지함으로써 아이에게도 적절한 경계와 존중을 가르칠 수 있다.

엄마를 위한 멘탈 수업

엄마가 자신의 삶을 소중히 여기지 않으면, 진정한 만족감이나 희열을 느끼기 어렵다. 아이의 성취를 엄마 자신의 것으로 여기는 것은 건강하지 않다. 이는 아이에게도 과도한 부담을 주는 것은 물론, 엄마에게도 '빈 둥지 증후군*'과 같은 문제로 이어질 수 있다. 엄마는 자신의 성장을 멈추지 않고, 아이와 함께 성장해야 한다. 이런 상황을 현대 연극계에 막대한 영향을 끼친 노르웨이의 위대한 극작가 헨리크 입센Henrik Johan Ibsen의 연극 〈욘〉에서 살펴볼 수 있다. 150년 전, 입센은 가족 구성원이 개인의 자유와 성장을 억압하는 문제를 다뤘다. 연극 〈욘〉에서는 한때 성공한 사업가였으나 불미스러운 사건으로 파산하고 8년간 감옥생활을 한 후, 집에서 다시 8년간 칩거한 주인공의 이야기를 다룬다. 욘의 아내는 "내가 모든 것을 준비했어. 단지 너만을 위해서."라고 말하며 아들을 통해 가문의 명예를 회복하길 바라지만, 아들은 결국 자신의 길을 찾아 떠난다.

엄마가 자신의 삶을 존중히 여기고 아이와 함께 성장하지 않으면, 진정한 행복과 만족을 느끼기 어렵다. 아이의 미래는 아이 자신의 것이다. 자기 인생의 가치는 아이에게서가 아니라 자신에게서 찾아야 한다. 엄마들이 자주 하는 실수 중 하나는 아이를 위한 것이라며 자신의 욕구나 선택을 미루는 것인데, 이는 사실 자신에 대한 오랜 고정관념 때문일 수 있다. 엄마가 아이와 함께하는 시간은 소

---

* 빈 둥지 증후군(Empty Nest Syndrome): 아이가 성장하여 집을 떠난 뒤, 부모가 경험하는 슬픔이나 상실감 등의 심리적 상태를 의미한다. 어미 새가 새끼를 키우고 떠나보내고 빈 둥지에 혼자 남겨진 상황을 비유한 것이다.

중하고 꼭 필요한 것이지만, 함께하는 시간이 많다고 해서 아이가 반드시 더 잘 성장하는 것은 아니다. 삶이란 한 세대가 끝나고 다음 세대로 이어지는 것이 아니라, 우리의 시간이 동시에 펼쳐지고 있는 것이다.

우리는 모두
응원이 필요하니까

지난 2023년, 통계청의 인구동향조사 발표에 따르면, 한국에서 첫아이를 낳는 여성의 평균 연령은 33.6세라 한다. 이는 같은 해 여성의 중위연령*인 45.6세보다 12년이나 낮은 수치다. 최근 결혼과 출산 연령이 높아지는 추세에도 불구하고 평균 수명 연장으로 인해 엄마가 되기 전보다 엄마가 된 후의 삶이 훨씬 길어졌다는 것을 보여준다. 이러한 상황은 엄마들이 아이를 키우는 동안 서로 응원하며 함께 성장해 가야 하는 중요한 이유가 된다.

한번은 유치원에서 엄마들을 위한 그림책 워크숍을 열었다. 그날은 각자의 자리에 엄마들의 이름이 적힌 근사한 이름표를 삼각대에 세워두었다. 워크숍에서는 '어머니'가 아닌 각자의 이름으로 서로를 불렀다. 처음엔 놀란 표정을 지었던 엄마들이 '이게 뭐지?'하

---

* 　중위연령: 전체 인구를 나이순으로 나열했을 때 가장 가운데에 위치한 사람의 나이를 말한다. 2024년 통계청의 인구동향조사에 따르면, 2023년 기준 여성의 중위연령은 46.1세, 남성의 중위연령은 43.7세이다.

엄마를 위한 멘탈 수업

며 신기한 표정을 짓더니 마치 오랜 친구를 만난 듯 환하게 웃었다. 한 엄마는 워크숍이 끝나고 수줍게 자신의 이름표를 가져가도 되냐고 물었다.

오랜 시간 엄마로서의 삶을 살아가다 보면, 종종 우리는 정체성을 잃기 쉽다. 이는 사람들 간의 관계 속에서 개인의 정체성을 찾으려는 우리 문화의 영향이기도 하다. 그날 워크숍에 참여한 엄마들은 아이를 키우는 동안, 자신의 본래 모습을 잃지 않으려 노력한다는 점에 공감했다. 아이를 유치원에 보낸 후 집안일로 정신없이 바쁘게 지내다 보면 '내가 여기 있나?'하고 자문하게 된다고 털어놓았다. 아이가 어느 정도 자랐으니 이제 자신의 일을 다시 시작하고 싶어도, 육아와 병행할 수 있는 안정된 직업을 찾기는 쉽지 않다고도 했다.

맞다. 쉽지 않다. 그러나 승부가 기울어진 듯 느껴질 때, 그때야말로 진정한 응원이 필요하다. 엄마들은 아이에게 "힘내. 잘할 수 있어!"라고 응원하면서도 정작 자신에게 응원이 필요하다는 것을 자주 잊곤 한다. 자신을 돌보는 것은 익숙하지 않아 어색하게 느껴질 수 있다. 하지만 지치고 힘든 때일수록, 자신의 이름을 부르며 스스로에게 따뜻한 말을 건네며 진심 어린 응원이 필요하다.

응원의 힘은 실로 놀랍다. 하루가 불안하거나 삶의 방향을 잃었을 때, 진심을 담아 자신에게 건네는 '잘했어.', '괜찮아.', '모두 처음엔 그래.', '조금씩 나아지고 있어.', '너니까 이 정도 하지.', '지금 아주 잘하고 있어.'와 같은 격려의 말은 엄마가 더 강하고 단단해지는 데 도움을 준다. 육아하랴, 집안일 하랴, 가족들 신경 쓰랴 갖가지 어려움 때문에 자신을 돌보는 것을 미루기 쉽지만, 스스로를 격려하고 돌보는 것은 인생의 긴 여정에서 가장 중요한 일이다.

지면을 빌려 각자의 어려움을 극복하고 새로운 길을 모색하는 이 땅의 모든 엄마들에게 응원과 찬사를 보낸다. 아이의 손을 꼭 잡고, 자신의 길을 당당히 걷는 오늘의 모든 엄마들에게 격려의 박수를 보낸다. 엄마가 자신을 응원하며 도전하는 모습은 아이에게도 큰 교훈이 된다. 아이는 그런 엄마에게서 단순히 '선택받기'를 기다리지 않고 적극적으로 '선택하는 삶'을 배운다. 엄마가 되어 아이를 키우는 과정은 자신을 성장시키는 여정이며, 도전과 불안을 극복하며 성취의 기쁨을 아이와 나누는 소중한 기회이다. 엄마는 아이 덕분에 주저앉지 않고 힘을 내고, 자신을 응원하며 진정한 성장을 이룬다.

인생 그래프

자신의 인생을 그래프로 표현해 보세요. 태어나면서부터 지금까지의 중요한 사건과 시기를 시각적으로 나타낼 수 있어요. 아래 지침을 따라 인생 그래프를 그려보세요.

1) 그래프의 축 선정
- X축은 시간의 흐름을 의미해요. 태어나서부터 현재까지의 나이를 순차적으로 표시하세요.
- Y축은 삶의 중요한 요소를 반영해요. 가족, 친구, 건강, 학업, 커리어 등을 적으세요.

2) 중요한 나이와 사건 표시
- X축의 각 점마다 해당 나이와 사건을 적어보세요.
- 예를 들어 출생, 졸업, 결혼, 자녀 출생, 커리어 전환 등의 중요한 사건을 적습니다.

3) 긍정적/부정적 경험 표시
- 긍정적인 경험이라면 수평선 위에 점과 선을 그리세요.
- 부정적인 경험이라면 수평선 아래에 점과 선을 그리세요.
- 각 사건을 시각적으로 구별할 수 있도록 색깔을 다르게 사용해도 좋아요.

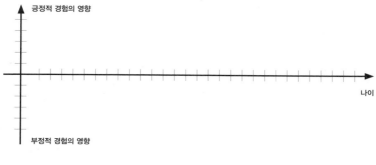

1) 가장 큰 '걸림돌'은 무엇이었나요?

2) 그때의 감정과 극복한 방법은 무엇이었나요?

3) 앞으로 인생에 대한 희망이나 계획이 있나요?

천천히 멀티 태스킹,
엄마의 성장법

특유의 고고한 멋과 향으로 많은 사람들이 사랑하는 자작나무는 빠른 성장으로 유명하다. 이 나무는 단 10년 만에 넓은 땅을 덮을 수 있다. 베툴린이라는 특별한 방어물질로 자신을 보호하면서 모든 에너지를 성장에 집중한다. 하지만 자작나무는 시간이 지나면서 성장 속도가 느려지고, 병충해에 더 취약해진다. 이와 대조적으로 그늘에서 천천히 자라며 서서히 햇빛을 활용하는 나무들은 훨씬 더 견고하게 성장한다. 사람도 성급하게 성장하려 할 때에는 문제가 발생한다. 이처럼 엄마도 자신만의 속도에 맞춰 필요한 휴식과 충전의 시간을 적절히 배분하는 것이 중요하다. 자신을 잘 돌보며 천천히 성장하는 것이 장기적으로는 더 좋은 선택이 된다.

엄마를 위한 멘탈 수업

"너는 나보다는 더 나은 삶을 살았으면 좋겠어." 이는 많은 엄마들이 어려운 삶 속에서 아이의 더 나은 미래를 위해 품는 마음이다. 그러나 이런 기대만으로는 충분하지 않다. 현실적으로 아이들은 부모의 기대만으로 성공할 수 없으며, 오히려 부모의 그러한 기대가 아이에게 큰 부담으로 작용할 수 있다. 더욱이 경제적 여건과 사회적 변화로 인해 현재의 아이들은 부모 세대보다 더 많은 것에 도전할 수 있다. 이러한 배경 속에서 엄마는 자신을 적절하게 돌보며 아이의 성장을 지원해야 한다.

모든 생명체는 균형 있는 성장을 위해 에너지를 필요로 한다. 농부들은 작물이 줄기만 삐죽하게 자라는 것을 '웃자란다.'고 표현하는데, 이는 식물이 불필요하게 크게 자라 약해지는 현상을 말한다. 엄마도 마찬가지이다. 아이에게만 에너지를 쏟아붓는 것은, 아이가 내실을 다지며 성장할 시간을 빼앗아 결국은 나약한 아이로 자라게 한다. 더구나 자녀가 부모를 부양하는 세상은 이미 지나가 버렸다. 엄마가 자아실현을 뒤로한 채 아이 양육에만 전념하는 것은 더 이상 바람직하지 않다. 이제는 아이를 잘 양육하면서도 사회적 참여와 개인의 성장을 동시에 모색할 수 있는 균형 있는 새로운 방법을 찾아야 한다.

천천히 멀티 태스킹,
내 삶에 노크하기

일부 엄마들은 직업을 통해 가정 경제에 도움을 주면서도 가족을 지원하며 삶의 만족도를 높인다. 출산과 육아로 인해 직장 생활을 잠시 중단한 엄마들이 많다. 하지만 이들 중 상당수는 육아를 하면서도 자신의 성장과 발전을 위해 노력한다.

한 엄마는 새벽에 일어나 독서로 자기 계발을 하며 독서 모임을 만들고, 도서 인플루언서로 활동하면서 강연도 진행한다. 또 다른 엄마는 육아 중 온라인 강좌를 통해 디지털 기술을 배우고 자격증에 도전하고, 자신만의 커리큘럼을 만들어 연수 강사로 활동한다. 이들은 때로 다른 엄마 인플루언서들과 협업하여, 아이들이 잠든 시간을 활용한 온라인 특강을 개설한다. 이러한 노력으로 자신의 전문성과 사업 영역을 넓혀나간다. 이처럼 많은 엄마들이 자기만의 시간을 만들어 자신을 계발하고, 아이에게 필요한 상품을 개발하거나 새로운 플랫폼을 만드는 등 다양한 방식으로 자신의 섬세한 시각과 전문성을 발휘하고 있다.

성장 과정에는 자신의 발전을 직접 느끼며 기쁨, 행복, 기대감 같은 긍정적인 감정이 수반되는 순간이 있다. 그러나 대부분의 경우, 우리는 자신이 성장하고 있다는 것을 깨닫지 못한다. 자신감을 계속 유지하고 노력하는 것은 결코 쉬운 일이 아니다. 특히, 엄마가 스스로 성장 방향을 찾고 돌파구를 마련했더라도, 구체적인 결과가 나타나기 전까지는 불안함을 쉽게 떨칠 수 없다. 아이에게 조금이라도 부정적인 변화가 생기면, 그것이 자신의 잘못인 것처럼 느껴져 "육아도 제대로 하지 못하는데 어떻게 다른 일을 하겠다는 건지."라고 자신을 탓하게 된다. 자신의 성장을 위한 투자가 마치 가족의 중요한 자산을 위험에 빠뜨리는 것처럼 느껴진다. 이러한 불안은 남편이나 주변의 지지를 받지 못할 때, 더욱 악화된다.

엄마를 위한 멘탈 수업

이런 상황은 엄마가 성장과 발전을 위해 노력해야 할 때마다 자꾸만 물러서게 되는 반복되는 패턴을 만든다. 새로운 도전에 흥미를 느끼는 것은 잠시일 뿐, 주변의 부정적인 반응에 의해 쉽게 위축되어 결국 중단하게 된다. 엄마는 감정적으로 지쳐가고, 여러 시도 끝에 또다시 원점으로 돌아가는 것처럼 느껴지며 자신감과 의욕은 점점 사라지는 것을 경험한다.

성장 과정은 보이지 않는 도전과 실패를 포함한다. 때때로 우리는 인생이 이미 정해진 길처럼 느끼지만, 실제로는 그렇지 않다. 이러한 어려움과 지루함은 나중에 자신만의 이야기를 만들어 낸다. 늦게 공립유치원 교사가 된 동료는 아픈 자녀를 돌보면서 유아교육의 중요성을 깊이 깨달았다. 그녀는 아이와 함께할 때는 즐겁게 놀아주고, 아이가 잠든 후에는 교실로 돌아갈 준비를 하며 공부했다. 그녀는 "그냥 남편이 돌아오기만 기다리는 삶은 아닌 것 같더라구요."라며, 이러한 생각 덕분에 육아와 공부를 병행할 수 있었다고 설명했다. 힘든 환경에서도 새로운 도전을 통해 숨 쉴 구멍을 찾는 것이 중요하다. 어떤 상황에서도 자신을 믿고 새로운 것들을 받아들일 준비가 되어 있다면, 성장은 언제나 가능하다.

육아에 성공하기 위해서는 육아에만 집중해야 한다는 것은 우리의 오래된 편견일지도 모른다. 실제로 엄마들은 육아를 하면서도 다양한 활동을 병행하고 자신의 성장을 추구할 수 있다. 멀티 태스킹이 집중력을 해치는 것이 아니라, 오히려 적절히 관리될 때 육아에 대한 창의력과 문제 해결 능력을 크게 향상시킬 수 있다. 세계적인 밀리언셀러인 《경제학 콘서트》의 저자이자 영국의 저명한

저널리스트인 팀 하포드Tim Harford가 소개한 버니스 이더슨Bernice Eiduson의 연구는 멀티 태스킹의 긍정적 측면을 강조한다. 이 연구에 따르면, 과학자들은 다양한 프로젝트를 병행하며 서로 다른 분야의 지식을 효과적으로 연결하고 활용했다. 그들은 문제에 부딪혔을 때, 주제나 맥락을 바꿈으로써 잘못된 해석을 지우고 새로운 해결책을 찾아냈다. 이처럼 육아와 자기 계발을 효과적으로 병행하는 것은 엄마의 일상과 성장에 모두 긍정적인 변화를 가져올 수 있다.

진화론Evolutionism으로 생물학에 거대한 변화를 이끌어 세상을 바꾼 찰스 다윈Charles Darwin은 비글호 항해 도중 산호초 연구에 몰두했다. 이후 심리학, 식물학 분야로 연구를 확장했고, 경제학 서적을 읽으며 진화론을 한층 보완, 발전시켰다. 아들이 태어난 후에는 유아 발달과 진화론 사이의 관계를 탐구했다. 아울러 8년간 따개비 연구에 집중했으며, 말년에는 지렁이를 연구했다. 이처럼 다윈의 연구 과정은 한 분야에 국한되지 않았고, 다양한 주제를 천천히 탐구함으로써 뛰어난 결과를 도출할 수 있었다.

엄마도 육아와 개인의 성장을 효과적으로 병행할 수 있다. 조급해하지 않고 꾸준히 성장하려는 마음가짐을 유지한다면, 엄마로서의 역할뿐만 아니라 한 개인으로서의 발전을 위해 새로운 기회의 문을 열어갈 수 있다. 비록 두 분야의 성장 속도가 다를 수 있지만, 이는 엄마가 자신의 삶에서 새로운 가능성을 열어가는 과정이다.

엄마를 위한 멘탈 수업

충전이 필요한
시기가 온다

엄마의 성장 과정은 항상 순탄하지만은 않다. 모든 일이 그렇듯 엄마에게도 기복이 있다. 기운차게 일하다가도 어느 날 갑자기 몸이 아프거나 회의감이 밀려올 때가 있다. 때로는 가족 중 누군가가 건강 문제를 겪거나 경제적 어려움에 처할 수도 있다. 이런 상황들은 엄마를 불안하게 하고, 오랫동안의 노력이 헛된 것처럼 느껴지게 하기도 한다. 직장에서의 좌절이나 동료들의 무심한 한마디, 혹은 지지받아야 할 가족으로부터의 비판 등은 엄마를 깊은 절망감에 빠뜨릴 수 있다. 에너지가 언제부터 소진되기 시작했는지조차 모르는 경우도 많다. 이른바 번아웃Burn-out, 브라운아웃Brown-out, 보어아웃Bore-out* 단계에 진입하는 것이다.

이런 상태들은 엄마가 육아의 의미를 찾기 어려워하거나 육아의 부담을 감당하기 어려울 때, 또는 자신의 성장을 통해 안정감과 긍정적인 에너지를 얻지 못할 때 발생할 수 있다. 그래서 성장을 고려하면서 동시에 에너지를 잘 관리하는 것이 중요하다. 적절한 시점에 에너지를 재충전하지 않으면 회복하는 데 오랜 시간이 걸릴 수 있다. 레바

---

* 번아웃(Burn-out), 브라운아웃(Brown-out), 보어아웃(Bore-out): 번아웃(Burn-out)은 업무와 스트레스가 많을 때, 일할 에너지를 잃는 상태를 의미한다. 보어아웃(Bore-out)은 일이 지루하다고 느끼며 흥미를 잃고 목표가 불명확해져 만족도가 떨어지는 상태를 말하며, 브라운아웃(Brown-out)은 번아웃과 보어아웃 사이의 상태로 열정은 줄어들었지만 일을 수행할 능력이 아직 남아 있는 상태를 뜻한다.

논 태생의 시인이자 사상가인 칼릴 지브란Kahlil Gibran은 그의 대표 시집 《예언자》에서 이렇게 말했다. "기쁨과 슬픔은 늘 함께 와서 하나가 식탁에 홀로 앉아 있을 때, 다른 하나는 침대에 잠들어 있다." 그렇다. 때로 기쁨이 슬픔을 데려오고, 슬픔이 기쁨을 초대할 수 있다. 엄마가 지친 상태라면, 새로운 풍경을 보러 가듯 새로운 마음가짐으로 자신만의 시간을 가져야 한다.

충전이란 단순히 에너지를 다시 채우는 것이 아니라 우리의 일상적인 부담과 스트레스를 줄이는 과정이다. 이는 우리가 바쁜 일상에서 잠시 벗어나 자신을 돌보고 행복을 다시 발견하는 시간을 포함한다. 즐거운 시간뿐만 아니라 힘든 경험도 때로는 우리의 성장과 에너지 충전에 도움이 될 수 있다. 심리학자 켈리 맥고니걸Kelly McGonigal은 스트레스를 받지 않는 것보다 그것을 잘 관리하는 것이 더 중요하다고 말한다. 그녀는 스트레스가 단순히 불편만 주는 것이 아니라 우리 삶에 의미를 더하고, 삶을 풍부하게 만드는 기회가 될 수 있다고 설명한다. 즉, 스트레스를 없애거나 피하려고만 하지 말고, 자연스러운 일상의 한 부분으로 받아들이는 태도가 중요하다는 것이다.

그러나 스트레스를 말처럼 긍정적으로 대처하기란 쉬운 일이 아니다. 특히, 가족을 위해 바쁘게 일하는 엄마들에게 스트레스는 큰 부담이 될 수 있다. 적당한 스트레스는 우리가 집중하는 데 도움을 줄 수 있지만, 계속되는 스트레스는 건강에도 해로울 수 있다. 스트레스는 코티솔 호르몬 분비를 증가시켜 뇌의 크기 및 구조에 부정적인 영향을 끼치며, 해마에서 만드는 새로운 뇌세포 수를 줄여서 기억력과 학습 능력을 저하시킬 수 있다고 한다. 또한, 우리의 기분

엄마를 위한 멘탈 수업

과 감정 상태에도 지대한 영향을 준다.

스트레스를 효과적으로 관리하고 싶다면 각자의 일상에 맞추어 개인의 에너지를 재충전하는 다양한 방법을 시도해 볼 가치가 있다. 일상에서 잠시 벗어나 책을 읽거나, 조용한 명상을 통해 내면의 평화를 찾을 수 있다. 건강한 식습관과 충분한 휴식은 몸과 마음의 균형을 잡아준다. 또한, 친구나 가족과 꾸준히 소통함으로써 감정적인 지지를 받고 삶의 만족도를 높일 수 있다. 그리고 필요하다면 전문가와의 상담을 통해 심리적 안정을 찾고, 새로운 지식이나 기술을 배워 자신감을 키울 기회도 모색할 수 있다. 작은 목표를 설정하고, 이를 달성할 때마다 자신을 격려하는 것도 성장 과정에서 큰 도움이 된다. 이러한 다양한 활동은 모두 스트레스를 감소시켜 주고 삶을 한층 풍부하게 만들어 줄 것이다.

엄마가 자신의 삶을 세심하게 가꾸는 것은 가족 전체에 긍정적인 영향을 미친다. 진정한 성장은 자기 자신을 이해하고, 일상에서 기쁨과 보람으로 찾는 것에서 시작된다. 서두르지 않고 꾸준히 자신만의 성장 경로를 찾아가는 엄마는 어려운 순간에도 더 지혜롭고 균형 잡힌 선택을 할 수 있다. 충전은 단지 에너지를 얻는 것이 아니라 스트레스를 효과적으로 관리하고 균형 잡힌 삶을 유지하는 것을 의미한다. 아이들은 엄마가 자신을 돌보고, 어려움을 극복하며 성장하는 모습을 통해 인생을 헤쳐가는 귀중한 교훈을 배우게 된다.

엄마 비타민 처방전

이 가이드는 각 엄마의 고유한 상황을 고려하여 개인적 성장과 정서적 충전을 위한 맞춤형 지원을 제공해요. 여기에 포함된 다양한 처방은 엄마가 스스로 필요로 하는 부분을 선택하여 적용할 수 있도록 설계되었어요. 이 활동들은 엄마들이 일상에서 직면하는 스트레스를 관리하고, 자신만의 시간을 효과적으로 활용하여 더 건강하고 행복한 삶을 만들어 갈 수 있도록 도와줘요.

✅ 명상하는 자기 단련가형

: 일상의 스트레스에서 벗어나 집중력과 평정심을 키움

〈활동제안〉
□ 매주 정해진 시간 동안 개인 취미활동
　(예: 독서, 산책, 그림 그리기)
□ 정기적인 운동 루틴 실천
　(예: 산책, 요가, 필라테스, 홈 트레이닝)
□ 명상 및 기분전환 활동
〈참여질문〉
이번 주에 어떤 취미활동을 해보셨나요? 그 활동이 기분전환에 어떤 도움이 되었나요?

✅ 건강한 습관유지형

: 신체적 건강을 최적의 상태로 유지하며 활기 있는 일상 유지

〈활동제안〉
□ 균형 잡힌 식단과 충분한 수면
□ 주기적인 건강검진
〈참여질문〉
이번 주에 건강을 유지하기 위해 어떤 노력을 하셨나요?

✅ 온정적인 관계지향형

: 사회적 지원 네트워크를 통한 감정적 지지와 삶의 만족도 향상

〈활동제안〉
- □ 친구나 가족과 정기적 소통
- □ 온라인 커뮤니티나 지역 모임 참여

〈참여질문〉
이번 달에 가장 기억에 남는 만남이 있었나요? 그 경험은 어떠했나요?

✅ 전문적인 관리형

: 전문적 도움을 통한 심리적 안정과 문제 해결 능력 향상

〈활동제안〉
- □ 상담가, 심리치료사와의 상담
- □ 심리학 워크숍이나 강연 참여

〈참여질문〉
최근 참여한 상담이나 워크샵에서 무엇을 배우셨나요?

✅ 자기 계발 학습자형

: 새로운 지식과 기술을 배워 능력을 확장하고 자신감 증진

〈활동제안〉
- □ 온라인 강좌나 워크숍 참여
- □ 학교, 기관 등에서 새로운 기술이나 지식 습득

〈참여질문〉
최근에 시작한 학습 과정 중 가장 흥미로웠던 부분은 무엇인가요?

✅ 단계적 목표성취형

: 작은 목표 달성을 통한 성공감 경험, 장기적인 동기 유지

〈활동제안〉
- □ 일정 기간 달성할 수 있는 작은 목표 설정
- □ 목표 달성 시 자기 보상

〈참여질문〉
이번 달에 설정한 작은 목표는 무엇이었나요? 그 목표를 달성하셨나요?

행복은 기성복이
아니라 맞춤복

많은 사람들은 성공을 위해서는 어려움을 감내하는 것이 필수적이
며, 그 과정을 거쳐 성공하면 행복이 따라올 것이라고 믿는다. 하지
만 이런 생각이 오히려 우리를 진정한 행복에서 멀어지게 할 수 있
다. 특히, 엄마와 아이가 단순히 성공이라는 결과에만 초점을 맞춘
다면, 평범한 일상 속에서 맞이하는 소중한 순간들을 놓치게 된다.
행복은 이미 만들어진 '기성복'이 아니라 각자의 삶에 맞춰 새롭게
재단된 '맞춤복'과 같다. 모든 엄마와 아이들은 자신만의 방식으로
행복을 재단해 가야 한다. 진정한 행복은 큰 성공 뒤에 숨어 있는
것이 아니라, 일상의 평범한 순간들 속에서 발견된다. 우리는 현재
를 충실하게 살아가면서 작은 것들에서 기쁨을 찾아야 하며, 각자
의 행복을 소중하게 여겨야 한다.

엄마를 위한 멘탈 수업

행복이 멀어지는 이유

스위스의 자연과학자이자 발달심리학자인 장 피아제Jean Piaget는 유아 인지발달 이론의 선구자이다. 널리 알려진 그의 보존 개념 실험에서는 유아에게 나란히 놓인 막대기 두 개의 길이를 비교하게 한다. 그중 막대기 한 개를 살짝 이동시키면 아이는 길이가 달라졌다고 혼란스러워한다. 이 실험은 어린아이들이 겉으로 보이는 변화에만 반응하여 전체 상황을 파악하지 못한다는 것을 보여준다.

그러나 이런 현상은 어린아이에게만 국한된 것이 아니라, 어른들 사이에서도 흔히 볼 수 있다. 많은 어른들이 자신의 기대치나 특정 부분에 집중하며, 이로 인해 행복을 놓치는 경우가 많다.

프랑스가 낳은 위대한 소설가이자 평론가인 앙드레 지드Andre Gide의 소설 《배덕자》를 보면 주인공 메날크는 "나는 이 행복을 내 키에 맞추어서 재단하려고 애쓴 걸 알아."라며 행복을 맞춤복에 비유한다. 지드는 각 개인이 원하는 행복을 직접 추구해야 하며, 타인의 기대나 원하는 것에 의존해서는 안 된다고 강조한다. 그러나 많은 사람들이 어떤 행복을 어떻게 추구해야 할지 고민 없이 타인의 기준에 맞추려 하며, 경쟁에만 몰두하는 과정에서 불안을 느끼며 진정한 행복을 찾는 일을 뒤로 미루게 된다. 중요한 것은 타인의 기준에 맞출수록 행복으로부터는 점점 멀어진다는 사실이다.

대다수 엄마들은 "아이가 공부는 중간 정도면 좋겠고, 운동도 적당히 하고, 피아노도 보통 수준에서 치고, 성격은 원만했으면 좋겠어요."라고 말한다. 이러한 '중간', '보통'이란 말은 자녀에 대한 기대가 과하지 않다는 의도로 사용되지만, 역설적으로 아이에게 여전히 상당한 기대를 내비치는 것이다. 《평균의 종말》을 쓴 하버드 교육대학원의 토드 로즈Todd Rose 교수는 이러한 평균의 기준에 해당하는 사람이 매우 드물다고 말한다. 이와 같은 기대치는 아이에게 부담을 주어 행복을 저해할 수 있다. 소박해 보이는 기대도 아이에게는 평가로 다가와, '평균'이라는 함정에 빠뜨려 부담과 스트레스를 주고, 행복으로부터 멀어지게 한다.

한 친구는 자기 삶을 돌아보며 아이에게 실패의 교훈을 전하고 싶어 했다. 하지만 그녀의 말은 의도와 달리 부정적으로 전달되었다. "만약 그때 다른 결정을 내렸더라면, 엄마 인생이 달라졌을 텐데. 만약 그때 더 열심히 공부했더라면 엄마는 지금처럼 살고 있지 않을 텐데 말이야." 친구의 말에 사춘기를 겪는 아이는 "엄마는 그렇게 열심히 살지 않으면서 나한테만 열심히 살라고 하세요?"라며 불만을 토로했다. 친구는 아이가 더 나은 선택을 하길 바랐지만, 아이는 엄마의 후회를 왜 자신이 들어야 하는지 답답해하며 불만을 표현했다. 이렇게 소박한 기대가 아이로부터 거부당하자, 친구는 마치 엄마로서의 삶이 어둡고 흐릿하게 느껴졌다고 말했다. 그 영향으로 아이는 자주 불만을 표출하며 진정으로 행복을 느끼기 어려운 것처럼 보였다.

행복은 작고 소박하게

어린 시절, 바나나는 귀했다. 역 앞 과일 노점상은 하나씩 조심

엄마를 위한 멘탈 수업

스레 떼어 팔고, 상하면 칼로 일부를 떼어내 팔기도 했다. 서울에 사는 이모가 놀러 올 때, 바나나 한 송이를 사 왔다. 이모와 엄마가 대화에 열중하고 있는 동안, 나는 몰래 부엌으로 가서 바나나 한 개를 맛보았다. 달콤한 맛이 입안에 퍼지자 '딱 하나만 더'하면서 계속 먹었고, 결국 남은 것은 두 개뿐이었다. 나중에 엄마가 발견하고 호되게 야단치셨던 기억이 지금도 생생하다. 하지만 그때 숨어서 먹었던 바나나를 떠올리면 지금도 모르게 피식하고 웃음이 나온다. 이제 바나나는 너무 흔해져서 예전처럼 특별한 행복을 느끼게 하지 못한다. 행복은 단순히 물질적인 대상에 있는 것이 아니라 내가 처해 있는 상황과 감정 상태에 따라 달라진다.

나는 유치원에서 다섯 살 아이들에게 언제 행복한지 물어보았다. 그들의 대답은 행복이 일상의 소소한 순간에서 비롯된다는 것을 다시 한번 확인시켜 주었다. 아이들은 놀이공원 가족 나들이, 강아지 키우기, 친구와 놀기, 할머니 댁 방문, 늦게까지 놀기, 좋아하는 장난감 선물 받기, 네 잎 클로버 찾기, 엄마의 포옹 같은 것들을 꼽았다. 행복에 대한 어른들의 생각도 크게 다르지 않다. 내 친구들은 사랑하는 사람과 시간을 보내며, 맛있는 음식을 먹고, 대화를 나누거나 여가를 보낼 때나 가족이 건강을 되찾은 것에 대해 행복하다고 답했다. 어떤 사람은 새집 마련, 일자리를 찾는 것과 같은 큰 변화를 추구하지만, 사실 대부분의 행복은 작지만 소박한 경험에서 비롯된다.

한 육아용품 회사가 영아 자녀를 둔 엄마들을 대상으로 흥미로운 이벤트를 열었다. 초기 인터뷰에서 엄마들은 "숨이 막혀요. 나도 살고 싶어요."라며 매우 힘들어했다. 이들은 육아를 선택한 것이 올바른 결정이었는지 의심하기도 했다. 이벤트에서는 엄마와 아기에게 카메라를 부착하여 아기의 시선에서 보이는 엄마의 모습과 엄마가 바라보는 아기의 모습을 촬영했다. 일상을 담은 영상에서는 아기와 놀거나 목욕을 시키고, 옷을 입히는 엄마의 모습은 행복해 보였다. 이는 인터뷰에서 드러난 고통스러운 감정과는 상반된 모습이었다. 한 엄마는 자신이 저런 표정으로 아이를 보고 있었냐며 웃었다. 어떤 엄마는 영상을 보며 당시 아이가 첫걸음을 뗄 때의 환호를 기억했다. 엄마가 힘들다는 생각에 갇히면 일상의 행복한 순간을 놓칠 수 있다.

부모가 되어 아이를 위한 계획을 세울 때, 이런 소박한 행복을 가볍게 여기거나 무시하기 쉽다. 그러나 이런 순간들이야말로 진정한 행복의 원천일 수 있다. 행복 심리학자 서은국 교수는 행복이 가치관에서 벗어나, 일상의 즐거운 경험과 긍정적 정서에서 비롯된다고 설명한다. 타인의 기준이나 합리적인 판단으로 결정하는 과정에서 오히려 행복을 놓칠 수 있다고 지적한다. 그는 진화심리학적 관점에서, 인간은 즐거움을 느끼도록 진화해 왔다고 설명한다. 이 즐거움은 생존에 중요하지만, 일정 시간 후에는 초기화된다고 말한다. 그렇지 않으면 사람은 한 번의 즐거움에 만족하여 생존을 위협받는다. 위협에서 벗어나 적응을 거치면 다시 즐거움을 추구한다. 따라서 행복은 개인의 경험과 정서에 깊이 뿌리를 둔 것으로, 엄마와 아이가 함께 행복한 경험을 공유하고 인식하는 것이 중요하다.

놓치고 있는 그곳에
행복이 있다

우리가 상상하는 미래는 현재의 삶에서 비롯되지만, 미래가 어떻게 펼쳐질지는 아무도 모른다. 만약 현재가 힘들다면, 우리는 암울한 미래를 상상하며 괴로워한다. 하버드대학교 심리학과의 대니얼 길버트Daniel Gilbert 교수에 따르면 이런 걱정은 우리에게 불필요한 스트레스를 더한다. 우리의 뇌는 아직 경험해 보지 못한 일을 상상하면서 미래를 계획하지만, 때로는 현실을 왜곡하게 된다. 예를 들어, 화려하게 보이는 배우나 소셜미디어에 멋진 사진을 올린 사람들을 보며 그들이 얼마나 행복할지 상상하곤 한다.

이러한 상대적 비교 때문에 우리는 때로는 슬픔과 절망과 좌절과 부러움을 느낀다. 하지만 행복하지 않다고 느끼는 것이 곧 불행을 의미하지는 않는다. 행복을 삶의 유일한 목적으로 삼는다면, 현재의 어려움에 더욱 불만을 느낄 수 있다. 감정은 시간이 지나면서 변화하므로, 현재의 감정에 너무 빠져들지 말고, 지금 이 순간을 소중히 여기는 것이 중요하다.

EBS 다큐프라임 〈마더 쇼크〉에서는 경쟁과 비교 의식을 강조하는 한국 사회에서 엄마들이 느끼는 압박을 잘 그리고 있다. 아이들이 카드 단어 맞히기 게임을 하는 동안, 아이의 점수에 따라 엄마의 기분이 달라진다. 특히, 아이가 상대방보다 높은 점수를 얻었을 때, 엄마의 쾌락 중추인 측핵이 활성화되는 것이 관찰되었다. 하지만 아이의 진정한 가치는 매일의 작은 순간들에서 찾을 수 있다.

엄마들은 때로 "우리 아이는 노는 것만 1등이에요." 또는 "친구만 많아요."라고 말한다. 이런 말들은 비아냥거리는 듯하지만, 사실 아이의 사회성과 활동성을 인정하는 것이다. 이러한 특성들도 아이의 성장에 중요하다는 점을 긍정적으로 바라볼 필요가 있다.

진정한 행복은 대단한 성공이나 큰 보상이 아니라 일상의 소소한 즐거움에서 찾을 수 있다. 캐나다의 여류 소설가 루시 모드 몽고메리Lucy Maud Montgomery의 작품 《빨간 머리 앤》에서 앤은 이렇게 말한다. "정말로 행복한 나날이란 진주알들이 하나하나 한 줄로 꿰어지듯, 소박하고 자잘한 기쁨들이 조용히 이어지는 날들인 것 같아요."

그렇다. 엄마와 아이도 앤과 같은 행복을 찾아야 한다. 우리는 한정된 시간 동안 아이와 함께 있다. 그러므로 서로를 힘들게 하기보다는 우리에게 맞는 행복을 찾아야 한다. 엄마는 마치 강한 햇볕에서 자라는 선인장처럼 탄탄할 수 있고, 아이는 직사광선을 피하는 아이비처럼 섬세할 수 있다. 엄마와 아이가 지금 같은 창가에서 잠시 함께 있을지라도, 놓치고 있는 그 자리에 진정한 행복이 있다. 엄마는 항상 무엇을 놓치고 있는지 되돌아봐야 하며, 그곳에서 행복을 발견할 수도 있다.

엄마를 위한 멘탈 수업

행복 일기 가이드

행복 일기를 작성하면 이런 점이 좋아요.

· 긍정적인 생각으로 소중한 습관을 차곡차곡 쌓아갈 수 있
  어요.
· 행복한 순간들을 구체적으로 기록하면서 자신의 감정을
  더 깊이 이해하고 되돌아볼 수 있어요.
· 사진이나 그림을 추가하여 소중한 순간들을 더 생생하고
  오래 기억할 수 있어요.

1) 준비하세요

행복 일기를 위한 특별한 노트를 준비하세요. 디지털이나 종이 노트 모두 좋아
요. 개인의 취향에 맞는 일기장을 선택하면 글쓰기에 대한 애착을 더욱 가질
수 있어요.

2) 습관을 만드세요

매일 같은 시간에 일기를 작성하는 습관을 들이세요. 행복 일기를 작성할 때는
매일 세 가지 행복한 일을 적어보세요. 크든 작든 상관없어요. 왜 행복했는지,
그 느낌이 어떠했는지 구체적으로 적으세요. 특히 감정을 기록하는 것이 중요
해요.

3) 감사한 마음을 표현하세요

행복을 느끼게 해준 사람들에게 직접 감사한 마음을 표현해 보세요. 관계는 더
욱 친밀해지고, 긍정적인 감정이 더 깊어져요. 사진이나 그림을 추가하면 나중
에 그 기억을 더 생생하게 회상할 수 있어요.

4) 돌아보세요

일정한 주기를 두고 주간이나 월간 리뷰를 통해 가장 행복했던 순간을 되돌아보
세요. 가족이나 친구들과 행복 일기를 공유하며 공감하는 시간을 가져보세요.

삶의 주도권을
넘길 때

처음에는 아이가 자신을 닮았다는 사실에 놀라고 기뻐한다. 하지만 아이가 성장하며 자신만의 개성을 찾기 시작했을 때, 엄마는 단순한 기쁨만으로 아이를 바라보기 어려워진다. 많은 엄마들이 아이에게 안정된 삶과 평범한 행복을 바라기에 아이가 기대와 다른 선택을 할 때는 때때로 불안을 느낀다. 헤르만 헤세Hermann Karl Hesse의 소설 《데미안》에서 언급된 것처럼, 아이는 그저 '우러나오는 대로 살고자' 한다. 반면 엄마는 때로 불안한 상상을 멈출 수 없다. 그러나 엄마의 가치관에 따라 아이의 개성은 소중한 자산이 될 수 있다.

아이는 자신의 작품

연말 각종 시상식에서 배우들의 화려한 의상만큼 빛나는 것은 그들의 수상소감이다. 배우 오정세 씨는 백상예술대상 조연상을 받으며, 동일한 노력을 기울였음에도 불구하고 여러 작품에서 항상 같은 결과를 얻지 못했다고 고백했다. 그는 "100편 다 결과가 다르다는 건 좀 신기한 것 같았습니다. 제 개인적으로는 그 100편 다 똑같은 마음으로 똑같이 열심히 했거든요."라고 말했다. 그는 모든 노력이 반드시 기대한 결과로 이어지지 않는다는 점을 강조했다. 그러나 똑같이 노력한 어느 날, 위로와 보상이 찾아오는 순간도 있을 것이라고 위로했다.

이러한 상황은 육아에서도 비슷하게 나타난다. 엄마는 모든 헌신과 노력을 아이에게 바치며, 인생 최고의 걸작으로 여긴다. 하지만 아이가 성장하며 고유한 자아를 형성할 때, 부모의 기대와 다르게 행동하기 시작하면 엄마는 당황하고 갈등을 느낄 수 있다. 이는 아이가 정체성을 찾고 독립적으로 성장하는 자연스러운 과정의 일부이다. 아이가 자신만의 작품을 만들어 가는 과정에서 부모가 해야 할 일은 아이의 선택을 기쁘게 지지하고, 사랑을 전하는 것이다.

일부 부모는 아이를 '흰 도화지'나 '스펀지'라고 보고, 아이가 부모의 말을 받아들이고 모든 것을 학습할 것이라고 기대한다. 하지만 실제로 아이는 성장하며 자신만의 독특한 특성을 드러낸다. 즉, 아이는 부모가 제시한 방식대로만 배우는 것이 아니라 자신의 본성을 통해 다양한 것을 표현한다. 부모의 지시를 잘 따르는 아이도 있지만, 부모의 말이 잘 통하지 않는 아이도 있다. 아이는 압력을 받을 때, 자신의 본래 성향을 드러낸다. 부모는 아이가 태어날 때부터 자신만의 독특한 특성을 가지고 있음을 인정하고, 아이가 자신의 기대를 충족하지 않더라도 이를 자연스럽게 받아들여야 한다.

하버드대학교 심리학과 석좌교수인 제롬 케이건Jerome Kagan은 부모가 자녀의 특성과 능력이 자신들의 기대와 다를 때, 아이의 삶에 과도하게 개입한다고 지적했다. 아이는 부모와의 일상적인 상호작용, 가족 관계, 민족이나 종교적 배경을 통해 크게 영향을 받는다. 아이는 부모라는 배경으로 인해 자부심을 느끼기도 하지만 반면에 수치심을 느끼기도 한다. 아이는 점차 다양한 사회 집단 속에서 자신의 정체성을 찾아가며 독립적인 자아를 형성한다. 결과적으로 아이는 부모와는 다른 성격, 취향, 가치관을 갖게 된다. 아이의 자아는 생각, 감정, 판단을 거치며 점차 형성되는 다면적인 존재가 된다.

부모는 아이의 과거일 뿐,
미래는 아니다

어느 가난한 입양 가정에서 자란 어린 소년이 있었다. 그의 양부는 자동차 수리공이었고, 때때로 그 소년을 중고차 폐품처리장에 데려가 일을 돕게 했다. 양부는 전자기기에 대한 소년의 관심을 알아차리고, 기회를 만들어 NASA美항공우주국를 견학하게 한다.

이후 소년은 자라면서 다양한 문화와 사상에 빠져들었다. 대학

엄마를 위한 멘탈 수업

시절에는 불교와 히피 문화에 심취하였고, 인도로 순례를 떠나는 등 새로운 경험을 쌓아갔다. 이런 특별한 경험들이 후에 그가 세상을 혁신으로 바꾸는 밑거름이 되었다.

그는 애플Apple Inc.에서 최초의 개인용 컴퓨터인 매킨토시를 개발했으며, 애플에서 해고된 후, 픽사Pixar Animation Studios에서 장편 애니메이션 〈토이스토리〉를 성공시키는 등 예측할 수 없는 방향으로 그의 삶을 전개해 나갔다.

이 소년은 누구일까? 바로 인류 역사에서 오랫동안 기억될 이름, 스티브 잡스Steven Paul Jobs이다. 잡스의 이야기는 부모가 아이의 미래를 가늠하거나 결정할 수 없음을 드러내며, 아이의 독립성이 얼마나 중요한지를 강조한다. 칼릴 지브란이 그의 시 〈아이들에 대하여〉에서 노래한 것처럼 아이는 부모의 몸을 통해 태어나지만 독립된 '내일'의 주체로 성장한다. 지브란은 아이를 '살아 있는 화살'로 비유하고, 부모는 그 화살을 더 빨리, 더 멀리 보내는 활로 묘사한다.

부모로서 우리는 아이가 자신만의 독특한 길을 발견하도록 격려하고 지지해야 한다. 아이가 자라나면서 자신의 개성과 독립성을 찾아가는 과정은 때로 마음이 아프고 복잡할 수 있다. 부모는 활처럼 긴장을 유지하며 아이가 정한 목표를 향해 나아가도록 지켜봐야 하지만, 때로는 아이와 함께 날고 싶은 마음도 간절하다.

우리는 자신의 독립성은 자랑스럽게 생각하면서도, 아이가 독립적으로 성장해 나가는 것을 보면서 불안과 걱정을 느낀다. 이는 아이의 미래에 대한 기대와 현실 사이에서 우리가 겪는 자연스러운 감정이다. 아이의 성공을 바라는 마음은 때로 아이의 자유로운 선택을 제한할 수 있다. 그러나 아이에게 진정 필요한 것은, 스스로 길을 찾아 자립할 수 있도록 하는 우리의 격려와 지지이다. 엄마로서 우리는 아이들이 자신의 길을 걷도록 돕기 위해 때로는 뒤로 물러서서 그들을 지켜보아야 한다. 그들이 만들어 갈 미래는 우리가 상상하는 것 이상일 수 있으며, 우리는 그들이 용기를 가지고 자신의 길을 탐색하도록 응원해 주어야 한다.

엄마가 아이를 위한 결정을 내릴 때, 종종 자신과 아이를 동일시하여 아이의 개성과 독립성을 간과하기 쉽다. 예를 들어, 내가 둘째 아이를 위해 치즈 떡볶이를 주문할 때마다 아이는 실망하면서 "엄마, 나 치즈 싫어하는 거 몰라?"라고 볼멘소리를 한다.

엄마의 입장에서는 치즈가 듬뿍 들어간 떡볶이가 고소하고 부드러운 맛을 준다고 생각하지만, 사실은 아이의 취향을 간과한 것일 수 있다. 이처럼 사소한 일에서도, 부모의 선택이 항상 아이의 기호나 성향을 반영하지는 않는다는 것을 보여준다.

이와 비슷한 현상은 '보이지 않는 고릴라'라는 실험에서도 관찰된다. 실험 참가자들에게 농구 팀의 패스 횟수를 세도록 지시했을 때, 대다수가 중간에 등장했다 사라지는 고릴라 복장의 사람을 전혀 인지하지 못했다. 하지만 실험자가 고릴라의 등장을 미리 알려줄 경우, 참가자들은 그것을 명확히 인지한다. 이 실험은 특정한 지시에만 집중하면 다른 중요한 요소들을 놓치기 쉽다는 것을 보여준다. 마찬가지로 부모도 아이의 점진적 변화를 쉽게 간과할 수 있다. 따라서 부모는 아이의 잠재력과 관심사를 이해하고 지원하기 위해 더욱 주의 깊게 관찰하고 지원해야 한다.

엄마를 위한 멘탈 수업

아이의 성공을 바라는 부모의 마음은 때로 아이의 자유로운 선택을 제한할 수 있다. 안정적인 직업을 가진 부모일수록 아이가 비슷한 경로를 선택하기를 기대하는 경향이 있다. 이런 환경에서 자란 아이들은 자신의 성취에 대해 더 많은 의심과 압박을 느끼게 된다. 그 결과, 아이들은 자신의 진정한 의미와 가치를 찾는 데 어려움을 겪을 수 있다. 따라서 부모는 아이가 자신의 길을 찾고 독립적으로 살아갈 수 있도록 격려하고 지지해야 한다. 아이가 자신의 의미와 가치를 발견하도록 돕는 것은 부모의 중요한 책임 중 하나이다.

수명 연장의 미래가
바꿔놓은 것

코로나19 팬데믹으로 우리 생활에 많은 변화가 일어났다. 특히, 실제 대면하여 소통하는 데 제약이 늘면서 사람들은 한층 더 온라인으로 소통하기 시작했다. 또한, 2023년 생성형 인공지능이 대중에게 소개되며 디지털 기술이 일상에 더 깊숙이 들어오게 되었다. 이로 인해 새로운 기술에 빠르게 적응하는 젊은 세대와 변화에 적응하는 속도가 느린 나이 든 세대 간의 디지털 격차가 더욱 커졌다.

이렇게 사람들의 평균 수명이 길어지면서 노년을 어떻게 보낼지가 중요한 사회적 문제로 떠올랐다. 펜실베이니아대학교 와튼스쿨의 마우로 기옌Mauro F. Guillen 교수는 '퍼레니얼Perennial 사고방식'을 제안한다. 이는 다년생 식물처럼 여러 시기에 걸쳐 다양한 경로를 추구하며 학습과 탈학습, 재학습을 반복하며 살아가는 것을 의미한다. 우리는 놀이, 일, 결혼, 육아, 퇴직 등 삶의 단계를 연속적으로 경험하기보다는 세대를 초월하여 서로 이해하고 배우며 살아가야 한다.

전문가들은 부모가 퇴직을 고려하는 시기가 자녀들이 직업을 찾기 시작하는 시기와 겹칠 수 있다고 말한다. 이때, 부모가 자녀에게 단순히 지식을 전달하기만 하는 것은 효과가 없다. 대신, 부모와 자녀가 서로 격려하며 함께 새로운 것을 배우는 파트너가 되어야 한다. 이런 방식은 아이가 미래의 변화에 잘 적응할 수 있도록 도와준다.

과거에는 사람들의 삶이 정해진 순서대로 흘러갔고, 각 단계마다 정해진 역할이 주어졌다. 마치 로이스 로리Lois Lowry가 소설 《The Giver: 기억전달자》에서 그리는 엄격하게 통제된 세상과도 같다. 이 소설 속 세계에서는 모든 사람들이 정해진 규칙에 따라 살아가고, 12살이 되면 위원회로부터 직업을 배정받는다. 주인공 조너스는 이 세계에서 유일하게 과거의 기억을 갖게 되지만, 사회의 인위적인 감정 통제를 알게 되고, 결국 탈출을 결심한다. 그러나 이러한 삶의 방식은 현대 사회에 더 이상 적합하지 않다. 아이가 처음으로 세상에 발을 디딜 때 부모가 도움을 줄 수 있지만, 진정한 성장은 부모와 자녀가 함께 서로를 이해하며 나아갈 때 이루어진다.

세상은 끊임없이 변화하고 있고, 아이도 자신만의 길을 찾아 성장하고 있다. 이 과정에서 엄마의 역할은 아이가 자신감을 갖고 도전할 수 있도록 믿어주고 격려하는 것이다. "네가 그렇게 생각한다면 해봐. 나는 너를 믿어."라는 말은 아이에게 무척 큰 힘이 된다. 처음에는 엄마가 경험을 바탕으로 아이를 보호하고 안내하지만, 시간이 지나면서 아이는 엄마에게 새로운 세상을 보여주는 역할을 하게 된다. 엄마와 아이는 서로의 손을 잡고, 사랑과 지지 속에서 과거와 미래를 이어주는 다리 역할을 한다.

엄마-아이 상호 인터뷰

서로의 마음을 알아가는 즐거운 시간을 가져보세요. 엄마와 아이가 질문을 주고받으며, 서로의 생각을 들어볼 수 있어요. 3개월에 한 번 또는 1년에 한 번 정도 이런 대화시간을 가지면 좋아요. 아이의 생각이 어떻게 변하는지 알 수 있죠. 엄마와 아이가 서로 어떤 점이 비슷하고 다른지 알 수 있어요.

대화가 끝난 후에는 아이를 꼭 안아주세요. "우리가 이렇게 이야기를 나눌 수 있어서 엄마는 정말 행복해." 또는 "네 생각을 들으니 정말 흥미로워. 넌 참 특별해."라고 말해주세요. 이런 말을 들으면 아이는 자신의 생각과 느낌이 소중하다는 걸 알게 돼요.

함께 나눌 질문들
엄마와 아이가 같은 질문을 서로 주고받으며 생각의 공통점과 차이점을 알아보세요.

엄마	질문	아이
	오늘 가장 재미있었던 때는 언제였어?	
	어떤 놀이나 활동을 제일 좋아해? 왜 그게 좋아?	
	앞으로 어떤 새로운 것을 배우고 싶어?	
	네 생각에 세상에서 가장 중요한 건 뭐야?	
	언제 네 자신이 가장 자랑스러워?	
	가장 기억나는 꿈이 뭐야?	
	가장 힘들었던 일은 무엇이었어? 어떻게 그 일을 이겨냈어?	
	제일 무서워하는 것은 뭐야?	
	커서 어떤 일을 하고 싶어?	
	하루 동안 엄마가 된다면 무엇을 해보고 싶어?	
	우리 가족에게 바라는 게 있다면 무엇이니?	

사라진 나를
찾는 법

엄마가 되는 것은 아이와 떼려야 뗄 수 없는 관계를 맺게 되면서 많은 도전을 안겨준다. 잠시 이 상황에서 벗어나고 싶다고 느낄 수 있다. 그렇다고 해서 자신을 나쁜 엄마라고 생각할 필요는 전혀 없다. 오히려 이런 순간들을 받아들이면서 자신을 더 잘 이해하고 성장하는 과정을 통해 삶의 새로운 의미를 찾아갈 수 있다. 이 과정은 꼭 큰 변화를 요구하지 않는다. 여행자가 여행의 길 위에서 서서히 성장하듯, 엄마도 양육의 여정에서 자신의 삶과 정체성을 조금씩 발전시켜 나갈 수 있다. 다른 사람과 작은 연결만으로 엄마는 고립에서 벗어나 힘을 얻을 수 있다.

많은 엄마들이 자신이 사라진 것 같은 느낌을 경험한다. 커뮤니티 게시판에 한 엄마가 익명으로 이런 글을 남겼다. "하루 종일 아무것도 하기 싫고, 내 삶에 '나'라는 존재가 사라진 것 같아요. 이런 상태로 좋은 엄마가 될 수 있을까요?"

많은 이들이 이 글에 공감하며 다양한 조언을 남겼다. 일부는 버스를 타고 드라이브를 하거나 카페에서 차를 마시며 책을 읽는 등의 일상적인 탈출을 추천했다. 엄마가 되면 모든 것이 완벽할 것 같지만, 실제로는 자신을 잃고 방황하며 지치고 힘들어하는 경우가 많다.

어느 날, 친구와 오랜만에 만나 밥을 먹으려 했지만, 친구 남편이 SOS를 쳤다. 아이가 작은 구슬을 삼켜버렸다는 이야기에 친구는 급히 자리를 떠나야 했다. 친구는 웃는지 우는지 모를 표정으로 "언제 편하게 만나서 밥 한 끼 제대로 먹을 수 있을까?"라며 깊은 한숨을 쉬었다. 엄마의 삶에는 이렇게 힘든 순간들이 자주 있다.

잠시 현실에서 벗어나는 것은 마음을 가볍게 해줄 수 있지만, 근본적인 해결책은 될 수 없다. 감정을 관리하고 조절하는 것도 중요하지만, 엄마가 회복할 수 있는 지원시스템을 만드는 것이 필요하다. 육아로 둘러싸인 일상 속에서도 작은 창을 만들어 밖을 바라보듯, 엄마도 희망을 찾아야 한다. 엄마의 마음과 생각이 온전히 아이에 대한 것들로만 채워지지 않아도 된다. 나의 감정을 있는 그대로 들여다보고 솔직하게 인정하고 회복하는 것부터가 시작이다.

일상의 기쁨을
끌어당겨야 하는 이유

엄마가 되는 것은 인생에서 맡게 되는 여러 역할 중 하나이다. 아이를 양육하는 것 외에도 삶의 다른 부분도 중요하다. 정신 건강을 유지하고 에너지를 회복하기 위해 자신만의 시간이 필요하다. 일주일에 한 번, 몇 시간 동안 새로운 취미활동을 탐색해 보는 것도 좋다. 도자기 공예나 꽃꽂이, 목공예와 같은 활동은 감정 조절에 도움이 되고 영감을 줄 수 있다. 이를 통해 엄마는 일시적으로나마 아이로부터 거리를 두고, 학습자로서 새로운 역할을 경험하며 성인과 대화를 나누며, 감정 해소 방법을 배울 수 있다.

엄마가 일상에서 작은 기쁨을 찾고 즐기는 것은 뉴턴의 관성의 법칙처럼 긍정적인 감정이 계속 이어질 수 있도록 도와준다. 예를 들어, 아침에 창가에 앉아 커피 한 잔을 마시며 쉬는 시간은 하루를 평화롭게 시작하는 기회를 준다. 부드러운 아침 햇살이 커피잔에 비치는 반짝임을 관찰하는 것만으로도 마음이 편안해진다. 또한 좋아하는 잡지를 읽거나 음악을 들으며 짧은 휴식을 취하는 것도 큰 위안이 된다. 이러한 작은 순간들이 쌓이면, 엄마의 삶은 점점 더 긍정적인 방향으로 나아가며, 다른 긍정적인 경험들을 불러일으키는 연쇄 반응을 만들어 낸다. 일상 속에서 작은 기쁨을 적극적으로 찾고, 그것을 통해 생기는 긍정적인 에너지를 유지하는 것이 엄마의 삶을 더 풍족하고 만족스럽게 만드는 강력한 방법이다.

일상의 소소한 순간에서 엄마는 마음의 여유를 되찾을 수 있다.

또한, 자신의 감정과 생각을 재정비할 기회를 맞이한다. 긍정적인 에너지를 쌓아가는 과정에서 글쓰기는 특별한 역할을 할 수 있다. 글쓰기는 불안정한 감정을 적극적이고 효과적으로 다루는 방법이다. 말로 표현하기 어려운 두려움이나 분노와 같은 감정을 글로 적음으로써 형태가 없던 생각을 눈에 보이는 형태로 만들 수 있다. 일기를 쓰거나 스마트폰에 메모를 하면서 마음을 어지럽히는 생각을 정리할 수 있다.

글쓰기는 스트레스 해소법이자 자기 성찰의 수단이다. 이를 통해 감정을 조절하고 더욱 성숙해질 수 있다. 중요한 것은 글을 통한 자기 대화가 자책이나 공격이 아니라, 자신의 상황을 이해하고 개선하는 긍정적인 과정이 되어야 한다는 것이다. 처음에는 노트에 자신의 감정을 쏟아내는 것으로 시작할 수 있다. 시간이 지나면서 점차 상황을 객관적으로 바라볼 수 있게 될 것이다. 이를 통해 자신이 예전보다 더 냉철해지려고 노력하는 모습을 발견할 수 있다. 이처럼 글쓰기는 엄마가 성숙해지는 동안 자신의 감정을 다루는 데 큰 도움이 된다.

육아로 스트레스의 감정을 느끼는 엄마에게는 "모든 것이 뒤죽박죽이야."라고 비관적인 결론을 내리지 않고, 상황이 실제로 그렇게 나쁘지 않다는 것을 천천히 생각해 보는 시간이 필요하다. 과거의 추억을 떠올리며 사진첩을 최근부터 거꾸로 넘겨 보며 행복했던 순간을 회상하거나, 좋아하는 책을 다시 읽는 것이 긍정적인 감정을 불러일으키기 때문이다. 이런 활동들을 과거의 기억을 되살리고, 그때의 긍정적인 감정을 현재에도 느끼게 해준다. 또한, 길가에서 만난 작은 꽃 한 송이를 살펴보고 사진을 찍는 것도 우리를 자연과 연결시켜 주며, 생명의 소중함과 강인함을 상기시켜 준다.

　엄마가 일상에서 간단한 활동을 즐기면, 주변 사람들에게도 좋은 영향을 미친다. 이 과정에서 우리 뇌의 '거울 뉴런'이 중요한 역할을 한다. 이 뉴런들은 다른 사람들의 행동과 감정을 보고 이해하도록 도움을 준다. 엄마가 긍정적인 감정을 느낄 때, 거울 뉴런을 통해 주변 사람들에게 전달되며, 모두에게 긍정적인 변화가 일어난다. 이러한 활동은 엄마가 자신의 감정을 더 잘 다루고 성숙해지는 데 기여한다. 엄마는 자신을 더 잘 이해하고 새로운 면모를 발견할 수 있으며, 이 모든 과정은 엄마에게 위안을 주며 삶의 질을 향상시킨다.

연결, 삶이
풍요로워지는 조건

　현대의 신조어인 '독박 육아' 또는 '고립 육아'는 사회적 지원 없이 혼자서 아이를 양육하는 상황을 뜻한다. 이는 엄마에게 큰 부담이 되며, 사회적 연결망에서 고립된 상태를 의미하기도 한다. 엄마는 아이에게 최선을 다하길 원하지만, 외출 준비의 번거로움과 아이의 예측하기 어려운 행동 때문에 사회활동이 제한되곤 한다. 코로나19 팬데믹으로 인해 엄마들의 고립 상황은 더욱 악화되었다. 이 문제의 심각성을 인식한 김미경 대표는 엄마들이 겪는 고립과 도전이 결코 혼자만의 문제가 아니라는 것을 보여주고자 했다. 특히, 그녀는 결혼 이후 여성들의 복잡하고 다양한 삶을 이해하며, 지식과 경험을 나누는 커뮤니티 MKYU를 설립했다. 이 커뮤니티는 독서, 운동, 경제, 디지털, 자기관리 등 다양한 관심 분야에서 여성들이 자신의 이야기를 나누고 서로의 성장을 지원하는 장이 되었다. 여기에는 엄마의 배움을 지원하는 자격증과 연계된 다양한 지식 강의도 포함되어 있다. 아이들을 졸업시키고, 자신이 무엇을 할 수 있을지 그제서야 두리번거리는 엄마들은 두 번째 스무 살을 맞이하여 대학을 다닌다는 마음으로 '열정 대학생'이라는 자격을 부여받고, 서로 교류한다.

김 대표는 자신의 경험을 바탕으로 엄마들이 양육자의 역할을 넘어 개인적으로 성장할 수 있도록 온라인 강좌를 개설했다. 그녀는 '엄마'가 인생의 최종 목적지가 아닌, 삶의 여정 중 한 단계임을 강조한다. MKYU 커뮤니티를 통해 시공간을 초월하여 육아와 자기 계발을 병행할 수 있도록 격려한다. 실제로 그녀는 5년 넘게 새벽 5시에 엄마들을 대상으로 실시간 유튜브 강의를 진행해 왔다. 그러나 수면의 중요성을 고려해 2024년 8월부터는 강의 시간을 밤 9시로 변경했다. 커뮤니티 내 리더를 발굴하여 같은 목표를 가진 사람들끼리 서로를 지원하고 성장하는 네트워크도 만든다. 이러한 과정 속에서 엄마들은 삶에 더 많은 깊이와 다양성을 채우며 함께 성장하고 발전하는 기쁨을 느낀다.

더 나아가 김 대표는 커뮤니티를 통해 창출된 수익의 일부를 사회에 기부하고, 한 부모 가정에 필요한 지원을 제공하여 그들의 자립을 돕는다. 이 모든 과정을 통해 엄마들은 혼자 고독을 겪고 있지 않다는 것을 느낀다. 서로의 고민을 공감하고 지지를 받는 과정에서 각자의 삶이 타인에게 미치는 선한 영향력을 깨닫는다. 이러한 사례는 디지털 시대에 엄마들이 어떻게 밀접하게 연결될 수 있는지, 이 연결을 통해 어떻게 삶을 더 풍요롭게 느낄 수 있는지 보여준다.

선한 영향력,
누군가를 위한 도움닫기

스트레스를 해소하는 방법은 다양하다. 어떤 사람들은 영화를 보거나 맛있는 음식을 먹으며 스트레스를 푼다. 또 어떤 이들은 술 한잔으로 걱정을 잊거나 잠으로 문제를 피하기도 한다. 때로는 큰 질병이나 파산 같은 인생의 큰 어려움을 이겨낸 사람들의 이야기를 읽으며, 자신의 문제가 그리 크지 않다고 스스로를 위안할 때도 있다. 이런 방법들은 일시적으로 문제를 잊게 해주고 때로는 도움이 되기도 한다. 하지만 진정으로 삶에 활력을 주려면 새로운 경험을 찾아 나서야 한다.

모든 엄마는 각자의 특별한 능력을 가지고 있다. 어떤 엄마는 요리를 탁월하게 잘하고, 다른 엄마는 경제학 박사 학위를 가지고 있으며, 또 다른 엄마는 정리 정돈을 능숙하게 한다. 엄마가 되기 전에 갖고 있던 이 다양한 경험과 지식들은 사라지지 않는다. 오히려, 이 경험들은 다른 사람들에게 힘을 실어주는 '도움닫기*'가 될 수 있다.

아울러 온라인상에서 그룹을 만들어 자신의 전문성을 발휘하고, 다른 이들을 돕는 것이 가능하다. 이 과정에서 엄마들은 자신의 시간을 잘 활용하여 다른 사람과 함께 성장하는 기쁨을 느낀다. 자신의 능력을 활용하여 주변 사람들을 돕는 행위는 그들에게 긍정적인 영향을 미치며, 이는 다시 엄마에게 돌아와 삶에 풍요로움과 만족감을 준다.

작가 김민섭 씨의 경험은 선한 영향력이 어떻게 '도움닫기' 효과를 만들어 내는지 보여주는 실제 사례이다. 그는 생애 첫 해외여행을 위해 일본행 티켓을 구매했지만, 개인 사정으로 여행을 포기해야 했다. 그러나 티켓을 환불하는 대신 누군가에게 의미 있는 여행이 되길 바라며, 티켓을 양도하기로 결정했다. 그는 자신과 같은 이름과 영어 이니셜을 가진 다른 남성 김민섭을 찾기 위해 소셜미디어에 글을 올렸고, 이 글은 많은 사람들의 관심을 끌었다. 티켓을 받은 휴학생 김민섭 씨는 다른 사람들의 도움으로 숙박비와 교통패스 카드 등을 지원받았고, 카카오의 펀딩으로 복학 후, 졸업 전시 비용까지 지원받게 되었다.

'김민섭 찾기 프로젝트'는 우리가 현재 처한 상황에서도 작은 노력으로 다른 사람의 삶에 긍정적인 변화를 줄 수 있음을 보여준다.

---

* 도움닫기: 도움닫기는 높이뛰기나 멀리뛰기 등의 운동 경기에서 실제로 뛰거나 던지는 힘을 높이기 위해 구름판까지 일정한 거리를 달리는 과정을 일컫는 말이다. 더 나은 성취를 위한 부스터(Booster) 효과이다.

새로운 관점으로 주변을 바라보면 작은 도움이 큰 변화를 가져올 수 있다. 오늘날 인터넷과 소셜미디어 덕분에 선한 행동이 빠르게 퍼지고, 좋은 목적을 위해 많은 사람이 쉽게 모일 수 있다. 자신의 일상을 잘 관리하는 것도 중요하지만, 따뜻한 마음으로 다른 사람을 돕는 행위는 엄마의 삶에 특별한 가치를 더해준다.

지인과의 가벼운 대화는 엄마의 마음을 위로해 줄 수는 있지만, 그것만으로 깊은 공허함을 모두 해소하기 어렵다. 엄마들은 적극적으로 사회적 관계를 맺고 서로를 응원하며 삶에서 새로운 희망과 가능성을 찾아야 한다. 외부 요인에만 의존해 내면의 공백을 채우려고 하면 결국 내면의 충만함을 잃게 된다. 내면의 모든 에너지를 소진하여 공허해지지 않으려면 엄마도 적절한 휴식과 자기 관리 시간이 필요하다. 삶의 균형을 유지하며 너무 많은 것을 추구하지 않는 것이 중요하다.

북아메리카 인디언들은 '친구'라는 단어를 '내 슬픔을 등에 지고 가는 사람'이라 해석한다. 엄마에게도 슬픔과 고민을 함께할 친구가 필요하다. 엄마의 여정은 종종 외로움과 피로를 동반한다. 엄마도 때로는 지칠 때가 있고, 그럴 때 다른 사람의 격려와 도움이 필요하다. 중요한 것은 다른 엄마들과 이해와 공감을 통해 육아의 부담과 고민을 함께 나누는 것이다. 이러한 관계는 커뮤니티 내에서 엄마들의 결속을 강화하고, 선한 영향력을 확산시킨다. 여행 티켓을 양도하여 타인의 삶에 새로운 기회를 제공하듯이, 엄마도 작은 행동으로 큰 변화를 이끌어 낼 수 있다. 이 과정을 통해 엄마의 삶은 더욱 의미 있고, 가치 있는 것이 된다.

엄마 부스터 만다라트

만다라트Mandal-art는 우리 머릿속 생각을 시각화하는 효과적인 방법이에요. 엄마로서 관심사를 탐색하고 목표를 설정하는 데 유용한 도구예요.

사용방법

① 큰 주제: 가운데 칸에 엄마가 가장 관심 있는 주제나 목표를 적어보세요.

② 주요 생각: 가운데 칸 주변 8칸에는 큰 주제와 관련된 생각들을 적어보세요.

③ 하위토픽: 8개의 생각 각각에 대해 또 다른 작은 생각들을 적어보세요.

④ 정리: 적은 내용 중 정말 해보고 싶은 것, 할 수 있는 것을 골라 계획을 세워보세요.

	②	

③	③	③
③	②	③
③	③	③

		②

②		

②	②	②
②	①	②
②	②	②

	②	

	②	

	②	

		②

* 참고: 복주환, 《생각정리스킬》, 서울: 천그루숲, 2017

엄마 부스터 만다라트

양육	디지털	엄마
온라인 스토어	황나리	전직 영어강사
인플루언서	독서	요리

천천히 만지면
가시도 가시가 아닌

모든 엄마는 아이를 사랑의 보호막으로 둘러싸고 싶어 한다. 하지만 아무리 힘써도, 모든 위험으로부터 완벽하게 아이를 지킬 수는 없다. 오히려 너무 꼼꼼히 보호하려는 마음이 아이에게 필요한 다양한 경험과 도전의 기회를 빼앗을 수 있다. 진정한 사랑이란 아이가 세상을 마주하고 때로는 실수를 통해 배우도록 허용하는 것이다. 가끔은 배움을 위해 가시에 찔리는 것도 받아들여야 한다. 이 경험이 아이를 더 강하게 만들어 준다. 아이는 실패하더라도 그 과정에서 판단력을 키우고, 이후에 더 나은 결정을 내릴 수 있는 힘을 길러나간다.

엄마를 위한 멘탈 수업

엄마는 아이에게 세상이 따뜻하고 친절한 곳이 되어주길 바란다. 그러나 인류학자 하라 히로코는 아이를 지나치게 보호하려는 본능 때문에, 아이의 성장에 필요한 중요한 경험을 놓칠 수 있다고 말한다. 그녀는 해어 인디언 사회에 관해 장기간 연구를 했는데, 문명사회에서 자란 아이들은 자연 속 인디언 아이들과 달리, 소소한 위험조차 겪지 않는 경향이 있었다. 이러한 경향으로 인해 아이들이 '자르기'나 '쪼개기'와 같은 일상적인 활동마저 위험하고 파괴적으로 여기게 되어 그 창의적인 가치를 간과하게 된다.

아이에게 세상이 때로는 도전적이고 힘든 곳이라는 것을 이해시키는 것은 중요하지만 어려운 과제이다. 예를 들어, 날카로운 가시가 위험하지만, 아이는 천천히 조심스럽게 접근하는 방법을 배우면 상처를 입지 않는다. 엄마가 아이와 함께 가시를 살살 만져보며, 안전한 접근 방법을 가르치면, 아이는 다치지 않고도 자신을 보호하는 방법을 배울 수 있다. 이렇게 아이는 엄마의 완벽한 보호막이 아니라 자신의 힘으로 현명하게 세상을 대할 수 있게 된다.

이러한 접근 방식에서 중요한 것은 아이에게 세상을 어떻게 바라보게 하느냐이다. 엄마는 아이에게 "가시가 너를 아프게 할 거야."라고 두려움을 심어주기보다는 "장미의 가시는 그저 자신을 보호하려는 거야."라고 긍정적인 시각에서 설명해 주어야 한다. 이를 통해 장미의 아름다움과 세상의 복잡함을 가슴으로 받아들이는 사람으로 자라날 것이다. 실제로 모든 상처가 문제를 일으키는 것이 아니다. 아이는 엄마의 걱정보다 훨씬 더 강인하다.

대부분의 상처는 시간이 자연스럽게 치유해 준다. 아이는 빠르게 상처를 회복하며 소중한 경험을 쌓게 된다. 그러니 아직은 위험하다고 느껴질 때는 가시로부터 적절한 거리를 유지하되, 아이가 다양한 상황에서 점진적으로 다가갈 수 있도록 도와주는 것이 좋다. 이를 통해 아이는 세상과 그 안의 위험에 건강하고 지혜롭게 대응하는 능력을 기를 수 있다.

한번은 유치원에서 '부모를 위한 자연 체험 연수'를 개최한 적이 있다. 연수에 참여한 한 엄마가 자연 속에서 아이들이 활동하는 것을 걱정스러워했다. "자연은 예측할 수 없어서, 아이가 무엇인가 만지려 할 때 불안해요." 그 말에 연수 강사는 이렇게 조언했다. "천천히 올바른 방법으로 접근하면, 가시도 위험하지 않아요. 날카로운 가시도 가시가 되지 않는 거죠."

그렇다. 엄마가 과도하게 걱정하면 아이에게 꼭 필요한 경험을 놓칠 수 있다. 엄마가 세상을 두려워하면 아이도 세상을 두려워하게 된다. 엄마가 세상을 더 많이 이해하고 배울수록, 아이는 더 안전하게 성장할 수 있다.

눈에 보이지 않는 가시가
더 위험한 이유

아이를 위협하는 진짜 가시는 아이의 성장을 가로막는 부모의 무심한 말과 행동에 있다. 부모의 실망스러운 표정, 한숨, 찡그림 같은 비언어적인 표현이 아이의 마음에 깊은 상처로 남긴다. 아들의 고등학교 입시 준비 과정을 함께하며, 나는 "노력은 배신하지

엄마를 위한 멘탈 수업

않는다." 또는 "엄마 말만 잘 들으면 자다가도 떡이 생긴다."와 같은 말이 아이에게 얼마나 부담과 무력감을 주는지 깨달았다. 이런 말들은 아이에게 무한한 노력을 강요하고, "엄마가 하라는 대로만 해."라며 아이에게 압박을 준다.

아이가 영재학교 입학시험에서 불합격했을 때, 그 소식을 듣고 어떻게 말해야 할지 막막했다. 아이는 분명히 실망하고 슬퍼할 것이었지만, 나는 "원하던 결과는 아니었어."라며 말을 꺼냈다. 아이는 그 말을 알아차리고 그저 고개를 끄덕였다. 나는 "그 학교는 정말 반짝이는 인재를 놓친 거야."라고 밝게 말했지만, 그 말만으로는 아이의 상처를 완전히 치유할 수 없었고, 아이는 오랫동안 방황했다.

아이가 일반 고등학교에 입학한 후에도 적응에 어려움을 겪었다. '의자 뺏기 게임'을 하듯이 학교 친구들과 내신 경쟁을 하는 것은 엄청난 정신적 스트레스였다. 학업에 대한 부모의 높은 기대는 아이에게 큰 부담을 주었다. 아들은 결국 고등학교에서 힘겹게 1, 2학년을 보내다가 3학년이 되어서야 마음을 다잡고 공부에 집중해 대학교에 입학했다. 고등학교 2학년이 끝나갈 무렵, 나는 더듬거리며 아이에게 말했다. "네가 충분히 잘하고 있었는데, 더 잘했으면 좋겠다는 엄마 욕심에 너를 계속해서 밀어붙였어. 미안해. 너무 늦게 말하게 됐어."라고 사과했다. 고등학교 입시에서 좌절을 맛본 아들이 혼자서 아픔을 삭일 때, 그때 했어야 할 말이었다는 것을 나는 뒤늦게 깨달았다. 엄마로서 얼마 살아보지 않았으면서 다 안다는 듯이, 아이에게 이 길이라고 선언했던 것을 후회했다.

고등학교 졸업과 대학 입학은 한국에서 성인이 되는 새로운 단계를 의미한다. 이 시기는 어른이 되기까지 많은 도전과 어려움을 겪으며, 가장 경쟁이 치열한 때이다. 때로는 가족, 교사, 주변 사람들의 조언이 비판으로 느껴질 수도 있다. 이런 비판은 아이의 자신감을 떨어뜨리고 의지를 앗아간다. 아이가 정서적 안정을 찾고 외부의 부정적 평가에 휩쓸리지 않도록 이끌어 주고 격려하는 것은 쉽지 않은 일이다.

특히, 아이와의 소통에 어려움을 겪는 엄마는 학교 교사나 다른 사람들로부터 아이에 대한 부정적인 평가를 들어도, 어떻게 아이를 이해하고 도와야 할지 몰라 애만 태우게 된다. 나 또한 다른 아이들이 목표를 향해 열심히 공부할 때, 내 아이만 뒤처질까 봐 걱정했다. 지금 생각하면, 아이가 숨을 고를 시간에 불안한 마음으로 지켜보기만 했던 것을 후회한다. 아이가 자랄 시간을 내 마음대로 흔들었던 것이 미안하다.

엄마는 아이에게 불필요한 두려움을 주기보다, 자신의 힘으로 세상을 헤쳐갈 수 있도록 도와야 한다. 엄마는 아이의 마음에 어느새 박힌 '가시'와 중요한 순간들을 세심하게 돌아봐야 한다. 아이가 날카로운 마음의 가시로 아프지 않도록, 엄마 스스로를 되돌아보는 일을 잊지 말아야 한다.

바늘잎과 비늘잎은
모두 향나무에서 생겨난다

엄마들이 아이에게 가시 같은 말을 하거나 실망한 표정을 짓게

엄마를 위한 멘탈 수업

되는 이유는, 아이가 중요한 순간에 실패하거나 어려움을 겪을까 봐 불안하고 초조하기 때문이다. 그러나 아이들은 이런 순간들의 중요성을 아직 이해하지 못한다. 나 역시 아이가 스마트폰 대신 책을 봤으면 좋겠고, 게임보다는 일찍 자서 아침을 규칙적으로 시작했으면 하는 바람에 잔소리를 하게 됐다. 아침에 늦잠을 자서 허겁지겁 가방을 메고 나서는 아이를 보면, 실망감을 감추지 못하고 한숨이 나왔다.

답답한 마음에 하소연하면 친정엄마는 "애는 원래 골백번 변하는 거야. 그러면서 크는 거야."라고 의미심장하게 웃으며, 향나무 이야기를 들려줬다. 향나무는 어린 시절에는 생존을 위해 뾰족한 바늘잎을 가지고 있지만, 시간이 지나면서 부드러운 비늘잎으로 변화한다는 것이다. 아이도 마찬가지로, 독립과 자기 보호를 위해 때로는 엄마에게 뾰족한 말을 할 수 있다. 엄마의 사랑은 단순히 보호를 넘어 아이가 성장하고 성숙할 수 있도록 지혜롭게 안내하는 역할을 해야 한다. 이 과정 속에서 엄마와 아이가 서로의 변화를 이해하며 함께 성장하는 것이 중요하다.

생각해 보면, 아이가 처음에 겪는 어려움이 꼭 영구적인 상처가 되지는 않는다. 예를 들어, 유치원에 가기 싫어 우는 아이를 엄마가 교사에게 맡기고 가는 상황이 반드시 아이에게 깊은 상처를 남기지는 않는다. 아이가 엄마와 더 함께 있고 싶어 하는 자연스러운 욕구를 충족시켜 주지 못했다고 해서, 그것이 꼭 오래가는 상처로 남지는 않는다. 당장은 엄마와 헤어지며 울음을 터뜨리는 것이 속상할 수 있지만, 이러한 경험이 항상 마음에 남는 가시가 되는 것은 아니다. 오히려 문제는 엄마가 이 작은 순간을 너무 크게 받아들여 아이의 마음을 불필요하게 아프게 할 때, 더 깊은 상처가 남는다.

등원 시 분리불안은 학기 초마다 유치원에서 늘 벌어지는 일이다. 어떤 엄마는 아이를 유치원에 들여보내지 못하고, 아이와 유치원 밖에서 들꽃을 보며 30분가량 배회하기도 하고 어떤 엄마는 "엄마랑 집에서 약속하고 왔는데 이렇게 안 지키면 어떻게 해?"라고 화를 낸다. 어떤 엄마는 "유치원에서 어제 무슨 일이 있었어요?"라며 문제의 원인을 다른 곳에서 찾기도 한다. 각자의 사연과 해결 방법에도 불구하고 너무나 당황스럽게도 대부분의 아이들은 교실에 와서 친구들과 놀거나 교사의 도움을 받아 속상한 마음을 다독이고 나면 다시 안정을 찾는다. 겉으로 드러나는 상황보다는 드러나지 않고 마음에 박히는 가시가 더 알아차리기 어렵다. 아이들 중에는 엄마와 정서적으로 떨어질 준비가 안 된 경우도 있지만, 어떤 연구에 따르면 일부러 헤어질 때 "나는 엄마 없이 살 수 없어요."라는 강한 메시지를 보내는 경우도 있다고 한다. 이는 아이가 엄마의 역할을 재확인하려는 의도일 수 있다.

이와 동일한 맥락에서 정신분석가 도널드 위니코트Donald Winnicott는 그의 저서 《충분히 좋은 엄마》에서 엄마의 과도한 보호 본능이 아이의 독립적인 시도와 충돌할 수 있다고 지적했다. 엄마의 적절한 통제는 아이에게 안전감을 제공하기도 하지만, 지나치면 아이의 도전 의지를 억제하고, 아이는 이를 성가신 것으로 여길 수 있다. 아이가 엄마가 제한하는 이유를 이해하고 받아들인다면 긍정적이지만, 이해하지 못하고 거부하면 갈등이 발생한다.

엄마를 위한 멘탈 수업

엄마는 아이를 가르칠 순간을 기다리지만, 때로는 아이가 스스로 세상을 경험하고, 직접 시행착오를 겪도록 내버려둬야 한다. 아이는 엄마가 생각하는 것처럼 소극적이지만은 않으며, 허락을 구하지 않고 새로운 것에 접근할 때도 있다. 이는 아이가 두려움을 극복하고 새로운 자신을 발견하는 과정이다. 엄마는 아이가 성장을 통해 스스로 성숙하도록 지원해야 하며, 그 과정에서 아이가 한 발 앞으로 나아갈 수 있도록 격려해야 한다.

아이가 언제까지나 엄마 품속에서만 자라지 않는다. 오스카 시상에서 단편 애니메이션 부문 최우수 작품상을 수상한 〈Bao〉는 아이의 성장과 함께하는 엄마의 감정변화를 다루고 있다. 이 중국계 캐나다 이민 가정의 이야기에서 엄마는 아이의 자립과 함께 상실감을 느낀다. 엄마는 자신만의 방식으로 아이를 지키려고 하지만 그 때문에 서로 상처를 입는다. 결국, 아들의 귀환과 새로운 가족 구성원을 받아들이며 변화한다. 이 작품은 엄마가 아이의 성장을 지지하고 그 과정에서 스스로도 성장해야 한다는 것을 상기시킨다. 엄마는 아이가 가시를 만날 때마다 "이번에 깨달은 게 있지? 다음에는 이렇게 해봐. 시간은 충분해."라고 긍정적으로 받아들이며 아이를 격려하면 된다.

마음의 가시 뽑기

 때로 아이의 마음에 작은 가시가 있을 수 있어요. 세상에서 가장 섬세하고, 가시를 잘 뽑는 족집게를 빌려드릴게요. 이야기를 나누면서 그 가시를 조심스럽게 뽑아내고, 상처가 아물 수 있도록 도와주세요.

아이와 마음을 나누는 대화를 통해, 엄마는 아이의 내면을 깊이 이해하고 존중하고 있다는 것을 보여줄 수 있어요. 이 과정에서 아이 마음속의 '가시'도 빠져나올 거예요.

가시 찾기

- 어떤 말들이 네게 힘이 되었는지 이야기해 볼래?
- 엄마가 한 말 중에 가시처럼 아팠던 말이 있었니?
- 앞으로 엄마가 어떤 말을 더 많이 해주면 좋겠어?
- 엄마가 한 말 중에서 널 정말 행복하게 만든 것은 무엇이니?
- 엄마의 말이 너를 힘들게 했다면, 그건 엄마의 의도와 다르게 전해졌나 봐.

  네 생각을 듣고 싶어. 어떤 말을 조심해야 할지 네가 가르쳐 줄래?

삶은 균형,
팽이를 돌리듯

육아라는 거대한 과제 앞에서 엄마는 자신의 삶에 대한 고민은 접어두고, 끝없는 양육의 여정을 시작한다. '나 아니면 할 사람이 없어.'라고 생각하고 어떻게든 해결해 보려고 하지만, 매일 반복되는 과제는 엄마를 지치게 만든다. 직장과 가정 사이에서 엄마는 숨 가쁘게 일한다. 어쩌다 잠시 느끼는 성취감도 다음 날이면 사라진다. 이런 상황에서 엄마는 언제쯤 휴식을 취할 수 있을지, 이 모든 과제의 끝은 어디에 있을지 막막하기만 하다.

엄마로서 일과 육아 사이에서 균형을 잃었다고 느끼는 순간은 사람마다 다를 것이다. 어느 날, 비슷한 또래의 아이를 키우는 직장 동료가 내게 걱정스러운 목소리로 전화했다. "아이가 내 말은 듣지 않고, 핸드폰만 해서 걱정이에요. 자기 일은 알아서 한다고만 하는데, 공부에는 관심이 없어요. 이럴 거면 차라리 제 일에만 집중했어야 했나 봐요." 그녀는 아이가 초등학교에 입학한 이후부터 아이의 활동을 열심히 챙기며, 주말마다 각종 체험과 대회로 바쁘게 보냈다. 그녀의 이야기는 내 경험과 다르지 않았다.

아이와 함께 있지 못하는 시간이 미안하게만 느껴졌다. 직장 생활은 점차 단순히 생계를 유지하기 위한 시간이 되었고, 퇴근 시간이 되자마자 서둘러 직장을 나서는 것이 당연한 일이 되었다. 누군가의 제안으로 새로운 일이 생겨도 관심이 가지 않고 반갑지도 않았다. 어쩔 수 없이 해야 할 일은 아이가 잠든 사이에 집에서 처리했다. 이 모든 것이 아이를 위하는 바람직한 엄마의 모습이라 믿었다.

엄마로서의 역할에 몰입하다 보면 자신을 돌보는 것을 잊고, 정작 중요한 것이 무엇인지도 잊어버리기 쉽다. 사랑하게 되면 상대에게 약해지듯, 자신을 줄이고 낮추어 아이를 빛나게 하고, 집 안을 말끔히 치우고, 함께하는 공간을 아름답게 꾸미게 된다. 집안일은 해도 해도 끝이 없어서 마치 블랙홀처럼 엄마의 에너지를 모두 빨아들인다. 아이를 키우는 일도 마찬가지로 끝이 없어서 엄마로서 해야 할 일의 범위를 스스로 정해두지 않으면 육아의 무게는 결국 감당하지 못할 만큼 커지게 된다.

엄마는 자신의 경험, 노력, 운 등이 결합된 특별한 '경험'을 아이와 공유하고 싶지만, 그 과정은 결코 쉽지 않다. 시간이 흐르고 상황이 변함에 따라, 이 경험의 가치도 달라진다. 그래서 많은 시간을 아이와 보내면서도 불안감을 느낄 수 있다. 한 번은 동네에서 우등생으로 알려진 아이의 엄마가 이런 이야기를 했다. 아이의 시험을 앞두고, 아이가 학교에 간 동안 그 과목을 공부하고, 집에 돌아온 아이에게 문제집을 풀게 하며 가르치는 일을 하루 종일 했다고 한다. 이런 상황을 듣고 "정말 이렇게까지 해야 하는 걸까?"라는 생각에 우울해졌다. 이렇게 과도한 육아로 인해 엄마 자신을 돌보는 것을 소홀히 하게 되고, 불필요한 스트레스를 받게 된다. 이러한 일들이 쌓이면 엄마는 점차 행복을 느끼기 어려워진다.

워라밸,
인생이란 팽이

엄마가 육아와 일 사이의 균형을 찾는 것은 단순히 시간을 50대 50으로 나누는 것 이상의 의미를 가진다. 이 균형은 끊임없는 조율과 재조정을 필요로 하며, 엄마의 삶에는 다양한 활동이 포함된다. 계절에 따라 옷을 정리하거나 집안의 가계를 규모 있게 운영하는 일, 아이의 습관을 관찰하고 개선하려는 노력, 식사 메뉴를 영양과 효율적인 시간을 고려하여 정하는 일, 아이의 유치원이나 학교생활에 관심을 기울이는 것 등 모두가 중요한 엄마의 역할이다. 이러한 활동들을 어떻게 조화롭게 관리하느냐가 중요하며, 바쁜 일상 속에서도 중요한 목표를 잊지 않고 한쪽에만 치우치지 않도록 주의해야 한다.

엄마가 자신의 삶에서 중요한 순간들을 아이를 위해 포기하는 것이 때로 모순적으로 느껴질 수 있다. 많은 엄마들이 이러한 경로를 걷고 있다. 일부의 엄마들은 아이의 교육에 열중하는 반면, 다른 일부의 엄마들은 자신이 열심히 사는 것을 아이에게 보여주는 것만으로 충분하다고 여긴다. 자신을 발견하고 돌보는 일을 뒤로하고, 모든 가족의 시간과 경제력, 그리고 열정을 아이에게만 쏟아부으며 아이를 집안의 '주인공'처럼 만드는 것은 큰 위험을 초래할 수 있다. 이런 선택은 나중에 부모가 자신의 정체성을 되찾으려 할 때 예상보다 훨씬 더 큰 어려움을 겪게 할 수 있다.

사회에서 오랜 시간 동안 '워라밸_{일과 삶의 균형}'이 중요한 개념으로 자리 잡았다. 일에 과도한 시간과 에너지를 소모하느라 가정에 돌아갔을 때, 깊은 가족 관계를 형성하고 유지하지 못하고 오히려 소외감을 느끼는 문제가 꾸준히 지적되었다. 사람들은 일뿐만 아니라 개인으로서 삶의 질, 행복을 추구하게 되었다. 육아하는 엄마들도 자신의 일상에서 일과 육아 사이의 균형을 찾으려는 시도를 많이 한다. 직장에서 적당한 에너지를 소비하고, 가정에 돌아와 충분히 에너지를 쓰는 것이 중요하다고 여기기도 한다.

최근 젊은 세대 사이에서는 일명 '조용한 사직'이라는 트렌드가 새롭게 등장했다. 이는 일시적으로 조용히 맡은 일만 수행하며 버티는 것을 의미한다. 그러나 이런 방식은 일과 육아를 병행하는 엄마들에게는 이미 익숙한 상황이었다. 가정에서 엄마는 풀타임으로 에너지를 쏟아야 하는 반면, 직장은 단지 수입을 위한 공간으로 여겨질 때가 많다. 수면 시간을 제외하고, 일상의 절반을 생계유지에

엄마를 위한 멘탈 수업

쓰다 보면, 쉽게 지치고 육아에 대한 부담감이 커지게 된다.

　그러나 엄마의 삶은 단지 육아만을 포함하는 것이 아니라, 생계를 책임지는 직장에서의 보람, 성취감, 개인의 휴식과 관심사도 중요하다. 직장에서 소극적인 대처가 엄마의 상황을 근본적으로 더 나아지게 하지도 않는다. 오히려 상황에 따라 유연하게 대처하는 능력이 필요하다. 이는 마치 상황에 따라 지렛대의 받침대를 조절하는 것과 같다. 예를 들어, 직장의 프로젝트 발표회와 같이 중요한 행사가 있을 때는 그 준비에 많은 시간을 할애해야 한다. 육아에서도 엄마의 도움이 많이 필요한 시기와 그렇지 않은 시기가 있으니 이를 잘 판단하는 것이 중요하다. 또한, 어떤 교육기관을 선택하느냐에 따라 엄마의 시간과 비용의 부담, 기관 참여도 등이 달라질 수 있다. 늦은 퇴근이나 갑작스러운 가족 문제 등, 예기치 못한 상황에 대처하는 것 또한 엄마의 중요한 역할 중 하나이다.

　엄마가 되어서도 자신의 꿈을 추구하는 것은 쉽지 않은 일이지만, 많은 엄마들이 자신만의 방식으로 이를 꾸려나가고 있다. 가수 박새별은 대학에서 심리학을 전공한 후, 가수가 되었고, 음악 분석에 대한 관심을 바탕으로 인공지능을 대학원에서 공부했다. 그녀는 최근 인터뷰에서, 모든 일을 한꺼번에 처리할 수 없기 때문에 한 가지 일에 집중하는 동안, 그 일을 잘 마무리하려고 노력한다고 말했다. 그녀는 "일을 하다가 육아를 하면 일을 쉬는 것이고, 음악을 하다가 연구를 하면 음악을 쉬는 것이라고 생각해요."라고 말했다. 이는 일과 다른 중요한 활동 사이에서 어떻게 균형을 찾아야 하는지 그녀만의 해석을 보여준다.

일과 삶의 균형을 찾는 핵심은 그 순간을 즐기면서 점진적으로 균형을 찾아가는 것이다. 엄마의 삶은 마치 스케이트보드를 처음 배우는 것과 비슷하다. 처음에는 자주 넘어지고, 상처도 입지만, 시간이 흐르면서 점차 균형을 잡게 된다. 그러나 기술을 익히고 요령이 생긴다고 해서 항상 안정적인 것은 아니다. 이 균형은 일시적이며 언제나 완벽하지 않을 수 있기에 지속적인 노력이 필요하다.

우리는 아직 다가오지 않은 문제에 대한 과도한 걱정으로 불필요하게 스트레스를 받을 때가 많다. 팽이를 돌리듯, 우리는 아이를 키우고 꿈을 실현하기 위해 '오늘'이라는 시간의 팽이를 돌린다. 삶의 목적을 가지고 팽이의 줄을 힘껏 당겨야 팽이가 안정적으로 돌고, 도는 힘이 떨어지면 멈추기도 한다. 팽이가 매끄러운 바닥 위에서 도는지, 아니면 풀밭 위에서 도는지에 따라 멈추거나 넘어질 수 있듯, 인생이라는 팽이도 마찬가지다. 육아 또한 특별한 일이 아니라 시기마다 우리가 무엇을 안고 도느냐에 따라 달라진다. 팽이가 오래 돌다가 멈추기도 하고, 연습이 필요할 때도 있지만, 자신에게 필요한 시간을 만들고 가족과 자신의 행복을 고려하여 결정을 내리면서 균형을 찾아가는 것이 중요하다.

이 모든 과정에서 우리는 자신만의 방식으로 삶을 균형 있게 이끌어 가는 방법을 배워야 한다. 엄마로서 역할을 다하느라 자신을 돌보지 못한 시간에 대해서는 아쉬움이 생겨난다. 자신을 위한 선택이 이기적이라기보다는 필수적인 것임을 이해하는 것이 중요하다. 자신을 소홀히 대하는 것은 결국 더 큰 문제로 이어질 수 있다. 따라서 엄마가 일과 육아 사이의 균형을 찾는 것은 단순한 일상의

배치가 아니라 삶의 중요한 가치들을 함께 안고 가는 여정이라고
할 수 있다.

모조에 대한 균형적인
이해와 적용이 필요하다

마셜 골드스미스Marshall Goldsmith는 세계적인 경영 컨설턴트로
2번이나 〈세계에서 가장 영향력 있는 리더십 사상가〉 명단에 이름
을 올렸다. 그는 '모조MOJO'라는 용어를 통해 우리 내면에서 발현되
어 바깥으로 드러나는 에너지, 열정, 긍정적인 변화의 힘을 설명했
다. 이 용어는 원시종교의 주술 의식에서 사용되던 부적에서 유래
했다. 모조는 크게 '개인적 모조'와 '직업적 모조'로 나뉘며, '개인적
모조'는 행복, 성취감, 자기 계발 같은 요소를 의미하는 반면, '직업
적 모조'는 직장 내 지식, 능력, 자신감 같은 요소를 포함한다. 이러
한 개념은 엄마가 일상에서 겪는 다양한 상황을 효과적으로 이해하
고 대처하는 데 도움을 준다.

골드스미스는 우리의 일상 활동이 모두 행복이나 의미를 부여하
는 것은 아니라는 것을 강조한다. 이를 바탕으로 자신의 경험을 객
관적으로 평가하고, 삶의 장애물을 극복하며, 성취를 최적화하는
방법을 찾을 것을 권장한다. 〈표3〉은 골드스미스의 모조평가표에
기반하여 엄마의 일상적인 활동을 재구성한 것이다. 이 평가표는
하루 일과를 나열하고, 각 활동이 막연하고 관성적인 것인지, 아니
면 엄청난 일을 하는 것처럼 과대 평가된 것인지를 평가하는 데 사

용된다. 이 과정을 통해 각 활동이 자신에게 어떤 의미를 주는지 더 명확하게 파악할 수 있다.

〈표3〉 엄마의 일상에 기반한 모조 점수표(예시)

활동	직업적 모조						개인적 모조						모조 점수 A+B
	동기	지식	능력	자신감	진정성	합계 A	행복	보상	의미	자기계발	감사	합계 B	
1. 아이 식사 및 등원준비 1시간	10	10	10	10	10	50	10	8	10	5	10	37	87
2. 집 안 청소 1시간	10	10	9	8	7	44	6	8	10	5	8	37	81
3. 독서 및 휴식 1시간	10	10	10	10	10	50	10	10	10	10	10	50	100
4. 선생님과 상담 전화 및 기관 SNS 확인 1시간	10	10	10	10	10	50	10	10	10	6	10	44	94
5. 학부모 모임 2시간	9	8	5	8	6	36	8	9	7	5	7	36	72
6. 은행 업무 1시간	10	2	10	8	3	33	5	10	8	2	5	30	63
7. 아이 하원 맞이 1시간	10	10	10	10	10	50	10	10	10	5	10	45	95
8. 유튜브 보기 1시간	8	6	6	4	3	27	8	9	9	10	6	42	69
9. 저녁식사준비	10	10	8	8	10	46	8	8	10	5	10	41	87
...													
...													

엄마의 일상 활동을 점수로 기록하며, 각 활동에 대한 만족도는 0~10점으로 평가된다. 예를 들어, '집 안 청소'와 같은 활동에서 능력을 발휘해 높은 점수를 받을 수 있지만, 그 활동이 행복이나 의미를 주지 못한다면 개선할 방법을 찾아야 한다. 일부 엄마에게는 집 안 청소가 단지 의무적인 일이지만, 다른 엄마는 이를 가족과 함께

엄마를 위한 멘탈 수업

하는 소중한 시간으로 전환하거나, SNS를 통해 다른 사람들에게 청소 노하우를 공유함으로써 이 활동의 가치를 높일 수 있다.

일과를 마치고 나면, 우리는 반복되는 일상의 패턴을 인식하고, 긍정적인 영향을 주는 활동과 개선이 필요한 활동을 구분할 수 있다. 골드스미스의 '모조' 개념과 평가 방법은 엄마들에게 유용하다. 매일 반복되는 육아의 도전 속에서, 엄마들은 각 활동을 구체적으로 평가하거나 조정할 여유가 거의 없다. 일상의 활동이 연속되어, 식사 준비, 옷 입히기, 잠재우기, 교육 등의 활동이 끊임없이 이어지므로 어느 것을 우선해야 할지, 어떻게 지원을 받을 수 있을지, 어떤 태도 변화가 필요한지 고민할 시간이 부족하다. 육아와 직장생활이 업무가 겹치면서, 엄마의 역할은 뒤엉키고, 이 복잡함 앞에서 효율성을 잃기 쉽다. 모조 점수표를 사용하여 일과를 조정함으로써, 엄마가 일상에서 느끼는 부담을 분명하게 파악하고 경감시킬 수 있다.

골드스미스는 사람의 정체성을 이해하는 데 '과거', '미래', '타인의 시각', '자신의 시각'이라는 네 가지 요인이 크게 작용한다고 강조한다. 〈표4〉에서 볼 수 있듯이, 이 요인들 중 어느 하나에 중점을 두는지에 따라 개인의 정체성이 달라질 수 있다. 일례로, 부모나 가족이 만든 '과거의 나'라는 이미지에 지나치게 얽매이면, 현재의 변화와 발전이 어려워질 수 있다. 특히, 경력 단절 후 다시 일자리를 찾지 않는 일부 엄마들은 가사와 육아의 부담을 이유로 들기도 하지만, 그 근본 원인을 더 깊게 분석하면 다른 진짜 원인을 발견할 수 있다. 우리의 정체성은 스스로 변화시키고 발전시킬 수 있는 것이며, 이것은 외부 요인이 아니라 우리 자신의 선택에 달려 있다.

〈표4〉 Goldsmith의 네 가지 유형의 정체성

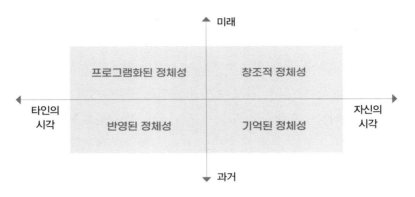

미래

프로그램화된 정체성	창조적 정체성
반영된 정체성	기억된 정체성

타인의 시각 ← → 자신의 시각

과거

엄마를 성장시키는 시간

엄마가 아이를 키우면서 자신의 모든 시간을 헌신하도록 요구하는 사회적 분위기는 종종 진정한 행복을 누리는 데 장애가 될 수 있다. 엄마는 아이와의 깊은 감정적 연결을 통해 마치 자기 자신을 돌아보는 것 같은 경험을 한다. 이 연결은 아이가 어릴 때 특히 더 강하지만, 이것이 모든 엄마에게 자기희생을 요구하는 것은 아니다. 사실, 육아는 균형을 찾아가는 과정이며, 도전을 하나씩 극복할 때마다 엄마는 더 성장하고, 넓은 시각을 얻게 된다.

우리 전통 액막이 연의 제작 과정을 살펴보면, 인생의 상처가 어떻게 새로운 의미를 가질 수 있는지 이해할 수 있다. 완벽한 한지를 접어 한가운데 방구멍을 내는 과정은 인생의 상처나 절망과도 같지만, 방구멍에서 잘라낸 동그란 조각 종이를 색칠해서 연의 이마 부

266

분에 덧대면, 원래의 상처는 새로운 의미로 되살아난다. 이 상처는 연이 하늘에 올랐을 때, 바람을 견디는 가장 강한 부분이 되며 연을 높이 날게 한다. 무려 17년에 걸쳐 《혼불》을 집필한 故 최명희 작가는 이렇게 액막이 연을 통해 인생의 아픔과 성숙을 상징적으로 표현했다. 엄마의 시간도 마찬가지로 처음의 어려움이 결국 새로운 도전과 기회로 변할 수 있다.

인생에서는 예상치 못한 전환점이 많다. 배우자와의 이별, 가족의 병, 직장에서의 해고, 아이의 학교 문제 등으로 일상이 흔들리는 순간들이 있다. 이런 크고 작은 변화들로 인해 엄마의 일상은 달라질 수밖에 없다. 따라서 매일 같은 날이 아니라, 각각의 일에 균형을 잡으며 대응하는 것이 중요하다.

행복은 예상치 못한 곳에서 발견된다. 엄마가 아이를 돌보는 일상 속에서도 놀라운 순간들을 찾을 수 있다. 아이를 먹이고, 씻기고, 유치원에 데려다주는 일상이 어제와 같을지라도, 엄마의 따뜻한 눈빛이나 부드러운 말 한마디가 오늘을 특별하게 만들 수 있다. 아이와 눈을 마주치며 웃고, 강아지풀로 볼을 간지럽히는 등 작은 행동 하나하나가 일상에 의미를 부여한다. 이런 소소한 순간들이 바로 육아 전문가들이 강조하는 '질적인 시간'이다. 성공적인 육아는 엄마가 아이와 함께할 때, 마음을 다해 시간을 보내는 것을 의미하며, 항상 아이 옆에 머물러야 하는 것은 아니다.

직장이나 가정에서 엄마 자신의 능력을 계발하면서 느끼는 기쁨은 육아에도 긍정적인 영향을 미친다. 따라서 '나는 이제 날개를 잃었어.'라고 생각하기보다는 집중하여 일을 마치는 데 필요한 시간을 파악하는 것이 중요하다. 주변의 영향을 받지 않고, 사용할 수 있는 시간을 파악하고, 엄마로서 경험을 통해 어떤 부분을 점진적으로 개선할 수 있는지 파악해야 한다. 그리고 결과에 대한 책임을 육아로 돌리지 않고, 자신의 역량을 확장하는 기회로 삼아야 한다.

'모조 점수표'를 활용한 자기 성찰을 통해 일과 육아 사이에서 균형을 찾는 것은 엄마가 느끼는 부담을 명확히 파악하고, 어떤 부분을 유지하고 개선할지 결정하는 데 도움이 된다. 육아의 책임감이 무겁게 느껴질수록 자신을 위한 시간을 확보하는 것이 중요하다. 처음에는 어려울 수 있지만, 의식적인 노력을 통해 엄마는 삶에 새로운 활기를 불어넣고, 아이와도 건강한 정서적 관계를 유지할 수 있다.

엄마의 모조 점수표

이 점수표를 사용하여 엄마의 하루 일상을 돌아보고 평가해 보세요. 꾸준한 평가와 관리를 통해 반복되는 패턴을 인식하고, 부담을 주는 활동을 식별할 수 있어요. 이를 통해 어떤 활동을 지속하고, 조정할지, 어디에 도움이 필요하고, 태도를 어떻게 바꿔야 할지 결정할 수 있어요.

사용방법

1. '활동'란에 하루의 주요 활동을 적어보세요(예: 독서, 집 안 청소).
2. 각 활동을 항목별로 1–10점의 점수를 부여하세요(1점: 매우 부정적, 5점: 중립적, 10점: 매우 긍정적).
3. 모조 점수를 합산하여 각 활동이 과소평가되는지 또는 과대평가되었는지 평가해 보세요.
4. 이 점수표를 정기적으로 작성해 보세요. 주간 또는 월간으로 추세와 패턴을 분석해 보세요.

모조 점수를 내 삶에 어떻게 반영하나요?

- 중요도: 각 활동의 중요도를 평가하여 우선순위를 정리해요.
- 감정 상태: 활동 수행 시 느낀 감정을 인식하고 가치를 부여해요.
- 지속 여부: 점수와 중요도를 바탕으로 활동의 지속 여부를 결정해요.
- 개선 필요성: 낮은 점수의 활동에 대해 구체적인 개선 방안을 찾아요.

활동	직업적 모조						개인적 모조						모조 점수 (A+B)
	동기	지식	능력	자신감	진정성	합계 (A)	행복	보상	의미	자기 계발	감사	합계 (B)	

* 참고: Marshall Goldsmith, 《모조》, 박세연 역. 서울: 리더스북, 2010, (원저출판 2009, *MOJO*)

V

남은
이야기

: 양육의 이면

아직 더 커야 하는
사람의 성장법

꿈이라는 단어가 아이들만의 전유물처럼 여겨질 때가 있다. 아이
는 매일매일 눈에 띄게 자란다. 반면, 어른의 몸을 가진 엄마는 겉
으로 드러나는 변화가 적어 성장이 멀게만 느껴진다. 변화가 보이
지 않기 때문에 엄마는 자신의 꿈을 뒤로 미루고 일상에 매몰되기
쉽다. 아이가 엄마 키만큼 자랄 때까지 엄마의 행복감은 하루하루
커지지만, 아이의 성장에만 집중하면 엄마 자신의 존재감이 점차
희미해질 수 있다. 아이를 돌보느라 자신의 성장을 뒤로 조금씩 미
뤄두거나 양보한 탓이다. 엄마 역시 아이를 키우는 과정에서 자신
의 세계를 넓히며 시야를 확장할 필요가 있다. 엄마 자신의 꿈을 키
우는 일도 아이의 성장만큼이나 소중하다.

엄마를 위한 멘탈 수업

나는 지극히 두 아이를 사랑했다. 많은 엄마들처럼, 나는 지극정성으로 아이들을 돌보고 키웠다. 3년 터울의 아들과 딸을 각각 '선물'과 '보물'이라고 여기며 키웠다. 그들의 삶에 온전히 몰두하여 모든 것을 결정하다 보니, 주변 사람들에게는 엄마로서 개인의 삶이 없다고 푸념하곤 했다. 엄마라는 사실을 내세워 내 일에 온전히 집중하지 못하는 구실로 삼기도 했다.

30대 중반에 대학원 박사 과정에 들어갔을 때, 늦은 시간대 강의를 듣게 되면 마음이 온통 불안했다. 쉬는 시간에는 아이에게 엄마가 금방 간다고 전화하고, 집에 가선 과제를 하느라 아이가 빨리 잠들기만을 바랐다. 복직하여 직장에 돌아갔지만, 회식이라도 잡히면 마음이 불편했고, 회식 자리에서는 상사가 모임을 빨리 마쳐주기만을 바랐다. 내가 사랑하는 것들이 온전히 제자리에 있기를 바라며, 하루하루 분투하며 시간을 보냈다. 그러는 사이 아이는 훌쩍 자라 있었고, 엄마로서 내게 온전히 주어졌던 시간도 마무리할 시점이 가까워졌다고 생각했다.

비슷한 시기에 결혼하여 나보다 먼저 아이를 낳은 선배가 있었다. 그녀는 결혼 후, 유럽으로 이민을 가서 아이를 출산했고, 12년을 그곳에서 살다가 아이가 초등학교 고학년이 됐을 때, 한국에 돌아왔다. 아이의 학교 적응 문제로 속앓이를 꽤 많이 했다. 명문대를 나왔지만, 양육 기간 내내 직장을 구하지 않고, 아이의 공부를 직접 시키며 아이 뒷바라지만 하던 그녀를 보면서 나는 안쓰러움을 느꼈던 터였다. 선배 언니의 아이가 대입을 앞둔 무렵, 오랜만에 그녀를 만났다.

"그동안 애 많이 쓰셨네요. 이제 다 키워서 좋으시겠어요."라고 인사를 건네자 선배가 한숨부터 쉬었다. "요새는 대학 갈 때까지가 아니라 결혼하기 전까지라네. 대학에 가서 수강 신청하는 것까지 도와야 하고, 완전히 나한테서 독립하기 전까지 내 숙제지 뭐."

선배의 푸념을 들으니 내가 엄마가 아니라 한 사람으로서 아이와 분리되기까지 또다시 10년이 유예된 듯했다. 돌아오는 길에 씁쓸하고 숙제를 한가득 받아 온 것 같았다.

줄탁동시는 틀렸다

선배 언니를 만나고 난 뒤, 한동안 여러 가지 생각들로 인해 머릿속이 복잡했다. '내가 너무 안이한 생각을 하고 있는 것은 아닐까? 다른 엄마들이 이인삼각 경기를 하고 있는데 나 혼자 태평하게 아이를 인생의 경기에 내보내는 것인가?'하고 자문해 보기도 했다. 하지만 명확하게도 엄마와 아이 사이에는 분명한 선 긋기의 시점이 다가온다.

모든 아이들은 이 세상에서 자신을 드러낼 수 있는 '존엄'과 인생에서 다양한 시도를 해볼 수 있는 '기회'를 가지고 태어났다. 엄마의 꿈이 아이의 꿈이 될 수 없듯 아이의 꿈도 엄마의 꿈이 될 수 없다. 아이의 꿈에 대한 '관심'이 지나치면 '간섭'이 되고, 아이의 삶을 압도하게 된다. 아이의 꿈이란 아이 자신이 가려 하는 곳이며, 엄마는 그 꿈의 방향을 정해줄 수도, 이루어 줄 수도 없다. 엄마가 집중할 것은 자신의 꿈이며, 함께 꿈을 키우는 가이드로서 여러 선택지

엄마를 위한 멘탈 수업

를 제안할 뿐이다.

익히 잘 알려진 사자성어 '줄탁동시啐啄同時'는 교육이나 양육 대상의 관점에서 교사나 부모의 역할을 강조하는 말이다. 이는 병아리가 안에서 껍데기를 깨는 동시에 어미 닭이 바깥에서 그 신호를 알아차려 적절히 도와준다는 의미를 담고 있다. 그러나 이러한 해석은 실제 자연 현상과 차이가 있다. 병아리는 자신의 부리와 근육을 사용하여 알껍데기를 깨뜨리려고 노력한다. 그동안 알껍데기를 통해 산소를 받아왔지만, 때가 되면 스스로 그 알껍데기를 깨고 나와야만 진짜 세계의 공기를 폐로 받아들일 수 있다.

어미 닭이 신호를 감지하고 껍데기 깨기를 직접적으로 도와준다는 것은 다소 과장된 통념이다. 부화 기간 동안 어미 닭은 3~4시간마다 알 돌리기를 하면서 알 전체 부위에 균일한 온도를 유지하고, 습도를 관리해서 알 속에서 배아가 잘 호흡하고, 껍데기에 달라붙지 않게 돕는다. 부화 직전에 특정한 소리를 내어 병아리와 소통하기도 하고, 부리로 껍질을 조금씩 쪼아주기도 하지만, '줄탁동시'가 암시하듯이 정확한 타이밍에 맞춰 도와주는 것은 아니다. 어미 닭은 직접적인 개입보다는 환경을 만들어 준다.

'줄탁동시'에 등장하는 어미 닭은 알을 품고 지키지만, 삶의 모든 이유가 알에만 있는 것은 아니다. 어미 닭은 알을 품는 동안 정기적으로 둥지를 떠나서 먹이도 먹고 물도 마신다. 빠르게 영양분을 섭취하고, 돌아와 알을 품는다. 자신의 건강을 돌보며 병아리의 성장과 발달도 지원하는 것이다. 어미 닭이 병아리를 돌보는 것 이외에 다른 삶의 이유가 없다면 왠지 서글프지 않은가.

엄마도 마찬가지로 자신의 삶을 살며, 아이가 세상으로 건강하게 나아가 성장하도록 애정으로 지켜봐야 한다. '네가 오길 기다리고 있단다. 그러니 안심하고 나와도 괜찮아.', '조금만 더 힘을 내.'라는 메시지를 전달하면 된다. 자신의 생존과 발전에 대한 욕구는 아이에 대한 사랑만큼 생물학적 본능이다. 엄마는 아이의 삶을 설계하는 대신, 어떻게 함께 잘 살아갈지 끊임없이 질문하는 사람이다. 아무렴 아이를 이 세계에 단단히 고정시키는 핀 같은 존재가 되라고 엄마가 생겨났을까? 100세 시대에 아직 20~30년 인생의 초반부를 살아본 엄마가 아이를 온전히 책임지는 것은 애초에 불가능하다.

서로 다른 시대에서 온 두 사람이 만나 함께 살아간다. 엄마와 아이가 그렇다. 적게는 20년, 많게는 40년 시간의 간극이다. 따라서 엄마는 아이의 시간을 지배하기보다 아이에게 필요한 순간에 아이의 리듬에 맞춰 걸어야 한다. 옷 입기, 밥 먹기, 친구와 우정 맺기, 공동체 속에서 지켜야 할 약속을 알고 지키기 등 생활의 기본을 가르치며 아이가 자신의 길을 찾도록 돕는다. 아이가 자라서 학업 때문에 힘들어할 때, 엄마는 "중요한 것은 네가 최선을 다했다는 거야. 조금 시간이 걸려도 괜찮아. 그게 배우는 거야."라고 말해주고 고민을 들어주면 된다.

아이의 문제에 대한 엄마의 즉각적인 반응은 주로 엄마 자신의 평소 생각을 드러낸다. 아이의 부족함을 자꾸 지적하는 엄마는 대개 자신에게도 엄격하고 여유가 없다. 성장만을 강조하면 다른 중요한 가치들을 놓치기 쉽다. 엄마는 느리더라도 천천히 주변을 챙겨가며 아이의 성장과 함께 자신의 꿈도 함께 추구해야 한다. 이 과정에서 자신을 대견히 여기며, 조금씩 성장하는 기쁨을 잊지 말아야 한다.

아이를 초대한 이유

고레에다 히로카즈Kore-eda Hirokazu 감독의 영화 〈그렇게 아버지가 된다〉는 가족의 본질에 대해 '가족은 어떻게 만들어지는가?', '가족을 유지하는 힘은 어디에 있는가?'와 같은 심오한 질문을 던진다. 병원의 실수로 아이가 바뀌었다는 사실이 6년 만에 밝혀지고, 이 소식을 받아들이는 두 가정의 반응을 섬세하게 그리고 있다.

영화에서는 다둥이 가정에서 자유롭게 자란 류세이와 부모의 설계대로 엘리트 코스를 향해 살아온 케이타가 대조되며, 부모와 아이의 관계가 새롭게 조명된다. 영화는 불완전한 부모의 모습을 보여준다. 주인공 아빠 료타는 처음에 자신의 혈연이 아닌 케이타의 부족한 면을 유전 탓으로 여긴다. 그러나 케이타가 찍었던 사진 속에서 우연히 자신의 잠든 모습, 뒷모습 등을 보게 된다. 자신이 냉담해졌을 때도 케이타가 자신을 그리워했다는 것을 깨닫고 케이타를 찾아가 사과한다.

처음에 케이타가 자신의 혈연이 아니라는 것을 알고 료타는 "역시 그랬었군."이라며 혼잣말을 한다. 하지만 영화 말미에는 마음을 닫은 케이타를 찾아가 "6년 동안은 아빠였어."라고 고백한다. 부모와 아이의 진정한 연결은 유전자가 아니라 함께한 시간과 추억에 있다는 것을 깨닫는다. 경제적으로 여유롭지 않은 환경에서 자란 류세이가 케이타에 비해 조금도 부족하다고 여겨지지 않는 것은 이러한 이유 때문이다.

엄마가 아이를 이 세상에 맞이할 때는 대개 삶에 대한 희망과 기대를 품게 된다. 엄마의 사랑이 좋은 것만을 주려는 마음이나 아이의 성공에 대한 기대로 치우쳐서는 안 된다. 아이가 고단할 때, 쉬어갈 수 있는 그늘이 되는 것이 엄마라는 관계의 본질이다. 아이는 살아가면서 그들이 원하는 지점에서 여행을 시작하고, 더 오래 머물 수도 있고, 웃고 넘어지고 울 수 있다. 화려한 경험들은 일시적인 기쁨을 줄 수 있지만, 그것이 곧 삶의 전부는 아니다. 이것은 단순한 체험일 뿐, 진정한 삶의 의미를 담지는 못한다. 따라서 엄마는 자신과 돈과 시간을 모두 아이에게 쏟지 않는다고 해서 미안함을 느낄 필요는 없다.

엄마에 대한 아이의 사랑은 무조건적으로 시작되므로, 엄마가 조건적으로 사랑하면 엄마가 사랑을 계산하면 아이는 깊은 상처를 받을 수 있다. 큰아이가 초등학교 4학년이었을 때 일이었다. 어버이날이었는데, 아이는 정성 들여 또박또박 쓴 카드를 내밀었다. "저희를 학원에 보내주시고, 힘들게 번 돈을 투자해 주셔서 감사합니다. 실망시키지 않도록 열심히 공부할게요."라고 적혀 있었는데, 당시 나는 이 카드를 보고 적잖이 충격을 받았다. 마치 자본을 투자한 사업가에게 감사하는 듯한 내용을 보니 분명 내가 아이에게 잘못된 메시지를 준 것 같아 반성이 되었다.

영화나 드라마에서 엄마 역할의 부적절한 행동을 지적하는 것은

엄마를 위한 멘탈 수업

쉽다. 하지만 현실에서 자신을 객관적으로 바라보기란 결코 쉽지 않다. 엄마는 날마다 아이의 얼굴을 대하고, 일상생활을 같이하기 때문에 변화를 잘 알아차리지 못한다. 관계에서 틈은 보이지 않게 벌어지기 시작한다. 자신의 잘못된 말과 행동을 정당화하려는 엄마의 태도는 아이에게 상처를 줄 수 있다. 소통이 부족하면 아이는 사소한 말에도 쉽게 상처를 입고, 가정을 안전하지 않은 공간으로 느끼며, 가족과 유대감이 약해진다.

나의 아이에게도 '봄'이 왔다. 씨앗이나 새싹 정도로 비유되던 아이는 사춘기思春期에 들어서면서 빠르게 자신만의 세계를 만들어 갔다. 내가 마련한 환경이 아이의 성장기반이라 믿었는데 중학생이 되자 아이는 자신이 살아가고 뿌리내릴 곳을 찾아다녔다. 엄마들의 관리를 받으며 이른바 우등생 그룹의 친구들과 어울리는 것을 답답하게 여겼다. 아이는 학원의 소수정예 선행수업에서 나오고 싶어 했다. 다른 아이들은 잘 해내고 있는데, 내 아이만 그런 것 같아 애가 탔다. 엄마가 보기엔 적절하지 않은 친구들과 어울리는 것 같아 걱정스럽기도 했다.

나도 보통의 엄마처럼 이런 아이의 변화에 대해 걱정을 한가득하며, 빨리 시간이 지나 아이의 반항이 사그라들길 기다렸다. 언제쯤 다시 아이가 안전한 세계에 들어올까, 고민했다. 남편은 여러 친구를 사귀어 보아야 판단하는 눈이 생긴다며 위로했지만, 아이가 휩쓸려서 학업을 게을리할까 봐 조바심이 나서 물정 모르는 소리 말라고 일축했다.

시간이 지나 다시 생각해 보면 아이의 방황과 탐색은 매우 자연스러운 일이었다. 스스로 자신이 자랄 토양을 찾아낼 힘이 없다면 아이는 부모의 세계에 갇힌다. 오히려 엄마가 걸음마 하는 아이의 등에 올라타 아이의 삶에 참견하고 아이를 주저앉히는 것은 아니었는지 되돌아볼 일이다. 아이가 엄마의 기대나 꿈을 위해 살아야 한다고 느끼면, 스스로 해보려는 의지를 잃게 된다. 인생의 긴 항로에서 부모가 아이를 지켜볼 수 있는 시간은 잠시이고, 부모와 아이가 함께 만난 교차로를 벗어나 언젠가는 멀어져야 한다는 것을 알고 있지 않은가. 각자의 꿈을 안고 목표를 향해 나아가는 관계가 건강하다.

아이를 위해 이상적인 진로 계획을 세우고, 그 길로만 가도록 하는 것은 결국 단기적인 인생 승부일 뿐이다. 아이의 앞길에 장애물을 치우느라고 정작 엄마의 삶을 가꾸지 않는 것을 보며 아이는 과연 어떤 생각을 할까? 아이가 살아야 할 집에 엄마의 짐을 다 채워놓은 뒤, 낡고 오래된 취향에 맞춘 집을 둘러보며 흐뭇해하는 것과 다름없다. 엄마는 엄마의 집을 꾸며야 한다.

틈은 아주 천천히 생겨난다

아이가 살아갈 세상은 엄마가 지금까지 살아온 세상보다 더 발전하고 변화한 세상이다. 코로나19 팬데믹 이후, 디지털 기술의 놀라운 변화로 생성형 AI가 우리 생활을 빠르게 바꿔나가고 있다. 디지털 기술의 급속한 발전은 지식 확장에 큰 역할을 하고 있으며, 사용 목적과 프롬프트의 정확도에 따라 접근할 수 있는 정보의 질과 양에 격차가 벌어진다. 상상이 현실이 되는 시대를 살아가는 아이는 거침없이 성장한다. 엄마는 과거에 머물지 말고, 아이와 함께 성장하며 서로 격려해야 이 시대를 함께 살아갈 수 있다.

아이는 자라날수록 엄마와 아빠를 닮아간다. 성격도 어찌나 부모를 빼닮았는지 가끔은 놀라울 정도이다. 이런 아이를 보면서 부모는 무심결에 아이의 내면도 부모를 그대로 닮았으리라는 착각을 하기 쉽다. 그러나 아이는 부모를 닮기도 하지만 자기만의 정체성을 갖는다. 자아가 강한 아이는 자신의 판단에 따라 행동하려고 해서 부모와 충돌하기도 한다. 엄마는 자신이 아이를 잘 설득했다고 생각하지만, 때때로 아이들은 엄마의 사랑을 잃지 않으려고 엄마의 결정에 따른다. 결정하는 진짜 힘은 아이 자신에게서 나온다.

아이의 내면을 파악하기 위해서는 꾸준히 대화하고 교감해야 한다. 그러나 아이는 자신의 방식으로 세상을 경험한다. 그 과정에서 부모의 영향력을 넘어서 성장하게 된다. 성장을 위해서는 방황하는 시기 역시 필요하다. 아이도 갇힌 틀을 깨고 성장하기 위해서는 자신만의 시간과 공간이 필요한 것이다. 엄마와 아이의 관계가 이어지고 있다면, 가르침의 순간은 언제나 존재하니까 불안해하거나 조급해할 필요는 없다.

엄마가 아이와 지속적으로 연결되려면, 계획에 얽매이기보다는 아이의 관심사에 자연스럽게 맞춰나가는 것이 좋다. 아이에게 무엇을 보여주고 싶다는 엄마의 욕심을 내려놓아야 한다. 만약 아이가 국화꽃을 보고 싶어 한다면 아이와 함께 발걸음을 옮긴다. "와, 국화꽃이 정말 아름답구나. 어떤 점이 가장 마음에 들어?"라며 나의 관심사는 잠시 접어두고 아이의 관심사를 먼저 수용하고, 아이의 선택을 지지해 보자. 자신의 의견이 존중받는다고 느낄 때, 아이는 엄마와 더 가까워진다.

하루는 중학생이 된 아들이 친구와 함께 카페에서 과학 멘토링 공부를 하고 싶다고 한 적이 있었다. 나는 즉시 만류했다. 카페는 주변 소음이 학습에 방해가 되어 공부하기에는 부적합하다고 생각했기 때문이다. 나는 카페를 어른들의 차 마시는 공간으로만 생각했고, 중학생 아들이 카페에 갔을 때 예측할 수 없는 상황이 두려웠다. 단지 경험해 보지 않은 것들이 두려웠던 것 같다. 아들은 실망하여 한동안 나의 조언을 구하지 않고 나에게 말하지 않은 채 자기 판단대로 행동했다. 이 경험을 통해 나는 아이 일상의 작은 결정까지 통제하려 하기보다는 중요한 원칙을 지도하는 데 초점을 맞춰야 한다는 것을 깨달았다.

엄마가 모든 것을 알고 있다고 생각하면 오히려 아이와의 관계에 문제를 일으킬 수 있다. 아이를 키운다는 것은 매 순간 새로운 도전과 기회를 맞이하는 것이다. 아이는 어릴 때 엄마의 말을 무조건 옳은 것으로 받아들이지만, 성장하면서 점점 자신의 관점으로 세상을 바라본다. 그러나 여전히 엄마의 시각은 아이가 세상을 이해하는 데 도움을 주는 또 하나의 관점으로 남는다. 마찬가지로 엄마도 아이가 자신의 관점을 만들어 가는 것을 바라보며, 아이의 관점을 이해하고 존중해야 한다. 엄마는 영원히 변하지 않는 존재가 아니라 아이와 함께 변화해 간다. 그리고 아이를 키우면서 겪는 이 모든 자연스러운 변화의 과정 뒤에는 반드시 '성장'이 있다.

엄마를 위한 멘탈 수업

나란히 육아 성장법

가르치려는 마음이 앞서면 배우는 사람이 받아들이기 어려울 수 있어요. 어른도 마찬가지죠. 사람의 마음은 기계처럼 단순히 인풋(input)과 아웃풋(output)으로 정리될 수 없어요. 아이는 언제 잘 배우게 될까요? 혼란스러울 때는 '나란히 육아 성장법'의 다섯 가지 원칙을 떠올려 보세요.

1) 한걸음 물러서기

아이가 문제를 해결할 기회를 주세요. 장난감을 정리할 때, 스스로 해보도록 한 걸음 물러나 지켜보세요. 아이가 생각할 시간이 필요해요.

2) 의사결정과정 보여주기

엄마의 의사결정 방식과 이유를 설명하고 보여주세요. 엄마를 모범으로 삼는 것이 아니라, 참고할 수 있도록 하는 것이 중요해요.

3) 아이의 의견을 진지하게 듣기

아이의 의견을 진심으로 들어주세요. 서둘러 조언하거나 해결하지 말고, 아이가 스스로 결정할 기회를 주세요.

4) 실수로부터 배우기

작은 결정부터 시작하게 도와주세요. 실수를 통해 배우는 것이 성장의 중요한 부분이며, 더 나은 결정을 내리기 위한 연습 기회예요.

5) 다양한 견해 소개하기

여러 가지 견해를 소개하되 아이가 스스로 선택하도록 격려하세요. 필요할 때 엄마가 도움을 줄 수 있다는 것을 아이에게 알려주세요.

가장 많이 시간을
보내는 5명

독일 낭만주의의 거장 카스파르 다비트 프리드리히Caspar David Friedrich의 명화 '안개 바다 위의 방랑자'는 방대한 육아 정보의 바다에서 길을 잃은 엄마의 모습을 연상시킨다. 가파른 산의 정상에 힘겹게 올라선 인물이 안개 자욱한 풍경을 조용히 내려다보고 있지만, 그의 뒷모습만으로는 내면의 감정을 짐작하기 어렵다. 그가 느끼는 감정을 도무지 알 수 없다. 푸른 성취감에 차 있는지, 아니면 회색빛 삶의 허무함을 깨닫고 있는지, 그도 아니라면 마음을 새롭게 정리하는 중인지, 알 길이 없다. 육아는 때때로 안개로 가득 찬 바다에서 항해하는 것 같아서 올바른 방향을 찾기 위해서는 나침반이 필요하다. 나침반은 육아를 경험한 다른 엄마의 조언일 수도 있고, 전문가의 의견일 수도 있다. 중요한 것은 올바른 나침반을 선택하고 결정하는 엄마의 분별력이다.

엄마를 위한 멘탈 수업

육아에 있어서 엄마는 각종 SNS 채널과 온라인 커뮤니티 등에서 정보를 수집하지만, 온라인 정보가 항상 검증된 것만은 아니다. 육아 정보를 주고받는 SNS 채널이 많아지면서 많은 이용자들이 모인 곳에서 쉽게 정보를 찾으려는 경향이 생겼다. 이러한 채널에서는 그 정보를 이용하는 사람이 많다는 이유로 정보가 정확하다고 착각하기 쉽다. 따라서 올바른 육아 정보를 찾기 위해서는 많은 육아 정보 채널에서 깊이 있고 믿을만한 정보를 구별하는 능력이 필요하다.

작년 한 교육부 사무관이 ADHD를 가진 자신의 아이가 극도로 우뇌가 발달하고 '왕의 DNA'를 지녔다면서, 학교의 특별대우를 바라는 편지를 보내서 논란이 되었다. 이 사무관의 관점이 특정 사설 연구소의 교육법에 따른 것이며, 이 연구소의 온라인 커뮤니티 회원이 5,000명을 넘는다는 사실에 많은 사람들이 충격을 받았다.

비슷한 예로 항생제 없이 아이를 키우자는 한 의사의 극단적인 자연 치유법을 따르다가 부작용이 생겨 아동학대 논란으로 번졌던 사례도 있었다. 그 온라인 커뮤니티에는 5만 명이 넘는 회원이 있었다. 인터넷에 넘치는 육아 정보 중 많은 것들이 검증되지 않은 정보이며, 심지어 일부는 아이와 부모에게 큰 위험을 불러올 수도 있다.

과거에는 옆집 엄마의 육아 경험담이 잘못된 정보의 주요 원천이었다면, 현재는 온라인상의 커뮤니티가 그 역할을 대신하고 있다. 온라인 커뮤니티에 의존하면 중립적인 판단이 어렵고, 유튜브 등의 검색과 추천 알고리즘으로 인해 특정 주제에 관심이 있는 사람들은 계속 유사한 콘텐츠를 제공받는다. 결과적으로 같은 종류의 정보만 접하게 되어 다른 관점을 알기 어렵고, 정보의 편향을 초래할 우려가 있다.

아이를 키우는 일은 단순히 좋은 후기가 많이 달린 제품을 쇼핑 카트에 담는 것과는 다르다. 아이의 발달 단계와 특성, 그리고 아이의 관심사나 부모의 가치관에 따라서 선택한 육아 정보의 효용성이 달라지기 때문이다. 아이가 성장하는 단계마다 엄마는 적절한 정보를 찾아내고 조력자를 찾아 의견을 나누거나 도움을 받아야 한다.

육아에 대한 정보가 과도한 경우도 문제지만, 정보에 어두워서 아이가 경험해야 할 적절한 경험으로부터 너무 멀어지기도 한다. 기관에 보내지 않고 오랜 시간 가정에서 아이를 양육했던 한 엄마는 가위가 위험한 도구라는 생각 때문에 다섯 살이 되어서야 아이에게 가위를 내줬다고 했다. 문제는 이런 과도한 보호가 다른 영역에서도 아이의 경험을 제약했을 가능성이 높다는 것이다. 실제로 이 아이는 또래 아이들보다 늦은 발달을 보였다.

반면, 어떤 엄마는 아이에 대한 작은 정보 하나라도 놓칠까 봐 불안해한다. 아이가 기관에서 처음 단체생활을 하면 더욱 그러하다. 아이가 어려서 언어적 표현이 정확하지 않거나 성향상 자기표현을 잘 하지 않는다면 엄마는 더욱 답답해한다. 그럴 때면 엄마는 다른 엄마들과 정보를 공유하며, 마치 퍼즐 조각을 맞추듯 전체적인 상황을 이해하고 나서야 마음의 안정을 찾는다. 점차 다른 엄마들이 추천하는 학습자료, 학원, 체험활동 등의 정보를 하나둘씩 공유하며 친밀감을 형성한다.

대나무숲에서는
풀리지 않는 문제

온라인 커뮤니티는 전문가의 지식을 넘어 엄마들의 심리적 안정과 공감을 중시한다. 또래 엄마들과 대면해서는 꺼내기 어려운 고민들도 커뮤니티에서는 스스럼없이 나눈다. '어디서부터 잘못된 걸까, 어떻게 해야 할까?'와 같이 깊은 고민을 하는 엄마에게 다른 이들이 동질감을 느끼며 경험을 공유하고 위로한다. 엄마는 해결책을 찾지 못하더라도 공감과 위안을 받고, 마치 대나무숲에서 비밀을 털어놓듯 카타르시스를 경험한다.

이것이 전문가의 의견을 대신할 수는 없다. 엄마는 온라인 커뮤니티에서 아이의 무릎 상처 치료나 수면 습관 개선 등의 일상에 대해 조언을 구한다. 가벼운 문제는 커뮤니티 내의 경험담만으로 해결할 수 있을 수도 있지만, 발달 지연이나 행동 문제같이 심각한 상황에서는 전문가의 도움이 필요하다. 커뮤니티에서 쉽게 정보를 얻으려는 경향이 오히려 적절한 시기에 전문가의 도움을 받는 것을 방해할 수 있다. 또한, 조급한 마음에 커뮤니티에서 육아 문제를 공유하다가 개인정보를 노출하지 않도록 주의를 기울여야 한다.

인간은 어느 시대에나 자신의 고민을 외부에 표현하고자 하는 깊은 욕구를 가져왔다. 신라 시대 모자 장인이 혼자서 비밀을 간직하다가 참기 어려워 대나무숲에서 "임금님 귀는 당나귀 귀다!"라고 외쳤고, 그 말이 바람이 불 때마다 바람을 타고 퍼졌다는 옛이야기도 옛이야기가 있다. 세상에 비밀은 없다. 그래서 '나만 모르는 게

비밀'이라는 우스갯소리도 있지 않은가. 비밀은 어떤 방식으로든 결국 세상에 드러난다. 주위에 실제로 말하기 힘들었던 고민과 경험을 온라인 커뮤니티에서 나누며 잠시 위안을 받을 수는 있겠지만, 이것만으로는 육아의 근본적인 문제를 해결할 수는 없다.

대다수의 엄마들이 아이에게 문제가 생기면 자신과 아이에게는 문제가 없다고 여기고, 친구나 기관과 같은 외부 환경의 탓으로 생각한다. 온라인 커뮤니티에서 다른 엄마의 아이가 싸운 이야기에는 쉽게 공감한다. 그러나 내 아이가 현실 세계에서 다퉜던 같은 반 아이라면 달라진다. 대부분의 엄마들은 자기 아이는 감싸며 자기 아이의 입장에서 상황을 헤아려 보려는 마음이 생긴다.

특히, 요새는 보통 외동아이를 키우기 때문에 엄마는 한 아이에 집중하며 아이에 대해 훤히 다 알고 있다고 생각한다. 하지만 엄마가 보지 못하는 아이의 다른 면도 있다. 어른은 주로 아이에게 맞추지만, 비슷한 욕구를 가진 또래 아이들이 모여 있는 유치원 놀이 상황에서는 갈등이 생긴다. 자기가 좋아하는 놀잇감을 다른 친구가 가지고 놀면 울거나 다가가서 거칠게 빼앗기도 한다. 막상 이런 이야기를 엄마에게 전하면, 기분 나빠하거나 겉으로 표시하지 않더라도 관계가 껄끄러워진다.

그러나 아이의 모습은 어른의 도덕으로 판단할 게 아니라 아이의 성향과 성장 단계로 이해해야 한다. 엄마에게 낯선 아이의 모습이라 해도 무조건 부정하지 말고, 성장 과정을 주의 깊게 지켜봐야 한다. 엄마가 가르친 대로 아이가 따를 것이라는 생각보다 다양한 상황에서 배우고 다듬어 간다고 생각하는 편이 자연스럽다. 아이에

엄마를 위한 멘탈 수업

대한 믿음도 중요하지만, 아이를 둘러싼 세계의 사람들이 하는 이야기에 귀 기울일 필요가 있다. 내 아이를 온전히 알기 위해서는 엄마가 없는 시 · 공간의 아이를 이해하는 것도 필요하다.

엄마 옆 육아 조력자

엄마는 육아 서적을 통해 필요한 정보와 해결책을 찾는다. 이 책들은 저자의 깊은 고민과 노력이 담긴 결과물이다. 일단 활자로 기록되고 출판이 되면, 오랜 시간 남기 때문에 저자에게는 그만큼 큰 책임감이 따른다. 최근, 교육자나 소아과 의사, 임상 심리 전문가, 또는 육아 경험이 풍부한 엄마까지 다양한 사람들이 자신의 전문적인 관점과 경험을 담아 책으로 출판한다. 이러한 책들도 유용하지만, 지나고 보니 육아는 실로 광범위한 지식과 풍부한 경험이 필요하다. 육아 전문가 의견만큼이나 철학자나 사회학자, 종교인, 또 때로는 경험 많은 노부모의 조언 역시 중요하다.

육아의 문제는 아이가 몸을 가누지 못하거나 늘 신체적으로 불완전하고 도움이 필요한 유아기에만 있는 것이 아니다. 나의 경우, 사춘기에 긴 방황과 침체의 시기를 겪었던 아이의 곁에서 아무것도 해줄 수 없어 마음 아픈 적이 있었다. 벽에 시를 붙여두고 나지막이 읽어보곤 했다. 그때 읽었던 시가 박노해 시인의 〈별은 너에게로〉라는 시였다. 주저앉으려는 사람에게 가장 빛나는 별이 빛의 속도로 오고 있다는 시인의 말처럼 위로가 바닥났을 때, 성장한 아이에게 힘이 되지 못한다고 느낄 때, 나 또한 누군가에게서 에너지를 얻어야 했다. '간절하게 길을 찾는 너에게로, 그리고 나에게로' 말이다.

육아란 다양한 시각을 통합하고 아이의 장기적인 성장을 도모하는 '팀워크'라는 차원에서 바라볼 필요가 있다. 육아 서적도 정답을 제시하는 바이블이 아니라 엄마 자신의 육아 방식을 성찰하고 발전시키는 하나의 도구일 뿐이다. 육아 서적에는 새로운 관점이 포함되어 있고, 시대에 따라 주장도 조금씩 달라진다. 예전에는 야채를 먹지 않는 아이가 알아차리지 못하게 야채를 잘게 썰거나 다른 재료와 섞어서 새로운 방식으로 조리해서 먹여보는 데 초점을 맞췄다. 지금은 강요하는 것보다 함께 요리를 해보는 등 아이를 참여시키는 방식을 선호한다. 지금 당장 먹지 않아도 언젠가 마음이 동하면 먹어도 된다는 여지를 남긴다. 육아 서적은 엄마에게 질문을 던지고 엄마 자신의 육아 방식을 개발하도록 돕는 의미 있는 지침서 역할을 한다.

지금의 부모들은 유튜브 덕분에 시간과 장소의 제약 없이 세계 육아 전문가들의 강의를 쉽게 접할 수 있다. 개인의 관심사에 따라 더욱 깊이 있는 관련 정보를 찾아볼 수도 있다. 다양한 육아 방법론이나 양육 태도에 대한 정보를 얻을 수도 있다.

드라마는 주로 휴식을 하며 보지만, 다양한 엄마 캐릭터를 통해 육아 경험의 여러 관점을 접하며 위로와 깨달음을 얻기도 한다. 〈아는 건 별로 없지만 가족입니다〉, 〈눈이 부시게〉, 〈나의 해방일지〉, 〈우리들의 블루스〉, 〈며느라기〉와 같은 작품들은 현실적인 부모의 모습을 보여주며, 육아에 대한 다양한 경험과 감정을 담고 있다. 드라마 속 상황은 우리가 일상에서 직접 경험하기 어려운 유사한 상황을 객관적으로 바라보게 한다.

육아 서적과 드라마가 정서적 위로를 주고 공감대를 넓혀주는 한편, 육아 강의는 실질적인 지침과 응원의 역할을 한다. 특히, 오프라인 강의에서는 강사의 카리스마를 직접 경험하고 현장의 에너지를 느낄 수 있다. 온라인과는 또 다른 소속감과 참여의 기쁨이 따른다. 강의 기획자들은 강사진을 신중히 선별해서 실질적이며 유익한 도움을 주려고 한다. 교육기관들은 참여자들의 피드백을 반영하여 강의를 선정하기도 한다. 강의에 참여하기 전에 유튜브와 같은 온라인 플랫폼을 통해 해당 강사의 견해를 미리 파악하는 것도 도움이 된다. 엄마는 미리 훑어본 배경지식을 토대로 더 알아보고 싶은 것이나 궁금했던 것을 강사에게 물어보며 실질적인 전략을 얻을 수 있다.

육아는 반복 그 이상

한때 유명 강사의 강의를 들으며 그의 말솜씨에 매료되었던 기억이 있다. 그때 동료가 한 말이 기억난다. "같은 말을 20번이고 반복해서 한다고 생각해 보세요. 누구나 잘할 수 있게 되죠."

그렇다. 정말 맞는 말이다. 우리 생활에서는 반복의 힘을 무시할 수 없는 경우가 굉장히 많다. 육아도 반복적으로 하다 보면 익숙해지고 오늘의 나는 어제보다 조금은 더 능숙한 엄마가 될 수 있다. 그러나 단순히 반복을 통해 능숙해지는 것만으로는 충분하지 않다. 육아는 한 아이를 길러내기 위해 열정을 쏟는 일이기 때문이다.

이 과정에서 엄마는 오케스트라의 지휘자처럼 각 조력자의 역할과 기여를 조화롭게 이끌어 완벽한 앙상블을 이루어 내야 한다. 육아 서적, 육아 전문가 강의, 또래 엄마의 정보, 육아 경험이 풍부한 가족 구성원의 조언, 온라인 커뮤니티 등으로부터 얻은 지식은 엄마가 아이를 키우는 데 도움을 준다. 아이가 유치원을 졸업할 무렵이면 초등학생 자녀를 둔 또래 엄마로부터 학교 정보를 듣기도 하고 온라인 커뮤니티를 통해 정보를 모으기도 한다. 또한 아이의 문제 행동에 대해 다양한 방식으로 해결했던 경험을 공유하기도 한다. 한 아이는 손톱을 자주 물어뜯었는데, 커뮤니티에서 제안한 방법대로 봉숭아 물을 들여 손톱을 예쁘게 관리하면서 손톱을 물어뜯는 행동이 줄어들기도 했다. 이처럼 엄마는 다양한 조언 중에서 자신의 아이와 가족 상황에 가장 잘 맞는 방법을 선택하여 적용해야 한다.

육아의 여정은 반복과 성찰, 그리고 지속적인 학습 과정과 유사하다. 단순히 정보를 수집하고 적용하는 것이 아니라, 다양한 육아 조력자들과의 적절한 협력을 필요로 한다. 필요한 시기에 적절한 도움을 기꺼이 받아들이고 조절해 나갈 때, 지혜로운 육아가 가능해진다. 엄마는 매일의 반복 속에서도 주저앉지 않고, 성장의 힘을 얻게 된다.

생각 정리 인터뷰

- 당신의 주로 의지하는 육아 조력자는 누구인가요?
  (해당하는 모든 항목에 체크해 주세요)

  - □ 남편
  - □ 부모님/시부모님
  - □ 형제 · 자매
  - □ 친구
  - □ 전문가(예: 소아과 의사, 교사, 부모교육 전문가 등)
  - □ 온라인 커뮤니티 멤버
  - □ 기타

- 주된 육아 조력자에게 기대하는 것은 무엇인가요?

  - □ 육아 정보 제공
  - □ 정서적 지지
  - □ 기타

- 육아 조력자는 최근 당신에게 어떤 도움을 주었나요?

  _____

- 앞으로 어떤 부분에서 육아 조력자와 협력하길 원하나요?

  _____

- 협력이 어렵다면 어떤 이유 때문인지 이야기해 볼까요?

  - □ 시간 부족
  - □ 의견 차이
  - □ 거리상의 문제
  - □ 의사소통의 어려움
  - □ 기타

- 육아 조력자와 관계를 개선하기 위해 어떤 노력이나 계획을 하고 있나요?

  _____

가르쳐야 한다는
고정관념

엄마는 아이에게 무엇을 가르쳐야 할지, 무엇을 가르치지 않아야할지 결정하는 데 종종 막막함을 느낀다. 아이의 성장과 교육에 있어 핵심을 선별하여 가르치는 것은 어렵다. '늑대와 양, 배추를 강건너편으로 안전하게 옮기기'와 같은 논리 퀴즈보다도 복잡한 과제이다. 부모와 아이 관계에는 예측 불가능한 변수들이 많기 때문이다. 만일 '단 일주일의 시간이 주어진다면 아이에게 무엇을 가르칠 것인가?'라는 질문을 받는다고 가정해 보라. 엄마는 그 무엇보다 아이가 살아가는 데 도움이 되는 지식과 가치, 기술을 신중하게 선택해야 할 것이다.

엄마를 위한 멘탈 수업

엄마는 아이를 위해 정신적, 경제적 지원을 아끼지 않는다. 아이의 성공을 자신의 성공으로 여기며, 때로는 과도한 기대감에 부풀기도 한다. 하지만 교육사회학자 오욱환 교수는 '부모주의'와 '노력주의'라는 신념에 기반한 이러한 태도가 오히려 역효과를 낳을 수 있다고 지적한다. 그는 저서 《교육 현상의 사회과학적 해석》에서 '가르쳐야만 배운다'는 확신은 허구라고 지적한다. 그는 교육이 아이의 호기심을 바탕으로 탐구하고, 스스로 질문하는 것에서 시작해야 한다고 말한다. 부모가 애정을 가지고 계획하더라도 아이의 선택을 배제하고 강제로 인생을 이끈다면 '인권 침해'라고 극단적으로 표현하기도 한다. 이는 부모가 아이의 인생에 너무 깊이 관여하기보다는, 아이와 추억을 나누고 아이가 독립적으로 살아갈 수 있도록 준비시키는 것이 중요하다는 것을 의미한다.

실제로 많은 엄마들이 가진 잘못된 신념 중 하나는 다양한 경험이 무조건 좋다는 것이다. 획일화된 학습이나 통제적인 환경이 아닌, 다양하고 풍요로운 경험을 제공하는 것이 아이에게 아무 문제가 되지 않을 거라고 생각한다. 특별하고 근사한 경험들은 막대한 지출과도 직결되지만, 엄마는 아이에게 도움이 되리라는 막연한 기대와 자신이 최선을 다했다는 생각으로 정당화한다.

문제는 그 효과이다. 한 엄마는 "아이에게 다양하고 이색적인 체험을 넘치게 주는데, 오히려 아이의 집중력이 흐트러지는 것 같아서 걱정돼요."라고 이야기했다. 그 말에 나는 "좋은 경험을 주는 것만큼 중요한 것은 경험을 삭일 여유입니다."라고 말했다. 즉, 경험한 것을 실험하고 생각해 볼 수 있는 충분한 시간과 환경이 필요하다는 것이다. 내가 계획하지 않은 여행사 코스에 따라 매일 다른 일정에 맞춰 기록 사진만을 남기듯 단체여행을 다닐 때의 피곤함을 떠올린다면 이해가 쉬울 것이다.

이렇게 말하는 나도 아이의 어린 시절엔 다양한 사교육을 시켰다. 직장에 다니느라 아이를 돌볼 수 없으니 퇴근 시간에 맞춰 아이의 스케줄을 다 채워야 안전하다는 느낌이 들었다. 여자아이에게는 발레가 좋다는 동네 엄마 이야기를 듣고 망설임 없이 발레학원에 아이를 등록시켰다. '우리 아이에게는 모든 걸 다 해줄 거야.'라는 엄마 마음으로 발레학원에서 피아노 학원, 미술학원 등 하나둘씩 늘릴 때마다 아이의 얼굴에서 즐거움이나 열망 대신 피로감이 느껴졌다. 아이가 성장한 어느 날, 그 시절을 회상하며 아이가 "엄마가 뺑뺑이를 돌렸잖아."라고 내게 말했을 때, 나는 몹시 슬프고 절망스러웠다.

이처럼 아이에게 경험을 제공할 때, 경험의 양에 집중하면 역효과가 생긴다. 아이에게 제공하는 경험의 양보다는 그 경험이 아이에게 의미가 있는지, 아이가 그 경험을 즐기는지가 더 중요하다. 지나치게 영양제를 주면 식물이 시들어 버리듯이 아이에게 너무 많은 경험을 제공하면, 아이는 집중력을 잃고, 생각을 정리할 여유를 잃을 수 있다. 진정으로 가치 있는 경험은 새롭고 특별한 데 있는 것이 아니라 아이가 반복적으로 접하면서 스스로 특별한 것을 발견하도록 하는 데 있다.

가랑비에 옷 젖듯이

유아기 아이에게 무엇인가 가르쳐야 할 때는 한 번에 완벽하게 가르치기보다는 반복적이고, 점진적으로 가르쳐야 한다. 오늘은 이만큼, 내일은 이보다 조금만 더 나아간다는 마음으로 가르쳐야 한다. 이 접근 방식은 먹기, 입기, 배변하기 등 기본적인 기술을 익힐 때 중요하다. 살아가면서 새로운 것을 배워야 할 때, 아이는 두려울 수도 있고 귀찮을 수도 있다. 엄마 자신도 아이와 실랑이하는 것이 두려워 아이가 크면 스스로 해낼 것이라고 기다리는 편을 선택하겠다고 할 수도 있다. 하지만 아이가 새로운 단계로 나아가는 데 적절한 환경을 조성하고 약간의 시간을 투자하여 도와주면 다음번에 해야 할 수고를 덜 수 있다.

아이는 손가락 협응력과 시각적 발달 정도에 따라 젓가락질에 어려움을 겪기도 한다. 젓가락질은 여러 손가락을 정교하게 협응하는 것이기 때문에 아이들에게 익숙하지 않고 많은 연습이 필요하다. 이와 유사하게, 신발의 좌우를 바꿔 신는 아이를 쉽게 관찰할 수 있다. 신발 안에 발을 넣는다는 사실만 집중할 뿐, 신발의 내측 모양을 동시에 고려하지 못하기 때문이다. 이런 경우, 글자 카드를 보고 쓸 때도 좌우가 역전되어 쓴다. 발달 과정 중 아이가 일시적으로 보이는 문제는 시간이 지나면 자연스럽게 개선되지만, 적절한 시기에 가르침을 놓치면 나중에 의식적으로 지도해야 한다. 이럴 때에는 아이를 강압적으로 가르치기보다는 어떤 부분을 주의해야 하는지 천천히 일러주면 된다.

유치원에서 아이들이 갈등을 겪는 주요 원인 중의 하나는 놀잇감을 나누는 과정에서 발생한다. 유치원에 가면 자연히 좋아지는 것이 아니라 가정에서 천천히 가르쳐야 한다. 형제, 자매가 없이 외동으로 자라는 아이의 경우, 놀잇감을 사주는 데 제한을 두지 않을 가능성이 높다. 그 결과 유치원에 와서 순서를 정하여 놀거나 내가 잘 만들어 놓은 레고를 다른 친구가 분해하여 다시 만드는 것을 받아들이기 어렵다.

엄마는 놀잇감을 다른 아이와 공유하는 것이 '상실'이 아니라 '즐거움'이라는 것을 아이에게 가르쳐야 한다. 어린아이는 자신이 좋아하는 놀잇감을 다른 친구가 가지고 노는 것을 보고, 마치 영원히 놀잇감을 잃어버린 것처럼 느낄 수 있다. 하지만 영아기부터 까꿍 놀이나 숨바꼭질 등을 통해 물체가 눈앞에 보이지 않아도 여전히 존재한다는 것을 알게 되면, 아이는 안정적으로 친구들과 놀잇감을 나누어 놀 수 있다.

일부 아이들은 다른 친구와 놀잇감을 공유하는 데 여전히 어려움을 겪는데, 이는 놀잇감에 대한 강한 정서적 애착 때문이다. 어릴 때부터 같은 동네나 기관에 다니는 친구들과 짧은 시간이라도 함께 놀 기회를 제공해야 한다. 이를 통해 아이가 친구에게 관심을 가지고 관계를 형성할 수 있도록 도와줘야 한다. 아이들은 동일한 경험을 하면서 웃음, 신기함, 놀라움, 기대, 즐거움 등의 감정을 공유하게 되고, 다른 친구의 반응에도 관심을 가지며 친구 관계를 형성한다.

이 외에 유치원에 들어오기 전에 아이들이 조금씩 익혔으면 하는 것 중에 배변 처리가 있다. 3세까지는 신체 구조상 손이 잘 닿지

엄마를 위한 멘탈 수업

않아 스스로 처리하기에는 어려움이 있지만, 방법조차 모르는 유아도 있다. 혼자서 완벽하게 처리하기는 어렵지만, 휴지를 평평하게 접는 법, 팔을 뻗어 바깥쪽에서 닦아보려고 시도하는 것은 가능하다. 교사의 도움을 받으면서 몇 번 연습하다 보면 곧잘 한다. 4~5살이 되면 아이들도 부끄러움을 느껴 교사가 도와주는 것을 불편하게 여긴다. 깨끗한 뒤처리도 필요하지만 스스로 자신의 용변 처리를 하려고 시도하는 것이 중요하다. 가정에서도 협력해서 아이가 할 수 있도록 기회를 주면 좋을 텐데, 안쓰러운 마음에 엄마나 아빠가 대신해 주는 경우가 많다. 배변 처리는 아이의 유치원 적응과 자존감에 영향을 미칠 수 있으므로 선택적으로 미룰 수 있는 것이 아니라 기회를 주고 꾸준히 격려하면서 익혀야 할 기술 중 하나다.

몇 번을 해도
포기할 수 없는 가르침

인성과 같은 내면적 가치를 가르치는 것은 훨씬 더 큰 도전이다. 예를 들어, 간단한 셈하기, 퍼즐 맞추기, 낱말 카드 찾기 등은 가르치기도 쉽고 학습 결과도 쉽게 확인할 수 있지만, 다른 친구들을 배려하거나 예의 바르게 말하도록 가르치는 것은 더 어렵다. 인성교육의 중요성이 강조된다는 것은 실제로 사회 속에서 사람들이 함께 살아가기 위한 여러 조건이 위협받는다는 방증이기도 하다. 경제적, 사회적으로 풍요로운 환경에서 자란 아이들이 학교나 기관에서 서로에게 상처를 주는 현실은 아이러니하면서도 부인할 수 없는 사실이다.

직접적인 폭력은 아니지만, 유치원 아이들 사이에서도 종종 "너랑 안 놀아!"와 같은 직접적이고 공격적인 말들이 존재한다. 이 말은 '나의 세계에 들어올 수 없다.'라는 선언과 같아서 그 말을 들은 아이에겐 큰 충격을 준다. 아이가 어두운 표정으로 이 사실을 교사에게 전하면, 교사는 그 말을 한 아이를 불러 이유를 묻고 사이좋게 지내라고 타이른다. 이후 "미안해."와 "괜찮아."라는 말이 오고 가지만, 아이의 마음속 서운함이 사라졌는지는 알 수 없다. 학급의 아이들이 다른 활동으로 관심을 돌리면서, 한 아이의 속상함은 주변부로 밀려난다. 아이의 감정에 주의 깊게 다가가 친구 관계를 가르칠 중요한 기회임에도 불구하고, 현실적으로 눈에 보이지 않는 가치들은 종종 우선순위에서 밀려나곤 한다. 교사의 수업 계획, 새롭게 생겨나는 아이들의 관심, 다른 유아들에게서 또 다른 갈등이 일어났거나 교사의 도움이 필요한 상황이 벌어져 '지금 당장' 시간을 내지 못한다. 아이가 존중, 배려, 정직과 같은 가치를 배우는 것은 시간과 공을 들여야 하는 작업이다.

유치원에서 아이가 다른 친구들과 갈등을 겪는 것을 바라보는 엄마도 괴롭다. 아이들이 "너랑 안 놀아!"라고 말하며 친구 관계에서 복잡한 감정을 경험하는 것을 대부분의 어른들은 이해하지 못한다. 엄마가 "친구들과 잘 지내라."라고 하는 말은 간단해 보여도 아이에게는 여러 가지 의미를 지닌다. 재미있게 지내라는 것인지, 갈등을 만들지 말라는 뜻인지 모호하다. 그런 말만으로는 아이가 적절하게 대처하기 어렵다. 아이도 어른과 마찬가지로 모든 친구와

엄마를 위한 멘탈 수업

같은 방식으로 지내지 않으며, 친구마다 다른 친밀도와 놀이방식, 기대가 있다. 이러한 가치들은 한 번의 교육으로 습득되지 않는다. 대신 다양한 친구, 다양한 상황에서 경험하면서 점진적으로 배운다. 또한, 이전 자신의 경험과 어른들의 말과 행동에서도 영향을 받는다.

비비안 거신 팰리Vivian Gussin Paley는 50년 동안 유치원 교사로 활동하며, 시카고대학교의 실험실 학교에서 아이들 사이의 갈등을 관찰하고 기록했다. 그녀는 아이들의 대화와 스토리텔링을 통해 문제 해결에 집중했다. 특히, 그녀의 저서 《따돌림 없는 교실》에서는 "너랑 안 놀아!"라는 말을 금지하는 규칙이 효과가 없다고 지적한다. 이 규칙은 친밀한 친구 관계에서 이루어지는 놀이까지 간섭하는 것처럼 여겨져 아이들의 반발을 얻을 수도 있다. 그녀는 상급 학년 학생들과 함께 공정함에 대해 이야기를 나누며, 아이들의 눈높이에서 우정과 관계에 대해 배우고 이해해 갔다. 그녀가 지어낸 상상의 이야기 주인공 까치를 통해 아이들의 생각을 조금씩 변화시킨다. 이 사례는 눈에 보이지 않는 문제를 포용하는 공동체를 만들기 위해서는 지속적인 대화와 다양한 시도가 중요하다는 것을 보여준다.

교사 시절, '풀리지 않는 숙제' 같은 아이가 있었다. 민용이는 친구를 놀리거나 놀잇감을 빼앗곤 했다. 자신이 먼저 놀이할 기회를 가지지 못하면 기분이 나빠져 옆에 있는 친구를 툭 치거나 미는 것으로 해소했다. 친구와 거친 장난을 치다가도 교사가 나타나면 "내가 하지 말라고 했는데, 이렇게 하면 어떻게 해!"라고 오히려 같이 놀던 친구를 몰아세우기도 했다. 워낙 말이 빠른 민용이에 비해 그만큼 자기표현이 좋지 못한 다른 아이들은 억울해서 울기 십상이었다. 하루는 민용이의 아빠와 상담을 했는데 원래 애들이 그러면서 크는 게 아니냐고 되물었고, 사촌 형들이랑 자주 놀다 보니 그렇게 표현하는 것 같다며 아이를 두둔했다. 부모가 아이의 행동을 문제로 여기지 않아서 나는 상담 후 더 낙담하게 되었다.

　부모 중에는 자신의 아이가 기가 죽을까 봐 걱정하는 경우가 많다. 아이가 어리다고만 생각하고 아이의 기분에만 집중하면, 아이는 다른 사람과의 관계에서 지켜야 할 경계를 침범하고도 심각하게 여기지 않는다. 처음에는 멋모르고 했던 행동일지라도 아이에게 바로잡아 알려주지 않으면 허용되는 것으로 생각한다. 하루는 유치원 급식 시간에 민용이가 자기가 먹기 싫은 반찬을 집어 성준이의 식판에 올려두었다. 평소 잘 웃는 성준이가 "아, 뭐 하는 거야."라고 미온적으로 반응하자, 민용이는 장난으로 받아들이면서 웃었다. 그렇게 하면 안 된다고, 성준이에게 사과하도록 이야기하면서도 마음이 답답하고 불편했다. '가르쳐 주지 않아도 이 정도는 알 텐데….'라는 생각이 들었다.

　그 후, 성준이 엄마가 유치원에서 민용이와 지내며 성준이가 힘들어했다면서 유치원을 그만두겠다고 했다. 나는 여러 차례 다시 생각하도록 설득했지만, 성준이 엄마는 "그 엄마, 아빠한테 이야기하려니 저도 마음이 불편해서 차라리 유치원을 옮기는 편이 나을 것 같아요."라며 굳은 입장을 밝혔다. 성준이 엄마의 말을 듣고, 대화와 시도를 통해 문제를 해결하려는 과정이 우리 모두에게 힘들었다는 것을 깨달았다. 비비안 거신 팰리 선생님처럼 상황을 변화시키며 조금씩 받아들이고 이해할 수 있기를 기다리기까지 모두에게 어려웠다. 아이의 행동에 대한 사회적 감수성이 높아져 장난으로 넘기기 어려운 상황이 되었다. 그러나 유아의 행동에 대한 허용 수준이 가정마다 달라서 대응하기 어려웠다.

아이는 아직 자아가 완전히 형성되지 않은 상태에서 다른 사람들과 관계를 맺는다. 엄마가 아무리 보드라운 잔디밭을 밟고 가길 바라더라도 아이는 기관에서 생활하면서 마음이 상하거나 친구 관계에서 어려움을 겪을 수 있다. 이럴 때는 회피하려 하기보다는 경험을 통해 다양한 방법을 찾아보고 시도해 보고 가장 적절한 방법을 찾아야 한다.

다른 사람에게 거친 행동과 말을 하는 아이에겐 자제력을 기르도록 가르치고, 친구의 입장과 기분을 한 번 더 헤아려 보고 자신의 감정과 행동을 조절하는 경험을 제공해야 한다. 원치 않는 상황에 놓인 아이는 자신의 감정을 적절히 표현하고 그 상황에서 건설적으로 대처할 수 있는 다양한 방법을 연습할 필요가 있다. 무엇보다 유치원에서는 아이의 개별적 특성이나 가정의 철학을 이해하는 것만큼 공동체 생활의 기본 약속을 지키도록 교육하는 것도 중요하다. '내 아이'가 아니라 '우리의 아이'로 자라나야 하기 때문이다. 더불어, 유치원에서의 태도가 이후 초등학교의 생활 습관으로 이어진다는 점을 항상 염두에 두어야 한다.

이러한 맥락에서, 아이들이 자신의 진정한 모습을 찾아가는 과정의 중요성을 잘 보여주는 그림책이 있다. 데이비드 섀넌David

Shannon의 그림책 《줄무늬가 생겼어요》는 다른 사람의 시선을 너무 의식하다가 몸에 줄무늬가 생긴 '카밀라'라는 아이의 이야기이다. 전문가들의 치료가 실패한 후, 한 할머니가 카밀라에게 좋아하는 아욱콩을 건네주자 변화가 일어난다. 카밀라는 친구의 놀림을 두려워하며 음식 취향을 숨겨왔으나 아욱콩을 먹고 줄무늬가 사라진다. "진짜 네가 거기 어디 있을 줄 알았단다."라는 할머니의 말처럼 아이들은 자신의 진정한 자아를 찾아야 한다. 엄마는 사회적 관계 속에서 아이가 자신을 표현하고, 조절하며, 내면을 강화하는 데 더 관심을 기울여야 한다.

아이를 키우는 것은 복잡한 일이지만, 중요한 것에 집중하면 혼란을 줄이고 마음의 부담을 덜 수 있다. 모래 산 위 깃발 쓰러뜨리기 게임처럼 아이의 독립적인 인격 발달과 행복한 성장을 위해서는 불필요한 부분을 제거해야 한다. 아이에게 가르치는 것 중에서 실제로 효과적인 것과 효과가 모자라거나 의미가 없는 것을 구별하는 것이 중요하다. 이러한 구분은 아이가 공동체 안에서 유리한 위치를 차지하기 위해서가 아니다. 아이가 엄마의 말에 온전히 귀를 기울이게 할 때, 엄마는 아이가 다른 사람들과 행복하고 조화롭게 살아갈 수 있도록 가르칠 기회를 얻게 된다.

〈표5〉의 예시와 같이, 가르침에 대한 엄마의 생각을 정리해 보고, 비슷한 고민을 가진 다른 엄마나 가족들과 이야기 나누는 것도 도움이 된다. 〈표5〉는 하나의 예시이며, 유아의 연령, 성별, 성격, 발달 특성, 양육 철학, 가정환경, 중요도에 대한 판단 등에 따라서 내용은 다양할 수 있다.

⟨표5⟩ 엄마의 가르침과 효과성(예시)

	엄마가 가르치기 쉬운 것	엄마가 가르치기 어려운 것
확실한 효과	• 자조 기술 익히기(옷 입고 벗기) • 가족으로서 소속감(집 안 청소구역 나누기) • 규칙을 지키기(방 정리, 숙제하기 등) • 자기조절력(TV 시청 시간 지키기 등) • 루틴 만들기(매일 줄넘기하기 등) ⋮ 일상적인 루틴과 기본적인 생활기술을 익히는 데 도움. 자립심과 책임감 발달에 기여.	• 성찰하기(하루 감사한 일을 말하기) • 좌절했을 때 힘을 내기(승부에서 졌을 때 화내지 않기) • 감정 인식하기(이야기를 통해 다양한 감정 읽기) • 타인의 관점을 가르치기(입장 바꿔 생각하기) • 내적 동기를 일으키기(다시 해보려는 마음 먹기) • 다른 사람을 위해 봉사하기 ⋮ 성찰, 감정 관리, 공감 능력 등 가치관과 관련. 사회 정서적 발달에 중요.
불확실한 효과	• 책을 읽고 난 뒤 스티커 보상하기 • 색칠 놀이 ⋮ 아이에게 즐거움을 주거나 특정 행동을 격려할 수 있으나, 장기적인 성과나 발달에 미치는 영향에는 개인차가 큼.	• 선행 학습하기 • 특기 활동(태권도, 미술, 피아노 등) ⋮ 일시적인 효과가 있으나 내적 동기가 없으면 지속하기 어려움.

엄마가 가르친다는 건

부모로서 우리는 아이에게 많은 것을 가르치고 싶어 하죠. 눈에 보이는 것이나, 보이지 않는 것이나. 때로는, 지금 당장 중요해 보이지만 나중에는 그다지 의미가 없을 수도 있는 것까지요. 흥미로운 점은 엄마가 가르쳐야 하는 무게감이 아이의 성장 시기마다 조금씩 달라진다는 거예요. 이 부록에서는 엄마의 가르침을 살펴보고 분석해 볼 수 있는 양식을 준비했어요. 엄마의 가르침이 얼마나 효과적인지, 어떤 부분에 더 집중해야 할지 알아보세요.

분석을 통해 다음 내용을 생각해 볼 수 있어요.
- 엄마로서 나의 강점은 무엇인가? 어떻게 발전시킬 수 있을까?
- 엄마로서 나는 어떤 부분을 어려워하나? 어떻게 개선할 수 있을까?
- 시간과 에너지를 어떻게 효과적으로 쓸 것인가?
- 아이의 나이와 발달 단계에 맞는 가르침은 무엇일까?

	엄마가 가르치기 쉬운 것	엄마가 가르치기 어려운 것
확실한 효과	일상적인 루틴과 기본적인 생활기술을 익히는 데 도움. 자립심과 책임감 발달에 기여.	성찰, 감정 관리, 공감 능력 등 가치관과 관련. 사회 정서적 발달에 중요.
불확실한 효과	아이에게 즐거움을 주거나 특정 행동을 격려할 수 있으나, 장기적인 성과나 발달에 미치는 영향에는 개인차가 큼.	일시적인 효과가 있으나 내적 동기가 없으면 지속하기 어려움.

위대한 유산,
자존감

엄마는 아이를 감싸는 보호막이 되기보다는 아이가 힘든 시간을 빠져나오도록 디딤돌을 놓아주어야 한다. 아이는 가족의 품에만 안주하지 않고, 사회 속에서 배우고 성장해야 한다. 엄마는 아이가 어려움과 실패에 맞서 스스로 일어설 수 있도록 격려해야 한다. "지금 네가 겪는 어려움은 잠깐 지나가는 소나기 같은 걸 거야. 이런 일 때문에 모든 게 변하는 건 아니야. 넌 충분히 강해. 최선을 다한 네 자신을 인정하고 사랑해 줘. 원하는 대로 되지 않았다고 해도 넌 여전히 소중하고 가치 있는 사람이야."와 같은 말을 들려주어 아이가 진정으로 스스로를 아끼고 사랑하며 어려움을 극복할 수 있도록 용기를 북돋을 수 있다.

아이는 자존감을 가지고 태어나지 않는다. 자존감은 경험과 사회적 상호 작용을 통해 발달한다. 어린 시절, 엄마의 칭찬과 격려는 중요하지만, 자라면서 아이는 자아를 인식하고, 이해하게 된다. 따라서 어린 시기에 엄마의 대화 방식이 매우 중요하다. 식당에서 엄마가 아이에게 "저 친구 좀 봐. 엄마 말 잘 듣고 바르게 앉아서 밥 먹잖아. 너도 바르게 앉아야지?"라고 말하는 모습을 관찰하기란 흔한 일이다. 그런데 은연중에 이런 비교가 쌓이면 아이가 자신을 부정적으로 바라보게 된다. 또한 다른 아이가 칭찬받는 것이 상대적으로 자신이 꾸중을 듣는다고 느낄 수 있다.

엄마는 아이가 상황을 스스로 평가하고 결정하는 데 필요한 사고 과정을 제공해야 한다. 예를 들어, 여름에 패딩 조끼를 입겠다고 떼를 쓰는 아이에게 "네가 좋아하는 색깔의 옷을 입고 싶어? 오늘 날씨가 많이 더워서 그 옷을 입으면 더울 것 같은데. 그래도 입고 싶다면 입어보고 저녁에 어땠는지 알려줘."라고 말하는 편이 낫다. 아이가 자신이 선택한 대로 해보고, 결과를 받아들이게 하는 것이다. 반면, "네가 이렇게 더운 날씨에 두꺼운 옷을 입으면 친구들이 뭐라고 생각할까?"라고 말하면, 다른 사람의 시선을 의식하게 하여 적절하지 않다. 차라리 아이의 선택을 존중하면서도 상황을 명확히 설명하는 것이 좋다.

'나다움'은 자신의 개성과 가치를 소중히 여기면서도 자신과 다른 사람의 능력을 동시에 인정하는 것을 의미한다. 자신과 타인을 객관적으로 바라보는 것이 중요하다. 강점과 약점을 받아들일 수 있을 때, 건강한 자존감을 형성하게 된다. 학급에서 아이가 친구의 그림을 따라 그리는 것은 '나도 저런 그림을 그려보고 싶어.'라는 마음으로 자기 능력을 탐색하는 것이기도 하고, 좋아하는 친구와 친밀감을 표현하는 방법이기도 하다. 따라서 아이가 자기만의 표현을 주저하고 반복적으로 따라 그릴 때는 주의가 필요하다. 자신만의 개성이 부족하다고 문제 삼기보다는 미세한 차이를 찾아내어 말해주는 것이 좋다. "네 그림은 너만의 생각이 담겨 있어서 특별한 거야. 이런 표현이 정말 멋지네!"라고 말하며 아이의 새로운 시도를 격려할 수 있다.

마음의 백혈구, 자존감

아이의 자존감을 키우는 것은 아이의 내면에 백혈구를 강화하는 것과 같다. 백혈구는 외부의 침입자로부터 우리 몸을 보호하는 중요한 역할을 한다. 자존감은 앞으로 아이가 살아가면서 인생의 어려움과 도전에 맞서기 위해 필수적인 방어 메커니즘이다. 살아가면서 겪는 다양한 고비마다 자존감은 마음이 상처받지 않도록 방어막을 펼쳐준다. '아, 나는 이런 사람이지. 지난번에 나는 이렇게 했어. 나는 내가 할 수 있다는 것을 잘 알아.'라고 생각하게 만든다. 이는 아이의 마음에서 백혈구가 적절하게 작동하도록 돕는 것과 같다. 이런 긍정적인 자아 인식은 아이가 자신의 능력을 믿고 어려움을 극복할 수 있는 단단한 기반이 되어준다.

특히, 시험과 같은 평가 상황은 아이의 자존감에 큰 영향을 미친다. 이런 평가는 특정 지식이나 기준에 따라 아이들을 잘하는 그룹과 못하는 그룹으로 나누는 경향이 있다. 이는 교육의 본래 목적과 상충하며 아이에게 상처를 줄 수 있다. 이상적인 평가는 아이의 학습 수준을 정확히 파악하여, 부족한 부분을 보충할 기회를 제공함으로써 모든 아이가 성공할 수 있도록 도와야 한다. 그러나 현실에서의 평가는 여러 문제점을 가지고 있다. 평가자의 주관에 좌우되기 쉽고, 특정 시점에서만 아이를 평가하고, 발전 가능성을 고려하지 않아 문제가 된다. 이것이 반복되면 아이는 인생이라는 긴 여정에서 자신이 이미 낙오됐다고 느끼고, 자신의 길을 찾는 것이 더 중요하다는 사실을 점점 잊게 된다.

엄마의 역할은 아이를 보호하는 것을 넘어, 좌절과 낙담을 넘어서는 방법을 가르치는 것이다. 엄마는 아이에게 넘어지거나 늦게 시작해도 괜찮다고 알려주고 결국 자신의 길을 찾아가면 된다고 말해주어야 한다. 누구나 포기하지 않는다면 다시 도전할 수 있으며, 중요한 것은 결과를 받아들이고 다시 시작하는 용기이다. '지금만 참으면', '대학만 가면'과 같이 단기적인 성공만 아이에게 강조하면 성취 후에는 또 다른 상실감만 안겨줄 뿐이다. 우리의 인생은 한 번에 결정되지 않고 새로운 또 다른 삶의 목표가 계속 이어지기에, 자신의 이야기를 쓸 기회는 항상 열려 있다.

인생에서는 노력뿐만 아니라, 재능이나 운도 큰 비중을 차지한다. 뒤늦게 공부한 아이가 꾸준히 노력한 아이를 앞서기도 하고, 예상치 못한 상황에서 공부를 포기하는 일도 생긴다. 항상 성장하거나 계속 잘하는 것은 불가능하며, 과거에 성공했다고 늘 같은 결과가 기다릴 거라는 보장도 없다. 성과는 노력과 재능, 기회, 운이 복합적으로 작용한 결과이다. 어른은 삶을 통해 이것을 배웠지만, 아이는 경험 부족으로 실패에 쉽게 낙담한다. 실패를 과도하게 부각하거나 실수를 압박하면, 아이는 세상을 좁은 시각으로만 바라보고 금방 포기한다. 아이의 자존감이 거울이라면, 엄마의 역할은 그 거울이 녹슬지 않도록 닦아주고 빛을 찾아주는 것이다.

한국 육상을 대표하는 우상혁 선수의 사례는 강한 자존감이 어떻게 성취로 이어질 수 있는지를 보여준다. 높이뛰기 선수 우상혁은 어린 시절, 차바퀴 사고로 오른발을 다쳤다. 달리기에 대한 열정으로 대수술을 거친 후에도 운동선수의 꿈을 포기하지 않았다고 한다. 후에 자신의 강점을 찾아 높이뛰기에 도전했다. 그는 2023년 9월, 세계육상연맹 다이아몬드 리그에서 한국인 최초로 우승했다. 2016년 리우 올림픽에서 겪은 저조한 성적과 실망감을 극복하고 재기하기란 쉽지 않았다. 하지만 7년간 긍정적인 태도로 자신을 다독이며 훈련하여 쾌거를 이뤘다. 후에 그는 김도균 코치의 믿음과 격려가 큰 힘이 되었다고 말했다. 김도균 코치는 "나는 이미 알고 있었다. 네가 성장할 걸 알고 있었다. 그게 바로 오늘이다!"라며 기뻐했다. 이 사례는 강한 자존감이 역경을 극복하고 더 큰 성장과 성취를 이루는 원동력이라는 것을 보여준다. 우리가 역경을 이겨내고 더 앞으로 나아가며 성장할 수 있게 해준다.

엄마의 자존감

엄마들이 직면하는 다양한 문제를 탐구하는 EBS 다큐프라임

〈마더 쇼크〉에서는 엄마들에게 가상의 돈 1억을 주고 자신의 아이에게 가장 주고 싶은 것을 입찰하도록 하는 경매놀이를 진행했다. 지혜, 건강, 창의력, 책임감, 요리 솜씨 등 다양한 항목들이 나왔지만, '자존감'과 '자신감'이 최고가 1억 원에 낙찰되었다. 엄마가 아이의 내면적 강점을 얼마나 중시하는지 짐작할 수 있다.

자존감은 아이가 거절이나 실패 같은 상처를 더 잘 극복하고, 빠르게 회복하게 한다. 자존감은 상처에 바르는 연고와 같다. 엄마의 자존감이 낮으면 아이도 높은 자존감을 가지기 어렵다. 자존감이 낮은 엄마는 아이를 방임하거나, 반대로 부족한 자존감을 채우기 위해 아이를 통제하려 한다. 자존감이 높은 엄마는 자신의 감정을 잘 다스릴 수 있으며, 어려움에 직면했을 때 원인을 파악하고 해결책을 모색한다. 아이들은 성장하는 과정에서 다양한 도전과 회복의 순간을 마주하는데, 자존감이 높은 엄마는 아이의 내면적인 강점을 키우는 데 중요한 역할을 한다.

영은이는 유치원 때 친구도 많고, 아이디어가 많은 아이였는데, 초등학교 3학년이 되어 갑자기 달라진 친구 관계에서 위축됐다. 영은이가 따돌림으로 힘들어해서 학교 가기를 거부하며 불안해하자, 영은이 엄마 자신도 자존감이 낮아지는 것 같았다. 영은이 엄마는 "친구들이 뭐라고 하면 어떻게 하지?"라고 걱정하는 아이를 보며 괴롭다고 했다. 나는 이런 때일수록 엄마는 마음을 가라앉히고, 아이의 이야기를 들어주고 낙심하거나 전전긍긍하지 말아야 한다고 조언했지만, 쉽지 않은 일이었다.

아이가 어려움을 겪을 때는 우선 엄마 마음의 평정심과 자존감

엄마를 위한 멘탈 수업

유지에 신경을 써야 한다. 아이에게 공감하는 것만으로는 문제를 해결하지 못하는 경우가 많다. 담임교사의 도움을 얻어 문제를 해결하면 좋겠지만, 기대에 미치지 못할 수 있다. 학교 외에 다른 형태와 성격의 친목 또는 배움 모임에 아이가 참여할 기회를 주는 것도 좋다. 대부분 어려움이 영원할 것처럼 느끼고 문제가 자신에게 있다고 생각해 괴로워한다. 그러니 문제에서 조금 빠져나올 수 있게 공간을 열어주는 것이 필요하다.

이와 관련하여 심리학자 파트리샤 린빌Patricia Linville의 연구 결과는 자못 의미심장하다. 그에 따르면 자신의 다양한 면모를 인식하는 것이 자존감 향상에 중요하다. 실험 참가자들에게 자신을 소속집단, 능력, 성격 등 다양한 특성이 담긴 카드로 설명하도록 했다. 다양한 자기 개념을 가진 사람들은 하나의 사건에 의한 실패에 덜 좌절했다. 즉, 자기 개념이 다양하다면 한 번 실패했다고 해서 자아 전체에 큰 영향을 주지 않는다. 이는 사람들이 도전적인 상황에서도 평정심을 유지할 수 있다는 것을 의미한다. 직장에서는 유능하지만 육아에는 어려움을 겪는 엄마, 가사에는 서투르지만 정돈된 상태보다 자유로움을 즐길 수 있는 엄마 등 모두에게는 장단점을 포함해 다양한 측면이 있다. 자신의 다양한 특성을 받아들이는 것은 자존감을 유지하는 데 매우 중요하다.

자존감은 우리가 무엇을 중요하게 생각하고, 어떤 존재로서 자신을 인식하는지를 결정짓는 기준이다. 엄마가 잠시 아이를 다독이기 위해 자존감이 낮은 아이에게 미사여구가 섞인 말을 하는 것은 오히려 역효과를 일으킬 수 있다. 아이는 인정할 수 있는 격려는 수용하지만, 현실과 동떨어진 칭찬은 의미 없게 느낀다. 때때로 외모나 성적, 타인의 무관심으로 인해 아이의 자존감이 낮아질 때, 엄마는 모든 사람이 다양한 방식으로 생각하고 느낄 수 있다는 점을 알려주어야 한다. 다른 사람의 의견이 자신의 가치를 결정하지 않는다는 것을 일깨워 주면, 아이가 스스로를 더 잘 이해하고, 자신감을 회복하는 데 도움이 된다.

자존감 롤러코스터에서 내려오기

풍요로운 환경에서 자란 사람은 자존감이 높을 것이라는 편견이 있다. 배우 김태리는 한 인터뷰에서 "난 어렸을 때부터 자급자족을 하면서 살아왔기에 그 점에 굉장히 큰 자부심이 있다."라고 말했다. 자급자족은 자기 책임과 성취, 독립성, 자기 조절, 만족을 의미한다. 엄마가 안전한 경계를 정해주며 그 안에서 주어진 단계를 밟으며 자란 아이와 달리, 자신의 영역을 스스로 확인하며 넓혀가는 경험을 한 아이는 높은 자기 조절력과 자존감을 가질 수 있다. 엄마에게 "이거 해도 돼요?"라고 물어보며 하나하나 허락을 구하는 아이가 조심성 있고 굉장히 예의 바른 것처럼 보인다. 그러나 이런 태도가 오히려 아이의 자율성과 성장 기회를 제한하고 있는 것은 아닌지 돌아볼 일이다.

자존감은 성취뿐만 아니라 정서와 밀접한 관련이 있다. 칭찬을 받을 때, 상대가 좋은 의도로 하는 것이라는 것을 믿고 긍정적으로

엄마를 위한 멘탈 수업

받아들이도록 해야 한다. 아이와 관련하여 교사로부터 좋은 이야기를 들었다면 "네가 모둠 친구들을 도와 과제를 완성했다는 이야기를 선생님이 해주시더라. 네가 누군가에게 도움을 주었다니 엄마는 너무 기쁘고 감사해."라고 말해줄 필요가 있다. 아이가 힘든 문제를 겪고 있을 때도, 비판 대신 연민과 이해의 관점으로 바라보는 것이 먼저이다.

보통 좋은 일을 축하해 줄 수는 있어도 슬픈 일을 위로해 주는 일은 쉽지 않다. 엄마도 마찬가지로 아이의 기분을 온전히 엄마가 똑같이 느끼는 것이 전부는 아니다. 결국, 그 감정을 극복하며 일어서는 것은 내면의 자기 목소리이다. 어릴 때는 아직 자기 내면과 대화를 나누는 것이 쉽지 않기 때문에 엄마가 아이의 이야기를 들어주고, 생각을 정리하고 이어나가도록 돕는 것이다. "네가 속상한 마음이 들 때는 언제든 엄마에게 이야기하러 와. 엄마가 딱 맞는 답을 알지는 못하지만, 같이 이야기하다 보면 너에게 좋은 답을 찾을 수 있을 거야."라고 말하는 편이 좋다.

우리에게 '스누피'와 '찰리 브라운'으로 잘 알려진 만화가 찰스 슐츠Charles Monroe Schulz는 어릴 적엔 소심하고 눈에 띄지 않는 아이였다. 그는 고등학교 3학년 때 만화를 그리기 시작했는데, 그의 작품은 여러 출판사로부터 거절당했다. 그가 50년간 만화를 연재한 이야기는 어려움을 경험하는 것이 자존감을 키우는 데 어떻게 도움이 되는지를 극명하게 보여준다. 가족의 해체, 난치병, 경제적 궁핍 등에 비하면, 사실 슐츠는 엄청 불행한 어린 시절을 보내진 않았다. 입대 무렵 암으로 어머니를 잃는 것이 가장 큰 사건이다. 그래서일까? 그의 작품에는 어머니의 죽음으로 인한 외로움과 슬픔이 간간이 묻어난다.

슐츠는 어린 시절의 경험을 통해 사람의 마음을 울리는 캐릭터를 창조했다. 어수룩하고 운이 없는 찰리 브라운, 손가락을 빨고 다니는 라이너스, 짝사랑에 빠진 루시 등 캐릭터들이 불안과 씨름하는 모습, 좋아하는 사람을 향한 끈질긴 열망 등이 우리를 웃게 하면서도 위로를 준다. 만화 속 찰리 브라운은 "링컨이 되고 싶으니?"라는 패티의 질문에 "그저 평범한 찰리 브라운이 되기에도 충분히 힘들어."라고 답한다. 평범한 순간을 의미 있는 이야기로 기록할 수 있었던 것은 그만의 통찰력 때문이다. 현재의 어려움, 고민과 걱정의 순간이 문제를 돌아보고 깊이 생각하게 만든다.

돌이켜 보면 아주 높아 보였던 산이나 크게만 느껴졌던 학교가 성장 후 다시 바라보면 생각보다 많이 작아서 놀랐던 기억이 있다. 어린 시절, 산과 학교가 그토록 크게 보였던 이유는 신체적 성장, 경험의 폭, 인지 능력이 아직 충분히 발달하지 않았기 때문이다. 이럴 때, 아이가 느끼는 감정과 해결 방법, 풀지 못했던 문제 모두 성장했을 때 중요한 자원이 된다. 지금 어떤 갈등도 겪지 않는 것이 아이의 자존감을 지키는 것이 아니며, 자신에게 믿음을 주고 다독이며 조금씩 아이만의 나이테를 늘려가도록 도와야 한다.

엄마와 아이 모두 자신의 다양한 면모를 알아가고 인정하면서 건강한 자존감을 키울 수 있다. 긍정적인 마음으로 용기를 내어 다시 시작할 때, 아이의 내면에서 자존감이 자라난다.

엄마를 위한 멘탈 수업

삶의 나이테

나무는 환경 조건에 따라 매년 다른 나이테를 만들어요. 충분한 영양과 수분이 있으면 두꺼운 나이테가, 열악한 환경에서는 얇은 나이테가 생겨요. 우리의 삶도 이와 비슷해요. 경험과 환경에 따라 '나이테'가 형성돼요. 이제, 엄마와 아이의 '삶의 나이테'를 살펴보아요.

엄마의 자존감 나이테

1. 자존감 형성에 중요한 사건을 떠올려 표시해 보세요.
2. 왜 그 사건(경험)이 중요한가요?
3. 이후에 어떤 변화가 있었나요?

아이의 자존감 나이테

1. 자존감 형성에 중요한 사건을 떠올려 표시해 보세요.
2. 왜 그 사건(경험)이 중요하다고 생각하나요?
3. 이후에 어떤 변화가 있었나요?

결핍은
취약하지 않다

흔히 '결핍'이라고 하면, 마음 한편이 조금 쓸쓸해지곤 한다. 그러나 이 용어가 항상 부정적인 것만은 아니라는 것을 이해하는 것이 중요하다. 특히, 아이를 키우는 과정에서 우리는 종종 '결핍'을 마치 되돌릴 수 없는 상황처럼 여기는 경향이 있다. 표준국어대사전에 따르면, '결핍'은 '있어야 할 것이 없어지거나 모자란 상태'를 가리킨다. 이는 완전한 박탈이나 방치를 뜻하는 것이 아니다. 오히려 결핍은 아이가 자신의 욕구를 인식하고 조절하는 중요한 기회가 될 수 있다. 오늘날 풍족함의 시대에 우리는 우리의 양육 방식을 새롭게 되돌아볼 필요가 있다.

모든 엄마는 아이에게 최고의 것만 주고 싶어 한다. 하지만 고려대학교 심리학부 허지원 교수가 말했듯이, 완벽한 부모가 되어야 한다는 압박감은 오히려 우리 사회의 저출산 문제에 영향을 주고 아이의 성장에도 방해가 될 수 있다. 아이러니하게도 아이가 스스로 생각하고 배우려면, 엄마가 모든 것을 채워주기보다는 때로는 의도적으로 작은 '결핍'을 경험하게 하는 것이 중요하다. 아이가 요구하기 전에 모든 것을 미리 제공하면 아이는 욕구가 즉각적으로 충족되는 것을 상황을 당연한 것으로 여기게 되고, 스스로 욕구를 조절하는 법을 배우지 못하게 된다. 이렇게 원하는 것을 항상 얻다가 그렇지 않을 때 혼란을 느낄 수 있다.

감정 조절의 구멍

아이의 욕구를 즉시 충족시키지 않음으로써, 아이가 기다림의 가치를 배울 수 있다.

유치원에서는 아이들이 감정을 조절하는 데 어려움을 겪는 경우가 종종 있다. 이러한 문제는 부모의 과보호와 연결되기도 한다. 예를 들어, 보상을 받지 못하거나 제한을 받으면 아이가 집단 활동에 참여하지 않거나 규칙을 지키지 않고 발을 동동 구른다거나 선생님을 때리는 등의 행동을 보일 때가 있다. 이럴 때는 아이가 사회적 상호 작용과 규칙을 이해하고 스스로 관리하는 법을 배울 수 있도록 명확한 경계 설정과 적절한 '결핍'의 경험이 필요하다.

사실 아이에게 기다림을 가르치고, 때로는 "안 돼."라고 말하는 것은 쉽지 않은 일이다. 하지만 이러한 과정은 아이가 세상을 살아가면서 마주칠 수많은 상황에 대비하도록 돕는다. 엄마의 현명한 지도가 아이를 더욱 강하고 자립심 있는 사람으로 성장하는 데 큰 도움이 될 것이다.

유치원에 다니는 다섯 살 아이가 친구 문제로 기분이 상할 때마다 급식을 거부하고 짜증을 내는 일이 자주 있었다. 정리 시간에 친구가 놀잇감을 빨리 치우라고 요구하거나 먼저 놀잇감을 치워버리면, 아이의 기분은 더욱 나빠졌다. 급식 시간이 되었을 때, 다른 아이들이 모두 줄을 서 있는 동안 그 아이는 교실 한쪽에서 '나는 소중해. 내 기분이 상했어.'라는 메시지를 온몸으로 표현하며 움직이지 않았다. 교사가 아무리 달래도 아이는 자리에서 일어나지 않았다. 다른 교사의 도움을 받아 학급 아이들을 급식실로 보낸 뒤, 교사는 그 아이와 함께 한참 동안 대화를 나눴다. 급식실에 와서도 아이는 식사하지 않고 가만히 앉아 있었고, 교사는 난처해했다. 유치원에 오면 자연스럽게 해결될 것이라고 생각했던 문제가 사실은 더 뚜렷하게 나타나곤 한다.

대부분의 엄마가 아이의 감정을 잘 이해하고 공감해 주지만, 감정을 조절하는 방법을 가르치는 데에는 능숙하지 않다. 아이의 감정을 단순히 이해하고 수용하는 것만으로는 충분하지 않다. 이 방법은 아이에게 스스로 감정을 조절하고 성장할 기회를 충분히 제공하지 못하기 때문이다.

아이들은 종종 감정을 제대로 조절하지 못하여, 한 사건에 대한 반응이 다른 활동에도 영향을 미친다. 이때 아이들은 새로운 상황

엄마를 위한 멘탈 수업

에 적응하고, 이해하며, 타협하고, 제안하는 등, 자신의 감정을 조절하는 방법을 배워야 한다. 때로는 아이에게 모든 것을 다 해주는 것을 멈추고 적절한 제한을 둬야 한다.

과잉 양육은 엄마에게도 상처로 돌아온다. 한 중학생 엄마가 육아커뮤니티 게시판에 글을 올렸다. 엄마에게 대들며 거친 행동을 하는 아들을 보고 그녀의 마음은 찢어지는 것 같았다. "부족함 없이 다 해주려 했는데, 이제 정말 지치고 모든 것을 내려놓고 싶어요." 라는 글에 300개 이상의 공감 댓글이 달렸다. 하정훈 소아과 의사는 양육자가 권위 없이 아이 중심으로만 양육할 경우, 아이가 가정의 규칙과 가치를 체득하지 못할 위험이 있다고 지적한다. 나아가 조선미 박사는 아이에게 명확한 지시와 일관된 지도가 필요하다고 강조한다.

사실 아이를 키우다 보면 사랑을 듬뿍 주는 것보다 그 사랑을 조절하고 제한하는 것이 더 어렵다. 엄마의 사랑이 물질적인 것으로만 표현될 경우, 오히려 문제가 될 수 있다. 적절한 양육이란 아이에게 사랑을 충분히 표현하면서도, 동시에 위험으로부터 보호하고, 학습과 성장의 기회를 제공하는 것이다. "오늘은 이 정도로 충분해. 더 놀고 싶으면 내일 놀자."라고 말하며 아이에게 제한을 두는 것이 중요하다. 아울러 "사고 싶은 마음이 들어도 모든 것을 다 살 수는 없어. 정말 꼭 필요한 것이 아니라면 우리 집에는 들여놓을 수 없어."라고 단호하게 안내하는 것이 오히려 아이가 자신의 욕구를 스스로 조절하도록 가르치는 것이며, 결국 아이의 성장에 긍정적인 영향을 미친다.

결핍은 취약하지 않다

서울대학교 소비자학과 김난도 교수는 저출산 현상으로 인해 오늘날 아이들이 '8 포켓, 10 포켓' 환경에서 자란다고 설명한다. 결혼하지 않는 젊은 세대가 늘면서, 아이 한 명에게 용돈을 주는 사람이 8~10명에 이른다는 것이다. 아이들은 소비 욕구를 조절할 필요성을 느끼지 못하는 상황이 되었다. 현대 사회는 '결핍'이 '결핍된' 상태에 이르렀다. 심지어 이러한 풍요로운 환경 속에서도 아이들은 다른 아이들과 끊임없이 비교하며 상대적 박탈감을 느낀다.

이 상대적 박탈감은 엄마의 불안과 비교 심리에서 비롯된다. 엄마들은 자신의 아이가 다른 아이들보다 뒤처지지 않도록 무리해서라도 더 많은 것을 제공하려는 경향이 있다. 이러한 조바심은 결핍을 불편하게 여기는 마음에서 나온다. 가정의 경제적 한계에도 불구하고 엄마들은 사교육에 크게 의존하며, 그것을 아이에 대한 사랑의 표현이라고 여긴다. 그러다 보니 자꾸만 "엄마는 괜찮아. 너만 잘하면 돼."라며 아이에게 부담을 주고, 결국 이런 행동은 아이에게 잘못된 메시지를 전달하게 된다. 마치 사교육비를 부담하는 정도가 '너를 이만큼 중요하게 생각해.'라고 엄마의 사랑과 관심을 증명하는 척도인 것처럼 포장되는 것이다.

노벨경제학상을 수상한 심리학자 대니얼 카너먼에 따르면, 사람들은 과거 경험을 다각도로 분석하지 않고, 기억하고 싶은 부분만으로 미래를 예측한다고 한다. 이는 엄마들이 때때로 잘못된 의사결정을 내리며 불확실한 결과에 두려움을 갖는 이유와도 관련된다.

예를 들어, 부유한 환경에서 자란 아이들이 성공한 사례를 보고, '나도 저런 환경을 만들어 주면 그만큼 좋은 결과가 따라오겠지.'라고 판단하는 것이다. 그러나 중요한 것은 물질적 지원보다 아이가 다양한 상황에 직면했을 때, 스스로 해결할 수 있는 능력을 키워주는 것이다.

역사를 통해 보면, 결핍은 종종 부끄러움과 가난의 상징으로 여겨져 왔다. 과거 신분제 사회에서는 결핍이 피할 수 없는 굴레였지만, 현대 사회에서는 오히려 결핍을 극복한 이야기들이 사람들의 관심을 끈다. 사람들은 어려움을 어떻게 극복했는지, 어두운 시간을 어떻게 견뎌냈는지 듣는 데 매력을 느낀다. 이러한 이야기는 삶의 진정성을 드러내며, 사람들은 결핍을 극복한 사람들에게 찬사를 보낸다. 실제로 성공한 코미디언이자 방송인인 신동엽은 "사람은 상처와 결핍을 겪으며 행복을 준비한다."면서, 자녀에게 어떻게 결핍을 경험하게 할지 고민한다고 말했다. 그는 결핍을 취약한 부분으로 여기지 않고, 성장을 위한 중요한 과정으로 바라본다.

결핍은 아이에게 생각하고 행동하게 하는 추동력이 될 수 있다. 픽사의 스토리 제작자로서 〈토이 스토리〉, 〈니모를 찾아서〉 등 히트작을 만든 매튜 룬Matthew Luhn은 그의 저서 《픽사 스토리텔링》에서 스토리 법칙을 소개했다. 그는 완벽함보다는 인간의 나약함과 같은 면모가 관객에게 더 깊은 공감을 일으킨다고 말한다. 이처럼 나약함과 결핍은 실패에서 얻은 교훈을 통해 성공적인 이야기로 변모할 수 있다. 이러한 원리는 양육에도 적용될 수 있다. 엄마는 결핍 경험이 아이의 세상을 넓히는 데 도움이 될 수 있다는 믿음을 가져야 한다.

결핍 여부와 상관없이, 우리가 생각해 봐야 할 또 다른 측면은 아이가 진정한 사랑을 어떻게 받아들이고 성장하도록 도울 것인가 하는 점이다. 엄마의 사랑은 모래에 물을 부은 것처럼 끊임없이 흘러가지만, 아이가 그 사랑을 제대로 인식하고 받아들이며 성장하는 것은 별개의 문제다. 같은 결핍 상황에서도 아이들은 다르게 반응한다. 어떤 아이는 결핍을 성장의 기회로 삼고, 어떤 아이는 멈춰 서서 불평한다. 이 차이는 아이의 내적 동기와 엄마가 보여주는 사랑의 질에 따라 달라진다. 엄마는 칭찬이나 물질적 보상으로 사랑을 쏟아붓는 것이 아니라 아이가 자신의 행동에서 진정한 의미를 찾을 수 있도록 현명하게 사랑을 표현해야 한다.

김난도 교수는 《트렌드 코리아 2024》에서 외모, 학력, 자산, 직업, 집안, 성격의 여섯 가지 주요한 측면에서 결점이 없는 사람을 '육각형 인간'이라고 이름 붙였다. 현대 사회에서 우리는 자신의 결핍을 스스로 채우거나 넘어서기보다는, 처음부터 결핍 없는 완벽한 상태를 추구하는 경향이 있다. 이를테면, '나는 노력해서 여기까지 왔어.'보다는 '난 원래부터 모든 것을 다 갖추고 있었어.'와 같은 태도를 더 자랑스럽게 여기는 것이다. 그러나 돈이나 지위 등 외적 동기에 치중하다 보면, 결국 자신의 삶이 부족하게만 느껴지고 지치게 된다. 결핍을 통해 다른 사람과 공감하며, 상대를 이해하는 창으로 작용할 수 있다.

인간은 부정적인 사고를 통해 위기 상황에 대응하는 능력을 발전시켜 왔다. 그렇다고 해서 우리 삶을 긴장과 불만으로 가득 채워서는 안 된다. 오히려 현재 가진 것에 감사하고 생각을 긍정적으로

엄마를 위한 멘탈 수업

전환하는 태도가 필요하다. 엄마가 불안해하며 아이를 대신해 모든 것을 해결하려 할 때, 아이는 스스로 문제를 해결하는 능력을 키우지 못한다. 호랑이가 "떡 하나 주면 안 잡아먹지."라고 말하는 우리 옛이야기처럼 욕망은 항상 새로운 것을 추구한다는 사실을 인식해야 한다. 엄마의 역할은 아이가 겪는 결핍을 단순한 문제로 보지 않고, 그것을 통해 아이가 더 강하고 독립적인 사람으로 성장할 수 있도록 지원하는 것이다. 결핍은 아이에게 상처가 아닌, 성장을 위한 백신이자 미래에 대한 선물이 될 수 있다. 이를 위해서는 엄마가 먼저 결핍을 마음의 그늘로 여기지 말아야 한다.

엄마 마음의 쿠키 상자

 엄마는 아이를 위해 다양한 맛의 쿠키가 담긴 상자를 준비했어요. 이 쿠키들은 엄마가 아이에게 주는 모든 것들이에요. 상자를 살펴보세요.

- 상자 안에 어떤 쿠키들이 들어 있나요? 각각의 쿠키는 어떤 의미를 담고 있나요?

- 이 쿠키들 중 아이에게 정말 필요하지 않을 수도 있는 것이 있나요?

- 엄마가 아이에게 물려주고 싶지 않은 것은 무엇인가요? 그 이유는 무엇인가요?

- 만약 쿠키를 빼기 어렵다면, 그 이유는 무엇일까요?

- 아이에게 정말 필요한 것과 엄마의 욕심은 어떻게 구분할 수 있을까요?

이 활동을 통해 아이에게 무엇을 주고 싶은지 다시 한번 생각해 보고, 진정으로 필요한 것이 무엇인지 성찰해 보세요.

좌절 이후의
진정한 힘

우리나라의 전통 육아법에는 "단동십훈檀童十訓"이라는 교육 방식
이 있다. 엄마가 어린아이와 놀아줄 때의 가르침을 담은 것으로 '도
리도리'나 '짝짜꿍 짝짜꿍', '곤지곤지' 등 10가지 동작으로 구성되
어 있다. 특히, '쥠쥠'이라는 동작은 "지암지암持闇持闇"에서 유래했
으며, 주먹을 쥐었다 폈다 하는 동작인데, "쥘 줄 알면 놓을 줄도 알
아야 한다."라는 가르침이 함축되어 있다. 가만히 생각해 보면 이
말이 맞다. 손을 넣어 병 안에 있는 것을 꺼내려는데, 주먹을 쥐면
손을 빼지 못한다. 우리 인생도 마찬가지로, 무언가를 얻으려 할 때
는 그만큼의 무언가를 내려놓아야 한다. 성취를 위해 노력하는 과
정에서 아이가 좌절을 경험하는 것은 불가피한 일이며, 그 좌절을
어떻게 받아들이고 극복하는지가 성장의 핵심이다.

엄마는 아이가 이룬 작은 성공마다 크게 기뻐하며 격려한다. 이런 긍정적인 격려는 아이의 자신감을 키우는 데 큰 도움이 된다. 그럼에도 불구하고, 아이는 때로 실패와 좌절을 경험할 수 있다. 이런 순간들은 자연스러운 성장 과정의 일부이다. 유아기에는 친구와 놀이 중에 갈등이 생기고, 학령기에는 성적, 진로, 친구 관계와 관련된 문제들로 어려움을 겪으며, 성인이 되어서도 직장, 미래, 가정 문제 등에서 실패를 경험할 수 있다. 중요한 것은 엄마가 아이의 좌절에 지나치게 감정을 이입하여 부정적이거나 과민하게 반응하지 않는 것이다.

좌절은 열심히 노력했음에도 바라던 결과를 얻지 못했을 때 느끼는 자연스러운 감정이다. 이는 열등감, 수치심, 실패, 방황, 그리고 포기와 같은 부정적인 단어들과 연관된다. 좌절을 극복하기 위해서는 시간이 필요하며, 때로는 시간이 지나도 좌절에서 벗어나기 어려울 수 있다. 인생에서 우리가 성공이라고 부르는 것들이 진정한 성공인지, 단순히 노력만으로 이룰 수 있는 것인지 생각해 볼 필요가 있다.

우리는 원하던 학교에 들어가지 못하거나, 좋아하는 사람이 나를 좋아하지 않거나, 소위 잘나간다는 직장의 최종 면접에서 떨어지거나, 다이어트에 실패하는 등 수많은 실패의 경험이 있다. 당시에는 좌절감을 느꼈을지 모른다. 그러나 설령 성공했다 하더라도 그 기쁨은 잠시일 뿐 곧 일상이 된다. 결국, 우리가 성공이라고 부르는 것은 잠깐의 만족감일 뿐, 곧 새로운 목표로 대체된다.

바라는 성공이 단순히 노력만으로 이룰 수 있는 것인지는 불분명하다. 그러므로 결과에 대한 좌절감은 자연스러운 반응이다. 핵심은 성공 그 자체가 아니라 가치 있는 목표를 향해 나아가는 과정이다. 실패한 목표가 진정으로 가치 있다고 생각된다면, 그 목표를 이루기 위해 더 큰 노력과 열정을 쏟아야 한다. 지금은 열등감과 수치심을 느낄 수 있지만, 극복하려는 열망이 있다면 목표의 소중함과 가치를 되새기는 좋은 기회가 된다. 성공의 여정에서 필요한 것이 무엇인지, 전략을 어떻게 조정할지, 목표를 수정해야 하는지 깊은 고민이 필요하다.

좌절은 마침표가 아니라 쉼표

첫째 아이는 초등학교 5학년 때, 교내 영어 말하기 대회를 앞두고 한 달 동안 열심히 준비했다. 가족 앞이나 공터에서 연습하는 등 긴장하지 않으려고 다양한 장소에서 연습했다. 대회에서 2등인 우수상을 받았지만, 아이는 이 결과에 매우 속상해했다. 그날 시무룩해서 한동안 상장을 물끄러미 바라보는 아이에게 나는 "수고했어, 잘했어."라고 위로했다. 나중에 '우수상' 상장에 아이가 '최'라는 글자를 연필로 정성스럽게 적어둔 걸 발견했다. 이것이 불만족의 표현인지 확실치 않았다. 혹은 자신의 노력이 최우수상을 받을만했다고 생각한 것일 수도 있다. 하지만 고등학생이 된 후에도 영어 말하기 대회에 말없이 참가하여 상을 받는 아이를 보며, 비록 원하는 결과가 아니더라도 그 순간을 어떻게 받아들이냐가 아이를 더 노력하게 만든다는 것을 알게 됐다.

우리가 살면서 하는 많은 일들을 단순히 노력의 결과로만 생각하거나 결과로만 평가한다면, 실패했을 때 이를 받아들이고 다시 시작하기 어려워질 수 있다. 외부 요인만 탓하고 자기반성을 소홀히 하면 개선의 기회를 놓치게 된다. 자신을 객관적으로 바라보지 못하는 사람은 처음의 열정에도 불구하고 실패를 경험하면 목표에서 멀어질 수 있다. 대학생이 된 친구의 딸이 고등학교 시절을 돌아보며 이렇게 말했다. "지구과학 선생님이 좋아서 시험을 잘 보고 싶었는데, 중간고사에서 점수가 좋지 않아서 너무 실망했어요. 그 후로 그 과목과 선생님에 대한 애정이 사라졌죠."

이처럼 목표 달성이 어려워질 때, 사람들은 종종 처음의 목표를 포기하곤 한다. 그러나 좌절은 결코 '마침표'가 아니다. 오히려 각자의 여정에서 잠시 쉬어가는 '쉼표'와 같다. 네이버 국어사전에서는 좌절을 '마음이나 기운이 꺾이거나 계획이나 일 따위가 실패로 돌아가는 것'으로 정의한다. 버스를 잘못 탔다면, 내려서 올바른 목적지를 찾아가는 것처럼 잠시 기분이 좋지 않더라도 그것이 목적지로 가는 것을 포기할 이유는 되지 않는다. 실패가 아니라 그다음 선택과 준비가 더 중요하다. 실망감과 수치심을 넘어 다음 단계를 준비하는 것이야말로 회복탄력성을 완벽하게 이해하고 실천하는 것이다.

아이들은 구슬치기와 같은 전통적인 놀이를 즐긴다. 구슬 미로는 아이들이 블록을 연결하여 입체적인 경로를 만들고, 구슬을 굴려 목적지에 도달시키는 좀 더 복잡한 현대식 놀이다. 이 과정에서 쌓은 블록이 무너지면 아이들은 집중력과 창의력을 발휘하여 문제를 해결해야 한다. 어느 날, 다섯 살 아이가 블록이 무너져서 짜증을 내며 울먹이자, 함께 놀던 친구가 엄마 같은 표정으로 따뜻하게 위로하며 말했다. "괜찮아. 다시 하면 되잖아. 내가 도와줄게." 친구의 말에 아이는 편안한 표정으로 다시 놀이에 참여했다. 아이들은 좌절을 경험하고도 서로를 지원하며 긍정적으로 대처하는 모습을 보여준다. 아이들은 어려운 순간에 누군가로부터 지지를 받으면, 블록이 무너지는 것이 두렵거나 귀찮고 성가신 일이 아니라는 것을 직감하게 된다.

유치원에서는 아직 세상에 익숙하지 않은 아이들이 두려움을 거두고, 미리 겁먹어서 도전을 포기하지 않도록 격려하는 것에 중점을 둔다. 구슬 미로 놀이에서 친구를 돕는 것처럼 학습 과정에서도 지지와 협력이 매우 중요하다. 사실 교구나 놀잇감을 가지고 잘 노는 것보다는 그것을 매개로 친구와 관계를 맺고 경험을 공유하는 것이 훨씬 더 큰 가치가 있다. "너 때문이야!"라고 화를 내거나 "이걸 언제 다시 쌓아?"라고 자포자기하려다가도 교사나 친구의 격려와 지원을 통해 아이들은 다시금 마음을 다잡게 된다.

성공의 가격

성장하면서 아이들은 남들보다 더 나은 성적을 얻고 꿈꾸는 진로를 향해 나아가려고 노력한다. 이 과정에서 어린 시절 배웠던 협력과 배려는 점점 희미해지기도 한다. 많은 부모들은 우수한 성적이나 명문대 입학, 좋은 직장에 취직하는 것을 성공의 기준으로 생각하고 이런 기대를 아이들에게도 전달한다. 대다수 부모들이 아직 자신의 삶이 중반에 이르지 않았음에도 불구하고, 자신의 기대와 열망을 그대로 아이에게 투영하며 일반적으로 이야기하는 사회적인 성공을 아이의 성공으로 여기곤 한다.

성공은 각자의 목표를 향한 믿음과 전진의 과정이다. 그렇기에 성공의 '가격'은 사람마다 다르다. 성공에 이르기까지 우리 각자가 겪는 도전과 좌절이 서로 다르기 때문이다. 어떤 이는 취업난을 뚫고 곧바로 좋은 회사에 입사하지만 기대와 다른 현실에 직면하여 한 달 만에 퇴사할 수도 있다. 반면, 다른 사람은 수년간의 노력 끝에 원하는 직장에 들어간다. 유명인들이 초기 성공 이후 마약이나 부적절한 행동으로 문제를 겪는 것처럼 성공이 늘 안정적인 삶을 보장하지는 않는다. 가장 중요한 것은 자신의 삶의 목적을 분명히 아는 것이다. 목표를 이루기 위해 천천히 삶을 쌓아가는 사람들은 어려움 속에서도 자기 자신에 대해 깊이 생각하게 된다.

18세기 프랑스 화단을 이끌었던 신고전주의의 대가, 자크 루이 다비드Jacques Louis David의 삶은 성공을 바라보는 흥미로운 시각을 제공한다. 그의 대표작 '마라의 죽음'과 '알프스를 넘는 나폴레옹'은 그의 예술적 재능과 변화무쌍한 정치 환경에 대한 탁월한 적응력을 동시에 보여준다. 다비드는 루이 16세의 궁중 화가로 시작해, 공화국의 공식 화가, 나폴레옹 시대의 황제 화가로서 명성을 쌓았다. 그의 정치적 격변에 대한 적응력은 주목할 만하다. 하지만 나폴레옹 퇴위 후, 벨기에 브뤼셀로 망명해야 했고, 그곳에서 생을 마감했다. 그의 작품은 후세에 대중을 선동하고 권력을 고취하는 수단으로 비판받기도 했다. 다비드의 이야기는 성공이 단순한 결과가 아닌, 결과에 이르는 모든 과정을 포함해야 한다는 점을 일깨워 준다.

아이들에게 성공에 대한 나의 생각을 그대로 전달하기는 어렵지만, 그 의미를 조금이라도 나누고자 하는 마음에서 자주 읽어주는 그림책이 있다. 바로 《샘과 데이브가 땅을 팠어요》이다. 이 이야기는 샘과 데이브가 '어마어마하게 멋진 것'을 찾기 위해 땅을 파는 모험을 담고 있다. X-Ray 투시도처럼 숨겨진 거대한 다이아몬드를 독자들에게만 보여준다. 샘과 데이브는 다이아몬드를 발견할 뻔한 순간마다 다른 방향으로 틀어버린다. 아이들은 이 부분을 보며 안타까워하며, "아니! 거기 말고!"라고 외친다. 결국, 두 주인공은 아무것도 찾지 못한 채 간식을 먹고 하루를 마무리한다. 그들은 빈손이지만 서로에게 "정말 어마어마하게 멋졌어!"라고 말하며 행복해한다. 이 그림책은 성공이 모두에게 같은 의미를 갖지 않으며, 오히려 목적지에 도착하기 위한 노력과 기대, 그 과정의 추억과 같은 경험이 진정한 가치라는 것을 보여준다. 때로는 아이들의 그림책이 우리에게 중요한 교훈을 상기시켜 주기도 한다.

유치원에서 만난 아이들은 유머러스하고 재미있는 성향의 아이부터 조용히 자기만의 세계에 빠져 있는 아이까지 다양하다. 특히, 이안이는 후자에 속했는데 내면에 숨겨진 모습이 언제쯤 드러날지 기대되는 아이였다. 다른 아이들 사이에서 크게 눈에 띄지 않았지만, 이안이를 무시하거나 싫어하는 아이는 없었다. 어느 날, 아이들이 동극을 준비하는 동안 이안이는 혼자 조용히 새로운 악기를 두드리며 그 소리에 집중했다. "소리 멋지다. 어떻게 그런 소리를 만들었어?"라며 이안이에게 물어보자, 다른 아이들도 주목하기 시작했고, 이내 아이들은 "야, 정말 잘하네.", "나도 해보고 싶어."라는 반응이 이어졌다. 결국, 동극 공연은 이안이의 악기 연주로 환상적인 마무리를 지었다. 이 일로 이안이는 학급 친구들에게 인정받는 중요한 존재가 되었고, 나는 이것을 이안이의 작은 성공으로 여겼다.

인생의 마지막 장에서 모두가 같은 성공의 기준을 충족시키는 것은 아니다. 현재 좌절의 순간에 머물러 있다고 해서 모든 게 끝난 것은 아니며, 한 번의 성공이 영원히 지속되는 것도 아니다. 어쩌면 성공은 다음 도전으로 향하는 여정 중 한 지점에 불과할 수 있다. 그러니 아이에게도 엄마의 기준에서 빛나는 성공이 있다고 말해서는 안 된다. 오히려 지금까지 겪은 좌절의 횟수와 시간, 그리고 그 깊이는 우리가 현재 서 있는 성공의 진짜 가격을 말해준다. 이 모든 것은 우리가 앞으로 어떤 길을 선택하고 어떻게 준비하느냐에 따라 달라진다.

좌절을 보듬는 손, 유대관계

인생의 정점에 서면 모든 것이 순조로울 것 같지만, 사실은 그렇지 않다. 실제 인생은 예상치 못한 도전으로 가득하다. 과학고를 조기졸업 하고 카이스트에 입학한 뒤, 로스쿨에서 IT 전문변호사를 꿈꿨던 김동현 판사는 간단한 의료 시술로 인해 실명하는 큰 시련을 겪었다. 그에게 어머니는 절에서 수행하기를 권유했고, 한 달 동

엄마를 위한 멘탈 수업

안 매일 삼천배 수행을 했다. 하지만 시력은 회복되지 않았다. 스님은 그에게 육신의 눈은 잃었지만, 이제 마음의 눈을 뜨게 되었다며, 마음의 눈으로 세상을 바라보라고 조언했다.

김동현 판사는 지하철을 타고, 자판기에서 음료를 뽑는 등 일상의 단순한 일들을 다시 익혀나갔다. 처음에는 답답하고 화도 났지만, 점차 새로운 감각으로 세상을 경험하며 자신의 삶을 재건했다. 그는 "남보다 잘하는 것이 아닌 전보다 잘하는 것이 발전"이라고 말한다. 이는 좌절의 순간조차도 자신을 발전시키는 중요한 과정으로 받아들여야 한다는 귀중한 교훈이다.

모두가 동화처럼 '오래오래 행복하게 살았답니다'를 기대하지만, 현실은 복잡하고 녹록지 않다. 어려운 순간들은 때로 길고 험난하다. 아이가 실패와 실망을 경험하고 멈춰 서 있는 것을 보면 엄마는 두려움을 느낄 수 있다. 그러나 중요한 것은 성공만이 인생의 전부가 아니라는 사실을 깨닫는 것이다. 실제로 중·고등학생 중 적지 않은 아이들이 방황하거나 극단적인 선택을 고려하는 등 도전에 직면하기도 한다. 이러한 방황과 좌절의 순간에 엄마가 아이에게 따뜻한 조언과 변함없는 지지를 제공할 수 있도록 평소에 끈끈한 유대감을 구축하는 것이 매우 중요하다.

수명이 연장되는 현시대에 엄마는 아이와 장기적인 관계를 맺으며 실패를 함께 극복하는 방법을 이해해야 한다. 한 번의 성공으로 평생을 보낼 수 없다. 아이가 언젠가 예상치 못한 실패를 겪을 수도 있으며, 이때 엄마의 역할이 중요하다. 실패와 좌절의 순간에 엄마는 아이가 이를 극복하고 성장할 수 있도록 격려해야 한다. 아이에게 "넌 어렸을 때도 넘어지면 다시 일어났잖아. 이번에도 엄마는 너를 믿어."라며 따뜻한 격려와 애정 가득한 지지를 보내는 것은 아이가 좌절을 이겨내고 성장하는 데 매우 큰 힘이 된다.

아이가 다양한 선택지와 가능성을 탐색하도록 엄마는 좌절을 교육적 기회로 활용해야 한다. 예를 들어, 아이가 화가의 길 대신 미술 평론가로서의 경로를 탐색할 수 있도록 격려할 수 있다. 또한 다양한 전공을 공부하면서 더 넓은 분야에 대해 배울 수 있다고 알려줄 수 있다. 이러한 경험은 아이에게 실패를 넘어서는 법을 가르친다.

성공만 강조하는 환경에서 아이는 실패를 두려워하게 된다. 이런 상황에서는 아이가 높은 목표를 설정하기를 꺼리며, 쉽게 타협하려는 경향이 생길 수 있다. 이때 엄마는 아이가 실패를 부끄럽게 여기지 않고, 성장의 기회로 볼 수 있도록 격려해야 한다. 아이가 겪는 어려움이나 좌절의 시기를 갭이어Gap year[*]와 같이 자신을 발견하고 성장할 수 있는 기회로 활용하도록 도울 수 있다.

아이가 좌절을 겪을 때 엄마의 사랑과 지지는 매우 중요하다. 실패와 좌절의 순간에 엄마는 아이가 이를 극복하고 성장할 수 있도록 격려해야 한다. 엄마와 아이 사이의 깊은 유대감은 아이가 삶의 도전을 극복하고 성공해 나가는 데 필수적인 기반이 된다.

---

[*] 갭이어(Gap year) 제도: 17세기 후반 영국 상류층의 '그랜드 투어'에서 유래했다. 대학 진학 전후 학업을 잠시 중단하고 여행, 봉사, 워킹홀리데이 등을 통해 자아를 탐색하는 기간이다. 영국에서 시작되어 미국, 캐나다, 호주 등으로 확산됐으며, 현재 한국의 여러 지방자치 단체에서도 만 19세 이상 청년들을 대상으로 시행 중이다. 갭이어는 균등한 기회 제공과 다양한 경험을 통해 한국 교육의 한계를 보완하는 대안으로 자리하고 있다.

엄마를 위한 멘탈 수업

엄마 좌절감 테스트

최근 한 달 동안의 엄마의 상태를 생각하며 아래 질문에 답해보세요.

- 요즘 사소한 일에도 쉽게 짜증이 나나요?

  1. 전혀 그렇지 않다   2. 그렇지 않다   3. 보통이다   4. 그렇다   5. 매우 그렇다

- 육아가 힘들 때, '그만두고 싶다.'는 생각이 종종 드나요?

  1. 전혀 그렇지 않다   2. 그렇지 않다   3. 보통이다   4. 그렇다   5. 매우 그렇다

- 최근 부정적인 생각이 긍정적인 생각보다 더 자주 드나요?

  1. 전혀 그렇지 않다   2. 그렇지 않다   3. 보통이다   4. 그렇다   5. 매우 그렇다

- '나는 좋은 엄마가 아닌 것 같아.'라는 생각이 자주 떠오르나요?

  1. 전혀 그렇지 않다   2. 그렇지 않다   3. 보통이다   4. 그렇다   5. 매우 그렇다

- 요즘 스트레스로 인해 쉽게 지치고 기운이 없나요?

  1. 전혀 그렇지 않다   2. 그렇지 않다   3. 보통이다   4. 그렇다   5. 매우 그렇다

- 아이와 관련된 문제를 해결하기보다 피하고 싶은 마음이 드나요?

  1. 전혀 그렇지 않다   2. 그렇지 않다   3. 보통이다   4. 그렇다   5. 매우 그렇다

- 육아가 힘들 때, 자주 자신이나 다른 사람을 탓하게 되나요?

  1. 전혀 그렇지 않다   2. 그렇지 않다   3. 보통이다   4. 그렇다   5. 매우 그렇다

7~11점:	스트레스를 잘 관리하고 있어요. 긍정적인 태도를 계속 유지하세요.
12~18점:	대부분의 엄마들이 느끼는 일반적인 수준의 스트레스예요. 잘 극복하고 있으니 자신을 믿으세요.
19~25점:	요즘 조금 힘든 시기를 겪고 계신 것 같아요. 도움을 요청하거나 새로운 해소법을 찾아보세요. 당신은 충분히 잘하고 있어요.
26~35점:	많이 힘들어하고 계시는군요. 혼자 견디지 말고, 가족이나 친구, 전문가의 도움을 받아보세요. 당신은 소중한 사람이에요.

결과는 추억,
과정은 배움

리처드 바크Richard Bach의 《갈매기의 꿈》은 일상을 넘어서는 배움의 가치를 감동적으로 그리고 있다. 대부분의 갈매기가 일상적인 먹이 찾기에 만족하는 반면, 주인공 리빙스턴은 비행 기술에 대한 남다른 관심과 깊은 열정을 보인다. 리빙스턴은 다른 갈매기들의 반대를 무릅쓰고, 혼자서 비행의 한계를 넘어서려고 끊임없이 도전하며 다양한 기술을 익힌다. 한때 무리에서 추방당하지만, 결국 자신의 열정을 공유하는 갈매기들과 함께 돌아와 다른 갈매기들이 비행의 자유를 경험하도록 이끈다. 마찬가지로 엄마도 아이의 자유롭고 특별한 모습을 깊이 이해하며, 아이가 자신의 이야기로 만들어 갈 수 있도록 사랑으로 지원해야 한다.

아이는 엄마의 따뜻한 사랑 속에서 세상을 알아가고, 놀이를 통해 세상을 배운다. 처음에 아이는 엄마와 함께 세상을 경험하여 많은 것을 배우지만, 학교에 가기 시작하면 읽기, 쓰기, 셈하기와 같은 기초 지식이 더 중요해진다. 이때부터 아이는 자유로운 놀이보다는 공부에 더 많은 시간을 할애하게 된다. 그 결과, 창의적인 탐색과 자유로운 놀이의 기회가 점점 줄어든다. 이러한 변화는 마치 어른들이 '놀이'와 '일'을 구분하듯, 아이들에게 '놀이'와 '학습'이 서로 다른 것이라는 생각을 심어준다. "이제 그만 놀고 공부할 시간이야."라는 말이 이를 잘 보여준다.

하지만 배움은 교실을 벗어나서도 일어난다. 자신의 재능과 관심사에 대한 지지를 받을 때, 아이는 놀라운 성과를 이룰 수 있다. 예를 들어, 중증 시각장애가 있는 이영은 양은 오디오북과 점자책으로 공부하면서도, 장애인의 권리에 대한 사회적 인식을 개선하기 위하여 캠페인에 참여하는 등 활발한 사회활동을 펼쳤다. 그녀의 노력은 대통령 장학생으로 선발되어 프린스턴대학교에서 정치학을 공부하는 성취로 이어졌다.

사교육 없이 시골에서 사슴벌레를 키우며 그 과정을 일지에 기록한 고종빈 군은 산림전문가의 꿈을 안고 서울대학교에 입학했다. 또한, 학교에서 배운 수학을 활용해 다리가 불편한 노인들을 위해 달동네 최단 경로를 찾은 고등학생의 사례처럼, 일상 속 문제를 해결하는 데 자신의 지식을 적용하는 것이 중요하다.

이 모든 이야기는 교육학의 석학 존 듀이John Dewey의 교육철학과 상통한다. 듀이는 교육이 단지 미래를 위한 준비가 아닌 '삶 자체'라고 봤다. 즉, 일상에서 마주치는 문제를 해결하는 과정에서도 배움이 일어난다는 것이다. 학교뿐 아니라 집, 마을, 자연 어디에서나 교육이 이루어질 수 있다.

따라서 '아이가 이걸 왜 배워야 하지?'라는 질문은 아주 중요하다. 교육의 진정한 목적은 아이들이 현재의 삶에서 의미를 찾고, 꿈과 열정으로 세상에 참여하도록 격려하는 것이다. 그러나 우리 사회는 학교 교육에만 너무 의존하는 경향이 있다. 그렇다 보니 아이들이 학교에서 배운 지식을 실생활에서 어떻게 적용하고, 실제 문제를 어떻게 풀어야 하는지는 사실상 배우기 어렵다.

엄마로서 우리의 역할은 아이들이 배움에 대한 열정을 잃지 않고, 실패를 두려워하지 않으며, 언제든 도전할 수 있도록 지원하는 것이다. 아이들이 자신의 길을 찾아 성장하도록 격려하고 지원하는 것, 그것이 엄마가 할 수 있는 가장 소중한 일이다.

관계, 성장의 힘

사실주의 미술의 또 다른 거장, 장 프랑수아 밀레Jean François Millet의 따뜻한 작품 '첫걸음'은 아이가 세상에 첫발을 내딛는 순간을 포착하고 있다. 이 장면에서 아이는 아빠를 향해 열망 어린 첫걸음을 걷는다. 엄마는 아이의 어깨를 부드럽게 지지하며 안정감을 주고 있다. 아빠는 팔을 활짝 벌려 기다리는 듯한 모습으로 아이가 다가오기를 바라고 있다. 이렇게 가정에서 엄마와 아빠의 사랑을 듬뿍 받으며 아이는 성장한다.

엄마를 위한 멘탈 수업

아이가 처음 말을 시작할 때, 그 작은 목소리에서 엄마는 큰 기쁨을 느낀다. 하지만 아이가 점점 커가면서 바쁜 일상 가운데 엄마는 아이의 이야기에서 멀어질 수 있다. 이 순간들을 소중히 여기고 아이와 깊은 유대감을 계속 키워가는 것이 얼마나 중요한지 잊지 말아야 한다.

아이와의 대화는 단순한 이야기 이상의 것이다. 아이가 자신의 생각과 감정을 표현할 때, 엄마는 아이의 말을 세심하게 듣고 이해하려는 노력이 필요하다. 아이는 자신이 사랑받고 있으며 자신의 의견도 존중받고 있다는 것을 느끼며 세상을 더 긍정적으로 바라볼 수 있게 된다.

유치원과 학교는 아이가 처음으로 많은 친구들과 어울리며 세상을 배우는 곳이다. 고학력의 부모가 늘어나고 좋은 교육자료가 갖춰져도, 아이가 유치원이나 학교에 가야 하는 진정한 이유는 친구와의 상호 작용을 통해 새로운 것들을 배우기 때문이다. 사회적 기술은 친구들과 어울리면서 자연스럽게 발달한다. 밀레의 '첫걸음'처럼, 아이가 새로운 단계로 나아갈 때는 부모의 지지와 격려가 중요하다.

아이가 친구들과 함께하면서 겪는 작은 어려움과 갈등도 사실은 아주 중요한 배움의 기회이다. 이런 상황들은 아이가 사회적 기술을 배우고 성장하는 데 도움을 준다. 아이가 학교나 유치원에서 보이는 모습을 통해 엄마는 아이가 어떻게 다른 사람들과 상호작용을 하는지 더 잘 이해할 수 있다. 엄마가 아이를 이해한다는 것은 아이의 좋은 점뿐만 아니라 받아들이기 어려운 면도 모두 포함하는 것이다.

아이가 다른 아이들과 어울리는 방법과 갈등을 해결하는 방법을 배우는 과정은 아이의 사회적 성장에 필수적이다. 이 과정에서 교사와 엄마의 협력은 매우 중요하다. 교사는 아이의 행동과 상호 작용을 가장 가까이에서 관찰하므로 교사의 피드백과 관찰 내용은 엄마가 아이를 이해하는 데 큰 도움이 된다.

예를 들어 다섯 살 세은이는 친구 윤아와만 놀려고 하고, 다른 친구와 짝이 되면 화를 낸다. 윤아는 다른 친구들과도 어울리고 싶지만, 자기랑만 놀자는 세은이의 요구를 거절하지 못한다. 세은이처럼 한 친구와만 계속 어울리려고 하면, 다른 친구들과의 관계 형성에 어려움을 겪을 수 있다. 세은이는 다른 친구들과의 관계를 배척하거나, 다른 친구들과 어울리고 싶어 하는 윤아를 곤란하게 만들 수 있다. 이런 행동은 어릴 때부터 친구를 독점하려는 경향으로 이어질 수 있고, 나중에는 다른 사람들을 배려하고 자신의 감정을 적절히 조절하는 데 어려움을 겪을 수 있다.

교사가 아이에 대한 피드백을 제공할 때, 엄마는 모든 정보를 열린 마음으로 받아들여야 한다. 이는 아이에 대한 좋은 점뿐만 아니라 개선이 필요한 부분에 대한 내용에 있어서도 마찬가지이다. 교사는 엄마가 자신의 피드백을 받아들이지 않을 것이라 생각하면 앞으로 정보를 공유하는 것을 망설일 수 있다. 특히, 아이의 친구 관계 같은 것은 겉으로 바로 보이지 않아 교사의 세심한 관찰이 정말 중요하다. "○○가 똘똘해요."와 같이 간단한 칭찬을 하거나 "원만하게 잘 지내요."처럼 아이에 대해 너무 포괄적으로 이야기할 때, 이런 말은 사실 아이를 더 잘 이해하는 데 크게 도움이 되지 않는다. 엄마가 어떻게 반응하느냐에 따라 교사도 한층 유익한 정보를

엄마를 위한 멘탈 수업

주려고 할 것이다.

학급에서 아이들의 놀이를 관찰하며 메모하다 보면, 아이들은 다가와 무엇을 하는지 묻곤 한다. "네 말을 잊지 않으려고 적는 거야."라고 답하면 아이는 빙긋이 자부심 가득한 웃음을 보인다. 아이의 말을 정확히 듣지 못해 다시 묻게 되면, 아이는 진지한 태도로 또박또박 다시 말해준다. 교사가 아이의 이야기에 귀 기울일 때, 아이는 자신이 중요한 사람이라는 것을 느끼고 자신의 의견을 말하는 법을 배운다. 아이를 중심으로 이루어지는 주변의 관계가 모두 배움의 시작점이 된다. 엄마는 교사와 협력하여 아이를 더 잘 이해할 수 있고, 아이에 대해 더 넓은 시각을 갖게 된다.

선행학습이
무용지물이 되는 이유

유치원 입학식 날, 정문 앞에서 아이들에게 풍선과 선물을 나눠주며 학습지 광고를 하는 모습을 종종 볼 수 있다. 많은 부모들은 '아이에게 조금이라도 더 배우게 하는 것이 나쁘지 않겠지?'라고 생각할 수 있지만, 생각해 봐야 할 점이 있다.

선행학습*은 부모가 학교 교육과정보다 먼저 아이의 학습을 준

---

* 선행학습: 심리학자 E.L.Thorndike가 처음 사용한 이 용어는 새로운 것을 쉽게 배우기 위해 관련 기초 지식을 미리 습득하는 과정을 의미한다. 한국에서는 주로 상위 학년의 영어, 수학, 과학 등을 미리 배우는 것을 뜻하며, 대부분 사교육을 통해 이루어진다. 시민단체 '사교육걱정없는세상'은 이러한 '선행학습'과 스스로 학습하는 과정인 '예습'을 구분한다.

비시키는 것으로, 아이가 학습에 더 쉽게 접근하도록 도우려는 의도가 있다. 초등학생에게 고학년 교과를, 중학생에게 고등학교 교과를 미리 가르치거나 유치원 입학 전에 한글, 영어 등을 배우게 하는 것을 포함한다. 부모에게 선행학습은 아이를 위한 미래 준비처럼 느껴질 수 있지만, 사실은 아이의 자연스러운 학습 과정과 호기심을 방해할 수 있다.

선행학습을 한 아이는 유치원에서 쉽게 알아볼 수 있다. 유치원에서 이야기를 나눌 때, 아이들이 차례를 기다리지 않고 "나 그거 다 알아."라고 말하며 친구들이 말할 차례를 빼앗는 장면을 때때로 본다. 이미 다 알고 있다고 생각하면, 유아일지라도 수업에 흥미를 잃기 쉽고, 자신이 주도하지 않는 상황에서 집중하기 어려워하며, 자주 주의가 산만해질 수 있다.

처음에는 이런 태도가 우리나라 아이들에게서만 보이는 줄 알았는데, 외국 아이들이 다니는 유치원에서도 비슷한 상황을 봤다. "지금 사시4시에요. 사시4시."라며 시계를 읽을 수 있다고 자랑스러워하는 다섯 살 외국인 아이가 있었다. 하지만 담임교사가 놀이 시간에 교실에서 뛰어다니면 안 된다고 말하자, 그 아이는 바닥에 누워서 "싫어, 싫다고."를 연발하며 한참을 울기 시작했다.

이런 모습을 보며 우리가 놓치고 있는 것은 무엇인지 깊이 생각하게 된다. 유치원에서 규칙을 지키고 다른 사람의 감정을 이해하는 것처럼 정말 중요한 것들이 때로는 눈에 띄는 학습보다 뒷전으로 밀려나는 것 같다. 다른 사람의 생각을 듣고, 차례를 기다리며 서로를 존중하는 법을 배우는 것은 시계를 읽는 것만큼이나, 아니

그보다 더 중요한 학습이다. 아이가 선행학습으로 무언가를 더 빨리 알게 되었다고 해서 반드시 좋은 것만은 아니다.

25년 차 초등학교 교사로 근무 중인 친구의 경험담에 따르면, 선행학습을 한 아이와 그렇지 않은 아이의 차이는 수업 중 분명하게 드러난다고 한다. 선행학습을 한 아이는 질문이 나오기도 전에 빠르게 손을 들며 답하고, 제때 학습한 아이는 처음에는 주저하다가 점차 활발히 참여한다고 한다. 선행학습을 한 아이들이 많을 때, 수업은 배움의 장이 아닌 평가의 시간처럼 느껴질 수 있다. 그러므로 장기적으로는 제때에 자신의 학습 속도를 유지하며 호기심과 질문을 계속하는 것이 중요하다는 것이다.

진정으로 필요한 것은 아이가 자신과 다른 친구들과의 관계 속에서 서로를 배려하고 이해하는 방법을 배우는 것이다. 마음을 담아서 서로를 이해하고 소통하는 능력이다. 선행학습지를 선택하는 대신, 엄마가 아이의 관심사를 따라가는 것이 더 가치 있다.

예를 들어, 고래를 좋아하는 아이와 함께 아쿠아리움을 방문하고, 고래에 관한 책이나 다큐멘터리를 함께 보며, 고래를 볼 수 있는 여행지에 대해 함께 알아보는 것이 아이의 학습에 훨씬 큰 가치를 줄 수 있다. "고래의 엄마, 아빠는 어디에 있을까?"라는 질문을 통해 아쿠아리움 속 고래를 원래 살던 곳으로 돌려보내기 위해 노력하는 사람들에 대한 이야기를 들려줄 수도 있다. 고래의 생태를 글자로 배워 아는 것과 달리, 함께 배우는 과정에서 진정한 이해를 통해 '가치'의 중요성을 깨달을 수 있다.

유치원에 들어가기 전에 이미 한글을 배운 아이들 중 일부는 글쓰기를 주저하곤 한다. 이 아이들은 글자 읽기와 쓰기를 할 수 있지만, 정작 자기 생각을 글로 표현하는 데 망설이는 경우가 있다. 이런 주저함의 이유에 대해 곰곰이 생각해 볼 필요가 있다. 글자를 모르면서도 자신의 그림이나 이야기를 열정적으로 설명하는 아이들도 있는 반면, 글자를 알고 있어도 간단한 단어만 사용해서 표현하는 아이들도 있다. 글자를 알고 그 차이를 구별하는 것과 자신의 생각을 글로 자유롭게 표현하는 능력 사이에는 큰 차이가 있다. 마치 비행기의 구조를 안다고 해서 직접 비행기를 조종할 수 있는 것은 아닌 것처럼 언어도 마찬가지이다. 언어를 통해 자신의 생각과 느낌을 표현하는 것, 이것이 바로 우리가 아이들에게 가르치고 싶은 중요한 능력이다.

어느 엄마가 선녀 이야기를 들려줄 때마다 책을 꺼내 읽어주니 아이가 "엄마, 선녀들이 그 속에 있어?"라고 물었고, 나중에 이야기와 책의 내용이 같다는 사실에 놀라워했다고 한다. 이 아이는 후에 현대철학사에 지대한 영향을 미친 장 폴 사르트르Jean Paul Sartre로 성장한다. 이 일화는 그의 책《말》에서 어린 시절 책을 통해 글을 배우는 과정을 회고한 장면이다. 이처럼 지식으로 가르쳐 주는 것이 아니라 엄마와의 정서적 교류 속에서 이야기가, 언어가 전달되는 것이다.

아이들이 언어를 배우는 방식은 아이마다 다르다. 어떤 아이들은 자모음 하나하나를 배워서 한글을 익히는 체계적인 방식을 선호한다. 또 다른 아이들은 생활 속에서 자주 듣고 말하는 단어들을 통째로 기억하며 언어를 배우기도 한다. 아이들이 단어들 사이의 미세한 차이점을 알아차리기 시작하면, 언어 능력이 **빠르게** 성장한다.

따라서 모든 아이에게 똑같은 방식의 선행학습을 적용하는 것은 그다지 효과적이지 않을 수 있다. 중요한 것은 각 아이의 개별적인 학습 방식을 이해하고 지지해 주는 것이다. 언어 학습은 단순한 지식 전달 이상의 것이며, 아이와 정서적으로 깊이 연결되어 이루어지는 경험이다. 엄마는 아이가 현재의 순간을 소중히 하며 자신만의 방식으로 세상을 배워나갈 수 있도록 돕는 것이 중요하다.

아이와 함께하는 시간의 가치를 인식하고, 이 시기에 아이가 정말로 필요로 하는 것이 무엇인지 깊이 고민해야 한다. 아이에게 자신감과 여유는 학습의 큰 무기이다. 레오나르도 다 빈치Leonardo da Vinci의 말처럼 배움은 "마음이 결코 지치지 않고 후회하지도 않는 유일한 과정"이다. 그러므로 엄마는 아이가 배움의 즐거움을 경험하도록 적절한 학습 시기를 배려하고, 아이가 자신의 재능과 관심을 발견하여 자기주도적으로 학습할 수 있도록 격려해야 한다.

선행학습 생각 스케치

아이의 성장과 함께 선행학습에 대한 고민이 찾아와요. 주변의 분위기에 휩쓸려 무작정 시작하기보다는, 미리 깊이 생각해 보는 것이 중요해요. 미리 준비하는 태도는 좋지만, 교육에서는 적절한 시기를 고려하는 것도 필요해요. 때로는 너무 이른 시작이 오히려 역효과를 낼 수 있기 때문이죠. 아래의 질문들을 통해 선행학습에 대해 차분히 생각해 보세요. 이 과정이 선행학습에 대한 결정을 내리는 데 도움이 되길 바라요.

- 지금 아이에게 선행학습을 시켜야 할지 고민하고 있나요? 그 이유는 무엇인가요?

- 아이가 선행학습 없이도 충분히 잘하고 있다고 느끼나요?

- 왜 아이의 하루를 이렇게 바쁘게 채우려고 하나요?

- 아이에게 자유 시간은 얼마나 있나요? 그 시간이 충분하다고 생각하나요?

- 이 선행학습이 정말 필요한 걸까요?

- 선행학습 때문에 다른 활동이나 취미를 포기해야 하나요?

- 엄마가 느끼는 이 불안감은 어디에서 오는 걸까요?

- 선행학습 대신 아이의 성장과 발달에 도움이 될만한 활동에는 어떤 것들이 있을까요?

- 만약 선행학습이 필요하다면 어느 정도까지가 적당하다고 생각하나요?

처음부터 엄마였던 건 아니지

- Alexandra Sacks, "A new way to think about the transition to motherhood", TED, 2018.5., 2023.6.14. 인출
- Margot Sunderland, 《육아는 과학이다》, 노혜숙 역. 서울: 프리미엄북스. 2009. (원저출판 2006, Science of Parenting)

엄마가 되면 잃어버리는 것들

- Ayten Bilgin & Dieter Wolke(2020), 〈Parental use of 'cry it out' in infants: no adverse effects on attachment and behavioural development at 18 months〉, Journal of Child Psychology and Psychiatry, 61(11), pp 1184–1193. https://doi.org/10.1111/jcpp.13223. 2023.4.25. 인출
- 김정현, 〈"부모 배경 따른 학력 격차 심화…학교 교육 강화해야"〉, 《뉴시스》, 2023.1.17.

몸과 마음이 변해야 만날 수 있어

- 이로지, 〈태교는 스승의 10년 가르침보다 낫다〉, 《이투데이》, 2024.6.11.
- "태교? 안정? 빼고 다 하세요 다태아 분만의 최고 권위자! S대병원 교수 전종관 자기님이 없애주는 임신에 대한 편견" YouTube, uploaded by tvN D ENT, 22.10.9., https://youtu.be/tuv0TvDVfOk?si =4CYl0gmQXrYxQ7U3
- "기형아 검사로 어디까지 알 수 있을까?" YouTube, uploaded by 서울대병원TV, 23.9.22., https://youtu.be/wAOxwk04kUY?si= Otg173qEQz064Y1R
- "보태보태병에 빠져버린 초보아빠의 유모차 구매기" YouTube, uploaded by tvN drama, 20.11.9., https://youtu.be/kXdPafa7PJQ?si= sDlmehQLwFa4el3H

아이를 키워봐야 어른이 되는 걸까?

- 통계청(2023). 2022년 인구동향조사. 서울: 통계청.
- 어재담, 〈어머니 위해 어린이로 남은 피터팬〉, 《조선일보》, 2006.12.1.
- 이선주(2014.3.10.) 작가 이야기 모리스 센닥. 가온빛. http://gaonbit.kr/writer/3080/

엄마는 무엇이 되어야 하나

- Alison Gopnik, "What do babies think", TED, 2011.7., 2003.6.12. 인출
- 권순형, 도재우, 민윤경, 양희준, 이강주, 이쌍철, 이정우, 이희현, 김성열(2022). 교육여론조사(KEDIE POLL 2022). 서울: 한국교육개발원.
- "배우 박지환 자기님이 지금까지 열심히 달려올 수 있었던 이유" YouTube, uploaded by 유 퀴즈 온 더 튜브, 24.4.11., https://youtu.be/z6piqs_F0Ns?si=QCMbbe_TNgCoSh52
- Rick Rigsby, 《오래된 지혜》, 조경실 역. 서울: 포레스트북스, 2021. (원서 2006년 출판, Lessons from a Third Grade Dropout).

아이 덕분에 시간이 느리게 흐르는걸

- Kagan, Jerome, 《성격의 발견》, 김병화 역. 서울: 시공사. 2011.
- "나이 들수록 왜 시간이 빨리 흐를까?" YouTube, uploaded by YTN사이언스, 24.4.11., https://youtu.be/24tHNE71DDg?si=gkx0JMN1bHWW9hIU
- 고광본, 〈맥박 등 생체시계 느려져… 50세 체감 1년, 10세보다 5배 빨라〉, 《서울경제》, 2019.2.13.
- 복효근, 《새에 대한 반성문》, 서울: 시와시학사, 2000.

무한 선택의 덫에서 벗어나는 원칙 있는 양육

- 하영원, 《결정하는 뇌》, 파주: 21세기북스, 2023.
- 최고야, 〈짜장? 짬뽕? 짬짜면도 해결 못한 한국인의 결정장애〉, 《동아일보》, 2023.2.19.
- 신종우, 〈나를 SWOT 분석 기법으로 발표해볼까?〉, 《에듀인뉴스》, 2020.6.9.

엄마가 불안한 이유

- "스타특강쇼 구글 상무의 실리콘밸리 입성기" YouTube, uploaded by 사피엔스 스튜디오, 2021.4.10., https://youtu.be/LyfWmdpVuOI?si=TupfyxA8yaM9uTkT
- 잊혀진 여성들.(2024.1.23.) 40살에 작가가 되고 40년간 775편의 글을 쓴 작가, 박완서. https://maily.so/almostfamous/posts/0473bdf8
- The rowling library.(2024.5.5.). The Times publishes a new interview with J.K. Rowling about her writing process. https://www.therowlinglibrary.com/2024/05/05/the-times-publishes-a-new-interview-with-j-k-rowling-about-her-writing-process

익숙해지다가 멈추는 순간

- 정채봉, 《너를 생각하는 것이 나의 일생이었지》, 서울: 샘터, 2020.

사랑해서 화낸다는 거짓말

- 교육부, 전국 시 · 도 교육청(2023). 행복한 아이, 함께 성장하는 부모. 서울: 교육부.

자전거를 놓아주는 용기

- 하라 히로코, 《해어 인디언 아이들은 자유롭다》, 햇살과 나무꾼 역. 서울: 한울림, 2018.
- 사라 이마스, 《유대인 엄마의 힘》, 정주은 역. 서울: 위즈덤하우스, 2014.
- "I've Had Lots Of Failures And Rejections" YouTube, uploaded by World Economic Forum, 2015.2.3., https://youtu.be/103ghiyirvU
- Lyman Frank Baum, 《오즈의 마법사》, 최지현 역. 서울: 푸른책들, 2023. (원저 출판 1900).

헬리콥터맘 대신 니트맘 되기

- Haim G. Ginott, 《부모와 십대 사이》, 신용민 역. 서울: 양철북, 2023. (원저출판 1965)
- 남지원, 〈부모 경제력에 따른 자녀 학력격차, 지난 10년간 더 커졌다〉, 《경향신문》, 2023.1.17.
- 김광호, 김미지, 《마더쇼크》, 서울: 중앙북스, 2012.
- "자식 사랑은 한국 엄마가 최고? 그저 지나친 모성애" YouTube, uploaded by EBSDocumentary, 2023.12.4., https://youtu.be/SJWBzU3S_nA?si=5xMRrIM6NDxfyU86
- 김경애, 류방란, 이성회, 이승호, 이희현, 장명림, 정동철, 김성식, 이삼호, 이호준, 한치록, 김다솜, 윤종원(2020), 〈교육 분야 양극화 추이 분석 연구I: 기초연구〉. 서울: 한국교육개발원.

아이라는 거울에 비치는 엄마

- 이정모(2007.4.9.), 〈"나처럼 해봐요 요렇게"를 할 수 있는 이유는?〉, KISTI의 과학향기, 제586호.
- 임영주, 《부모와 아이 중 한 사람은 어른이어야 한다》, 서울: 앤페이지, 2021.

당신의 양육동맹, 안전한가요?

- "동맹" 〈네이버사전〉, https://dict.naver.com/dict.search?dicQuery=%EB%8F%99%EB%A7%B9&query=%EB%8F%99%EB%A7%B9&target=dic&ie=utf8&query_utf&isOnlyViewEE(접속일: 2023.8.2.)
- 여성가족부(2023). 2023 통계로 보는 남녀의 삶. 서울: 여성가족부.
- Eve Rodsky, 《페어 플레이 프로젝트》, 김정희 역. 서울: 메이븐. 2021. (원저출판 2020, Fair Play).
- Arthur Schopenhauer, 《당신의 인생이 왜 힘들지 않아야 한다고 생각하십니까》, 김욱 역. 서울: 포레스트북스, 2023.
- John Gray, 《화성에서 온 남자, 금성에서 온 여자》, 김경숙 역. 서울: 동녘라이프, 2021. (원저출판 1992, Men Are from Mars, Women Are From Venus).
- Kyle Pruett & Marsha Kline, 《모험아빠 보호엄마의 육아동맹》, 정미나 역. 서울: 한스미디어. 2011. (원저출판 2009, Partnership Parenting).

펭귄도 하는 육아, 아빠도 도전

- 송인혁, 은유, 《황제펭귄과 함께 한 300일》, 서울: 미래의창, 2013.
- Anna Machin 〈How Men's Bodies Change When They Become Fathers〉, 《The New York Times》, 2020.4.15.
- Erik Gustafsson et al., "Fathers are just as good as mothers at recognizing the cries of their baby." Nature Communications 4, April 2013.
- 방희정(2009) 〈애착 연구를 통해 본 부모역할(parenting)에 대한 비판적 고찰〉, 한국심리학회지: 여성, 14(1), 67-91.
- Lisa I Horstman et al., "Fathers' involvement in early childcare is associated with amygdala resting-state connectivity." Social Cognitive and Affective Neuroscience 17-2, February 2022.
- 고용노동부(2023), 2022년 육아휴직·육아기 근로시간 단축 크게 늘어. 보도자료(2023.1.25.).

비 온 뒤 땅이 굳듯이, 갈등 해결의 기술

- 정희주, 〈타인과의 적정 거리는 어느 정도일까?〉, 《정신의학신문》, 2023.7.3.

원팀, '일치'가 아니라 '일관'이다

- 복효근, 《어느 대나무의 고백》, 서울: 시인동네, 2024.
- Daniel Kahneman, 《생각에 대한 생각》, 이창신 역. 서울: 김영사, 2018. (원저출판 2011, Thinking Fast and Slow)
- "세상에서 가장 큰 효는 부모를 만져드리는 것이다" YouTube, uploaded by 세바시, 2022.10.28., https://youtu.be/VJY1P_cTdZM?si=X_U_cvp5e4NtNune
- Donald W. Winnicott, 《충분히 좋은 엄마》, 김건종 역. 서울: 펜연필독, 2022. (원저출판 1994, Talking to parents)
- Kyle Pruett, & Marsha Kline. 《모험아빠 보호엄마의 육아동맹》, 정미나 역. 서울: 한스미디어, 2011. (원저출판 2009, Partnership Parenting)

우리가 알던 아이가 아니야

- "소통의 달인 김창옥이 말하는 '찐' 대화법!" YouTube, uploaded by CBS 김현정의 뉴스쇼, 20.6.19., https://youtu.be/sDnwgJJazEE
- Jane Yolen, 《부엉이와 보름달》, 박향주 역, 서울: 시공주니어, 2000. (원저출판 1987, Owl Moon)

엄마도 계속 반짝였다

- Henrik Ibsen, 《욘 가브리엘 보르크만》, 김미혜 역, 서울:연극과인간, 2022. (원저출판 1896)
- 통계청(2024), 2023년 인구동향조사 출생 · 사망통계(잠정), 대전: 통계청.

천천히 멀티 태스킹, 엄마의 성장법

- Tim Harford, "A powerful way to unleash your natural creativity", TED, 2019.2.8., 2023.11.7. 인출.
- 최은영(2023.9), 사라져 버린 열정의 회복을 위해서, 삼정KPMG Newsletter.
- Kahlil Gibran, 《예언자》, 류시화 역, 서울: 무소의 뿔, 2018. (원저출판 1923, The Prophet)
- Clifton B. Parker, 〈Embracing stress is more important than reducing stress, Stanford psychologist says〉, 《Stanford Report》, 2015.5.7.
- Kelly McGonigal, "How to make stress your friend", TED, 2013.6., 2023.10.15. 인출.

행복은 기성복이 아니라 맞춤복

- Andr–Paul–Guillaume Gide, 《배덕자》, 조순복 역, 서울: 홍신문화사, 1997. (원저출판 1914).
- Todd Rose, 《평균의 종말》, 정미나 역, 파주: 21세기북스, 2021. (원저출판 2017, The End of Average).
- 서은국, 《행복의 기원》, 파주: 21세기북스, 2021.
- "유한킴벌리-하기스 모멘트캠" YouTube, uploaded by 이노레드, 2023.4.21., https://youtu.be/V4D6uqUdFuM?si=rvqsb3hOh1SRjCCu

- Daniel Gilbert, 《행복에 걸려 비틀거리다》, 최인철, 서은국 역. 서울; 김영사, 2006. (원저출판 2006, Stumbling on Happiness)
- Lucy Maud Montgomery, 《빨강머리앤》, 박혜원 역. 서울: 더모던, 2024. (원저출판 1908, Anne of Green Gables)

삶의 주도권을 넘길 때

- Hermann Hesse, 《데미안》, 전영애 역. 서울: 민음사, 2000. (원저출판 1919, Demian)
- "[56회 백상] TV 부문 남자 조연상-오정세/동백꽃 필 무렵" YouTube, uploaded by 백상예술대상, 2020.6.9., https://youtu.be/LmgWxezH7cc?si=dmJgjhhpqFKqnOM0
- Christopher Chabris, & Daniel Simons, 《보이지 않는 고릴라》, 김명철 역. 파주: 김영사, 2011. (원저출판 2011, The Invisible Gorilla)
- Mauro F. Guillen, 《멀티제너레이션, 대전환의 시작》, 이충호 역. 서울: 리더스북, 2023. (원저출판 2023, The Perennials)
- Lois Lowry, 《기억전달자》, 장은수 역. 서울: 비룡소, 2007. (원저출판 1994, Giver).

사라진 나를 찾는 법

- "현실 판 영화 '김민섭 찾기' 각박한 세상 속 마음 따뜻해지는 감동 스토리" YouTube, uploaded by TVN, 2023.3.6., https://youtu.be/36ViigKpz4k?si=RFZajUVOg_vbLEGh

삶은 균형, 팽이를 돌리듯

- Marshall Goldsmith, 《모조》, 박세연 역. 서울: 리더스북, 2010. (원저출판 2009, MOJO)
- Gabrielle Roy, 《전지전능한 할머니가 죽었다》, 이소영 역. 서울: 이덴슬리벨, 2012. (원저출판 1993)
- 최명희(1995.10.31.) 나의 혼, 나의 문학. 재미수필문학가협회. https://jaemisupil.com/essay_info/60274

가장 많이 시간을 보내는 5명

- 박노해, 《너의 하늘을 보아》, 파주: 느린걸음, 2022.

가르쳐야 한다는 고정관념

- 오욱환, 《교육 현상의 사회과학적 해석》, 파주: 교육과학사, 2022.
- Paley, Vivian Gussin, 《따돌림 없는 교실》, 신은수 역, 서울: 샘터, 2014. (원저출판 1993, You can't say you can't play)
- David Shannon, 《줄무늬가 생겼어요》, 조세현 역, 서울: 비룡소, 2006. (원저출판 1998, A Bad Case of Stripes)

위대한 유산, 자존감

- 김미리, 〈"장대야, 너 오늘 나 못 이기겠다!"… 그날따라 땅이 저를 밀어줬죠〉, 《조선일보》, 2023.11.9.
- EJ Monica Kim, 〈스승의 날: 슬럼프에 빠진 우상혁을 '월드클래스'로 만든 코치 김도균〉, 《올림픽》, 2022.5.15.
- Charles Schulz, 《피너츠 완전판 1》, 신소희 역, 파주: 북스토리, 2015. (원저출판 2004).

결핍은 취약하지 않다

- "결핍" 〈표준국어대사전〉, https://stdict.korean.go.kr/search/searchResult.do?pageSize=10&searchKeyword=%EA%B2%B0%ED%95%8D(접속일: 2023.11.10.)
- 홍다영, 〈한국이 아이를 안 낳는 '진짜' 이유〉, 《조선일보》, 2023.9.24.
- 김난도 외, 《트렌드 코리아 2023》, 서울: 미래의 창, 2022.
- Matthew Luhn, 《픽사 스토리텔링》, 박여진 역, 서울: 현대지성, 2022. (원저출판 2018, THE BEST STORY WINS)
- 김난도 외, 《트렌드 코리아 2024》, 서울: 미래의 창, 2023.

좌절 이후의 진정한 힘

- 브레인미디어.(2013.3.4.) 단동십훈, 한민족 전통육아의 비밀.
- https://www.brainmedia.co.kr/BrainTraining/11074
- 《샘과 데이브가 땅을 팠어요》. 서남희 역. 서울: 시공주니어, 2014. (원저출판 2014, Sam and Dave Dig a Hole)
- 김동현, 《뭐든 해 봐요》, 서울: 콘택트, 2022.
- "Grand Tour" WIKIPEDIA. https://en.wikipedia.org/wiki/Grand_Tour(접속일: 2024.2.11.)
- 연합뉴스, 〈'경기청년 갭이어' 시동…800명 최종선발해 12주간 진로탐색〉, 2024.5.30.
- 어수웅, 〈누구라도 매일 조금씩은 세상을 좋은 쪽으로 바꿀 수 있어요〉, 《조선일보》, 2017.8.11.

결과는 추억, 과정은 배움

- Richard Bach, 《갈매기의 꿈》, 공경희 역. 서울: 나무옆의자, 2018. (원저출판 1970, Jonathan Livingston Seagull)
- 이귀원, 〈"긍정의 힘"…시각장애 한인여고생 프린스턴 · 하버드 합격〉, 《연합뉴스》, 2020.5.22.
- 이만식, 〈사슴벌레를 사랑한 시골소년 최고 명문대학 입성〉, 《경북일보》, 2015.12.10.
- 최수일, 〈선행학습과 예습의 차이…개념 이해가 갈라〉, 《한겨레신문》, 2020.6.29.